NCS

KB
국민은행
필기전형

PREFACE

우리나라 기업들은 1960년대 이후 현재까지 비약적인 발전을 이루었다. 이렇게 급속한 성장을 이룰 수 있었던 배경에는 우리나라 국민들의 근면성 및 도전정신이 있었다. 그러나 빠르게 변화하는 세계 경제의 환경에 적응하기 위해서는 근면성과 도전정신 이외에 또 다른 성장 요인이 필요하다.

한국기업들이 지속가능한 성장을 하기 위해서는 혁신적인 제품 및 서비스 개발, 선도 기술을 위한 R&D, 새로운 비즈니스 모델 개발, 효율적인 기업의 합병·인수, 신사업 진출 및 새로운 시장 개발 등 다양한 대안을 구축해 볼 수 있다. 하지만, 이러한 대안들 역시 훌륭한 인적자원을 바탕으로 할 때에 가능하다. 최근으로 올수록 기업체들은 자신의 기업에 적합한 인재를 선발하기 위해 기존의 학벌 위주의 채용을 탈피하고 기업 고유의 인·적성검사 제도를 도입하고 있는 추세이다.

KB국민은행에서도 업무에 필요한 역량 및 책임감과 적응력 등을 구비한 인재를 선발하기 위하여 고유의 인·적성검사를 치르고 있다. 본서는 KB국민은행 채용대비를 위한 필독서로 KB국민은행 필기전형의 출제경향을 철저히 분석하여 응시자들이 보다 쉽게 시험유형을 파악하고 효율적으로 대비할 수 있도록 구성하였다.

신념을 가지고 도전하는 사람은 반드시 그 꿈을 이룰 수 있습니다. 처음에 품은 신념과 열정이 취업 성공의 그 날까지 빛바래지 않도록 서원각이 수험생 여러분을 응원합니다.

STRUCTURE

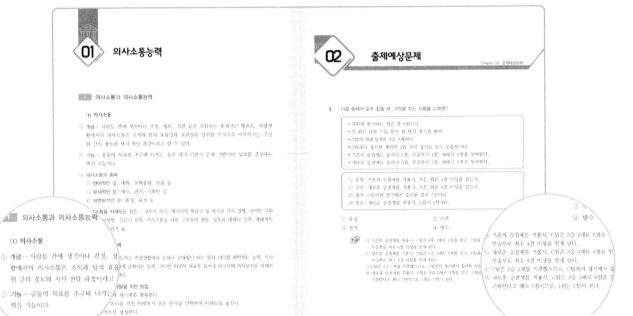

핵심이론정리

NCS 직업기초능력평가 영역별 핵심이론을 정리하였습니다.

출제예상문제

다양한 유형의 출제예상문제를 다수 수록하여 실전에 완벽하게 대비할 수 있습니다.

면접

성공취업을 위한 면접기출을 수록하여 취업의 마무리까지 깔끔하게 책임집니다.

CONTENTS

PART

I

KB국민은행 소개

01 은행소개

1 미션

"세상을 바꾸는 금융, 고객의 행복과 더 나은 세상을 만들어 갑니다."

① 세상을 바꾸는 금융

고객, 더 나아가서는 국민과 사회가 바라는 가치와 행복을 만들어 갑니다.

② 고객의 행복

금융을 통해 고객이 보다 여유롭고 행복한 삶을 영위하도록 항상 곁에서 도와 드리겠습니다.

③ 더 나은 세상을 만들어 갑니다.

단순한 이윤 창출을 넘어 보다 바람직하고 풍요로운 세상(사회)을 만들어 가는 원대한 꿈을 꾸고 실천하겠습니다.

2 비전

"최고의 인재와 담대한 혁신으로 가장 신뢰받는 평생금융파트너"

① 최고의 인재

　㉠ 고객과 시장에서 인정받는 최고의 인재가 모이고 양성되는 금융 전문가 집단을 지향합니다.

　㉡ 다양한 금융업무를 수행할 수 있는 차별화된 Multi-player를 지향합니다.

② 담대한 혁신

　㉠ 현실에 안주하지 않고, 크고 담대한 목표를 세우고 끊임없는 도전을 통해 혁신을 시도하며 발전해 나갑니다.

　㉡ 과감하게 기존 금융의 틀을 깨고 금융패러다임 변화를 선도합니다.

③ 가장 신뢰받는

　㉠ 치열한 경쟁 속에서 꾸준하게 고객중심의 사고와 맞춤형 서비스, 차별화된 상품으로 고객에게 인정받겠습니다.

ⓒ 주주, 시장, 고객이 신뢰하는 믿음직스러운 금융그룹으로 자리매김하겠습니다.

④ **평생금융파트너**

ⓐ 고객 Life-stage별 필요한 금융니즈를 충족시키는 파트너가 되겠습니다.

ⓑ 고객에게 가장 빠르고 편리한 금융서비스를 제공하고, 다양한 영역에서 도움을 주는 친밀한 동반자가 되겠습니다.

3 핵심가치

핵심가치	내용
고객중심	• 업무추진 시 고객의 입장과 이익을 우선 고려하는 '고객 중심적인' 판단과 의사결정을 합니다.
전문성	• 해박한 금융지식을 갖추어 업계 최고 수준의 역량을 갖춘 금융인을 목표로 합니다. • 직원 개인의 가치와 경쟁력을 높여 고객에게 최고의 서비스를 제공하고, 조직의 발전에 기여합니다.
혁신주도	• 미래 금융분야의 First Mover로서 변화를 주도하고 최적화된 금융의 가치를 만들고 제공합니다. • 유연하고 창의적인 사고를 바탕으로 실패를 두려워하지 않는 과감한 도전을 통하여 결실을 맺겠습니다.
신뢰정직	• 금융회사 임직원으로서의 기본소양인 윤리의식을 바탕으로 신의성실과 정직의 태도를 일상업무 속에 항상 견지합니다.
동반성장	• 개인의 성장 · 조직의 발전에만 머무르지 않고, 사회 구성원으로서 역할 및 책임을 다하여 국민과 함께 성장하며 사회발전에 기여합니다.

02 채용정보

1 인재상

① 인사비전

　최고의 인재가 일하고 싶어하는 세계수준의 직장(World Class Employer)

② 인사원칙

　㉠ 성과주의 문화정립
- 책임과 권한의 명확화
- 투명하고 공정한 평가
- 능력에 따른 보임과 성과에 따른 차별화된 보상

　㉡ 직원의 가치 극대화
- 개인의 적성과 능력에 따라 성장기회 부여
- 지속적인 경력개발 기회 제공 및 적극적 지원
- 직원의 경쟁력 향상을 촉진하는 시장원리 확립

　㉢ 조직과 개인의 조화
- 경쟁과 협력의 가치 동일시
- 집단성과와 개인성과의 조화와 균형
- 직원의 성장욕구와 조직의 니즈 조화

③ 인재상

　창의적인 사고와 행동으로 변화를 선도하며 고객가치를 향상시키는 프로금융인

　㉠ 고객우선주의
- 고객 지향적인 마인드와 적극적인 서비스 개선노력
- 프로의식으로 고객의 가치 창출

　㉡ 자율과 책임
- 위임된 권한에 따라 스스로 판단
- 결과와 성과에 대한 책임

ⓒ 적극적 사고와 행동
- 혁신적인 사고방식으로 변화를 선도
- 최고 전문가로 성장하기 위한 끊임없는 자기계발 노력

ⓓ 다양한 가치의 존중
- 다양한 사고와 가치를 존중하고 포용할 수 있는 개방적 사고
- 미래가치에 대한 확신과 지속적인 창출노력

2 연수제도

KB국민은행은 금융시장을 선도하는 글로벌 수준의 금융인재를 육성하기 위해 다양한 연수기회를 제공하고 있습니다.

① 글로벌 인재육성
  ⓐ KB Global Language Course : 글로벌 비즈니스 수행을 위해 필요한 언어역량을 보유한 직원을 양성하기 위하여 영어, 중국어, 일본어, 러시아어, 베트남어, 인도네시아어 등 Language Course를 제공합니다.
  ⓑ KB 글로벌 어학평가회 : 실전 비즈니스 언어역량을 보유한 글로벌 인력 Pool 기반을 확대하기 위해 매년 1회 실시하고 있습니다.
  ⓒ 해외점포 OJT : 글로벌 실무역량 향상을 통해 실제 배치 가능한 글로벌 인력양성을 위해 KB 해외현지 점포로 해외점포 OJT를 실시하고 있습니다.

② 우수인재육성
  ⓐ 국내외 MBA
  - 최신 금융기법과 경영분석능력을 갖춘 우수인재를 양성하기 위하여 국내외 MBA연수과정에 참여하고 있습니다.
  - 해외 MBA는 소정의 선발절차를 거쳐 미국, 유럽 등 유수의 MBA에서 선진금융기법 습득 등 연수를 받고 있으며 연수에 필요한 일체의 경비를 지원받습니다.
  ⓑ KB 금융 MBA : 국내 유수대학과 공동으로 금융에 특화된 자체 MBA 연수과정을 실시하고 있습니다.
  ⓒ 전문가 육성을 위한 핵심분야 전문연수 : IB, 리스크, 마케팅 등 핵심분야에 대한 전문가육성을 위해 금융관련 전문교육업체를 통해 연수과정을 실시하고 있습니다.

③ 직무전문가육성

　㉠ **자체연수** : 본인의 Career Path를 고려하여 업무수행에 필요한 직무역량을 지속적으로 향상시킬 수 있도록 개인별 필요한 연수과정을 제공하고 있습니다.

　㉡ **대외기관연수** : 직무전문성을 강화하고 최신 금융 트렌드 학습을 위하여 대외 전문교육기관에서 다양한 과정의 실무연수를 지원합니다.

　㉢ **모바일 연수** : 시간과 장소에 구애받지 않고 휴대폰, PMP 등 휴대기기를 통해 학습할 수 있는 모바일 연수를 통해 유비쿼터스 기반의 학습 환경을 제공합니다.

④ 자기주도학습 지원

　㉠ **학비지원** : 직원들의 전문성 강화와 평생학습 기반조성을 위하여 대학교 및 대학원 학비를 지원하고 있습니다.

　㉡ **자격증 취득지원** : CFA, FP, FRM 등 금융관련 전문자격증 취득 시 취득비용을 지원하고 있습니다.

　㉢ **학원비 및 평가비 지원** : 직원들의 외국어 및 IT 활용능력 향상을 위하여 외국어, IT 관련 학원비 및 평가비를 지원하고 있습니다.

　㉣ **기타 지원제도** : 독서학습을 통한 마케팅 및 리더십 등 다방면의 역량강화 및 소양함양을 위해 독서통신연수를 지원하고 있습니다.

3 채용프로세스

① 모집시기

직무별 인력수요 등을 고려하여 모집시기를 정하며 당행 홈페이지 채용정보에 공고합니다. 단, 필요할 경우 수시로 채용이 이루어질 수 있습니다.

② 지원자격

일반적으로 학력, 연령 및 전공 제한은 없으나 세부 기준은 채용공고에 따라 다를 수 있습니다.

③ 지원방법

당행 홈페이지 채용공고에서 온라인 지원서를 작성/등록합니다.
단, 필요할 경우 지원방법을 별도로 정하여 공고할 수 있습니다.

④ 전형절차

| 지원서작성 | → | 서류전형 | → | 필기전형 | → | 면접전형 | → | 신체검사 | → | 최종합격 |

4　지원서 작성시 유의사항

① **기본사항**

    ㉠ 희망직무 : 2지망까지 작성 하되 검색버튼을 클릭하여 선택합니다.

    ㉡ 희망근무지
- 일반직, 전문직 : 본인의 희망근무지(광역시/도지역)를 선택합니다.
- 사무기타 : 본인의 희망근무지를 구 단위로 선택합니다.

    ㉢ 연락처 : 모든 연락은 본인이 기재한 연락처로 취해지므로 정확히 기재합니다.

    ㉣ E-mail : 현재 연락 가능한 것을 기재하며 daum(hanmail) 이외의 메일로 기재합니다.

    ㉤ 주소 : 검색버튼을 클릭하여 검색된 내용을 선택합니다.

② **학력정보**

    ㉠ 학교이름 작성 시
- 고등학교는 직접 입력하고 전공계열과, 전공명, 성적은 작성하지 않아도 됩니다.
- 전문대학, 대학교, 대학원은 검색버튼을 클릭하여 팝업창에서 검색한 결과를 선택합니다.

    ㉡ 작성하고자 하는 전문대학, 대학교, 대학원이 없을 경우 대학교명을 작성한 후 "기타" 버튼을 클릭하면 입력됩니다.

    ㉢ 학력별로 작성이 되고 난 후에는 반드시 "추가" 버튼을 클릭합니다.

③ **경력사항**

    ㉠ 회사명 작성 시 Select Box에 원하는 회사명이 없을 경우 "기타"를 선택하면 작성창이 나타나고 회사명을 직접 입력하시면 됩니다.

    ㉡ 경력이 작성되고 난 후에는 반드시 "추가" 버튼을 클릭합니다.

    ㉢ 경력정보에서 회사명, 근부부서/직위, 근무기간, 재직여부, 담당직무는 반드시 작성하셔야 합니다.

④ **어학정보**

    ㉠ 외국어 시험명에 작성하고자 하는 명이 없을 경우 "기타"를 선택하면 작성창이 나타나고 시험명을 직접 입력하시면 됩니다.

    ㉡ 작성되고 난 후에는 반드시 "추가" 버튼을 클릭합니다.

    ㉢ 어학정보에서 취득일자, 점수는 필수항목이므로 반드시 작성하셔야 합니다.

⑤ **자격사항**

    ㉠ 검색버튼을 클릭하여 팝업창에서 검색한 결과를 선택합니다.

    ㉡ 작성하고자 하는 자격증명이 없을 경우 검색창에 직접 작성한 후 "기타" 버튼을 클릭하면 입력됩니다.

03 관련기사

KB국민은행, 디지털기반『기업대출서류 간편제출』확대 시행

기업대출 관련 서류는 온라인으로 간편하게!

KB국민은행은 고객이 기업대출 신청 시 재무제표 등을 제출하는 온라인전송시스템에 비재무적 서류 제출도 가능하도록 서비스를 확대했다고 밝혔다.

일반적으로 기업대출 신청에는 재무제표, 세무증명서 등의 재무적 서류와 업체현황, 사업계획서 등의 비재무적인 서류가 필요하다.

KB국민은행은 지난해 4월 온라인으로 간편하게 재무적 서류를 제출할 수 있는 '스마트 FATI 시스템'을 출시한 바 있으며, 이번 서비스 확대로 비재무적인 서류도 은행 방문 없이 온라인으로 제출할 수 있게 됐다.

기업고객은 서류 발급과 제출을 위해 공공기관과 은행을 직접 방문하는 불편함을 덜고, 유효기간 내에 관련 서류를 재발급 없이 사용할 수 있어 경제적 비용도 절감할 수 있다.

더불어 직원들은 기업여신 심사 프로세스의 디지털화로 업무 효율성을 높이고, 은행은 위·변조 등의 사기대출 사전 차단을 통해 운영리스크를 줄일 수 있어 고객, 직원, 은행 모두에게 도움이 될 것으로 기대된다. '스마트 FATI 시스템'은 KB국민은행 인터넷 홈페이지와 KB스타기업뱅킹 앱에서 간편하게 이용할 수 있다.

KB금융그룹 윤종규 회장은 디지털 혁신의 핵심은 기술의 진화가 아닌 고객의 편리함이라고 강조했으며, 이번 시스템 확대는 기업고객의 방문을 최소화 하면서도 효율적인 기업금융 서비스를 제공할 것으로 전망된다.

KB국민은행 관계자는 "기업금융부문에서 쉽고 편리하며 간결한 디지털 프로세스를 지속적으로 업그레이드해 고객의 이용 편의성을 확대할 예정"이라고 밝혔다.

-2019. 8. 23

면접질문
- '스마트 FATI 시스템'에 대해 설명해 보시오.
- 이용 편의성을 확대하기 위해 당행에서 기업고객에게 제공할 수 있는 서비스를 제안해 보시오.

KB국민은행, 간편뱅킹 리브(Liiv) ATM출금 수수료 전액 면제!

스마트한 리브 출금, 카드가 없어도 ATM에서 수수료 없이 출금해요!!

KB국민은행은 간편뱅킹앱 리브(Liiv)를 이용한 ATM 출금 시 모든 고객에게 수수료를 면제한다고 밝혔다.

이번 조치는 리브의 'ATM출금서비스'에 부과되던 영업시간외 수수료를 면제한 것으로, 20~30대 젊은 미래고객층에 대한 금융관련 수수료를 경감해줄 것으로 기대된다.

리브(Liiv)는 KB국민은행의 대표적인 비대면 플랫폼으로 공인인증서나 기타 보안매체 없이도 간편 송금·대출·외환·결제·선물하기·교통충전 등의 다양한 금융생활을 편리하게 이용할 수 있다. 또한, 최근 리브 가입자가 300만 명을 돌파하는 등 이용고객이 확대되고 있다.

'리브출금'은 KB국민은행 전국 약 8천 대의 ATM에서 별도의 통장이나 카드 없이도 손쉽게 필요한 현금을 찾을 수 있는 서비스이다. 영업점 창구에서도 통장 없이 출금이 가능하며, 현재까지 거래금액이 10조 원에 이를 만큼 리브의 핵심서비스로 자리 잡고 있다.

더불어, 리브 간편송금도 은행에 관계없이 수수료가 면제되며, 간편대출 서비스는 중도상환 수수료가 없고, 교통카드 충전 시에는 별도의 수수료가 부과되지 않는다.

KB국민은행은 비대면 서비스를 이용하는 고객의 수수료 부담을 줄이기 위해 다양한 혜택을 제공하고 있으며, 고객이 이용하기 편한 디지털 환경을 지속적으로 구축해 나갈 예정이다.

KB국민은행 관계자는 "디지털금융 문화 확산을 통한 고객혜택 증대의 일환으로 보다 많은 미래고객들이 수수료 부담을 줄일 수 있도록 노력할 것"이라며, "앞으로 ATM출금수수료 인하 조치를 편의점 등 타 채널로도 확대해나갈 것"이라고 밝혔다.

-2019. 8. 22

면접질문	• 당행의 스마트뱅킹앱 리브(Liiv)에서 제공되는 서비스에 대해 말해 보시오. • 20~30대 젊은 미래고객층을 대상의 특화된 서비스를 제안해 보시오.

PART

II

직업기초능력평가

01 의사소통능력

1 의사소통과 의사소통능력

(1) 의사소통

① **개념** … 사람들 간에 생각이나 감정, 정보, 의견 등을 교환하는 총체적인 행위로, 직장생활에서의 의사소통은 조직과 팀의 효율성과 효과성을 성취할 목적으로 이루어지는 구성원 긴의 정보와 지식 전달 과정이라고 할 수 있다.

② **기능** … 공동의 목표를 추구해 나가는 집단 내의 기본적 존재 기반이며 성과를 결정하는 핵심 기능이다.

③ **의사소통의 종류**
  ㉠ 언어적인 것 : 대화, 전화통화, 토론 등
  ㉡ 문서적인 것 : 메모, 편지, 기획안 등
  ㉢ 비언어적인 것 : 몸짓, 표정 등

④ **의사소통을 저해하는 요인** … 정보의 과다, 메시지의 복잡성 및 메시지 간의 경쟁, 상이한 직위와 과업지향형, 신뢰의 부족, 의사소통을 위한 구조상의 권한, 잘못된 매체의 선택, 폐쇄적인 의사소통 분위기 등

(2) 의사소통능력

① **개념** … 의사소통능력은 직장생활에서 문서나 상대방이 하는 말의 의미를 파악하는 능력, 자신의 의사를 정확하게 표현하는 능력, 간단한 외국어 자료를 읽거나 외국인의 의사표시를 이해하는 능력을 포함한다.

② **의사소통능력 개발을 위한 방법**
  ㉠ 사후검토와 피드백을 활용한다.
  ㉡ 명확한 의미를 가진 이해하기 쉬운 단어를 선택하여 이해도를 높인다.
  ㉢ 적극적으로 경청한다.
  ㉣ 메시지를 감정적으로 곡해하지 않는다.

2 의사소통능력을 구성하는 하위능력

(1) 문서이해능력

① 문서와 문서이해능력
- ㉠ 문서 : 제안서, 보고서, 기획서, 이메일, 팩스 등 문자로 구성된 것으로 상대방에게 의사를 전달하여 설득하는 것을 목적으로 한다.
- ㉡ 문서이해능력 : 직업현장에서 자신의 업무와 관련된 문서를 읽고, 내용을 이해하고 요점을 파악할 수 있는 능력을 말한다.

예제 1

다음은 신용카드 약관의 주요내용이다. 규정 약관을 제대로 이해하지 못한 사람은?

> [부가서비스]
> 카드사는 법령에서 정한 경우를 제외하고 상품을 새로 출시한 후 1년 이내에 부가서비스를 줄이거나 없앨 수가 없다. 또한 부가서비스를 줄이거나 없앨 경우에는 그 세부내용을 변경일 6개월 이전에 회원에게 알려주어야 한다.
>
> [중도 해지 시 연회비 반환]
> 연회비 부과기간이 끝나기 이전에 카드를 중도해지하는 경우 남은 기간에 해당하는 연회비를 계산하여 10 영업일 이내에 돌려줘야 한다. 다만, 카드 발급 및 부가서비스 제공에 이미 지출된 비용은 제외된다.
>
> [카드 이용한도]
> 카드 이용한도는 카드 발급을 신청할 때에 회원이 신청한 금액과 카드사의 심사 기준을 종합적으로 반영하여 회원이 신청한 금액 범위 이내에서 책정되며 회원의 신용도가 변동되었을 때에는 카드사는 회원의 이용한도를 조정할 수 있다.
>
> [부정사용 책임]
> 카드 위조 및 변조로 인하여 발생된 부정사용 금액에 대해서는 카드사가 책임을 진다. 다만, 회원이 비밀번호를 다른 사람에게 알려주거나 카드를 다른 사람에게 빌려주는 등의 중대한 과실로 인해 부정사용이 발생하는 경우에는 회원이 그 책임의 전부 또는 일부를 부담할 수 있다.

① 혜수 : 카드사는 법령에서 정한 경우를 제외하고는 1년 이내에 부가서비스를 줄일 수 없어.
② 진성 : 카드 위조 및 변조로 인하여 발생된 부정사용 금액은 일괄 카드사가 책임을 지게 돼.
③ 영훈 : 회원의 신용도가 변경되었을 때 카드사가 이용한도를 조정할 수 있어.
④ 영호 : 연회비 부과기간이 끝나기 이전에 카드를 중도 해지하는 경우에는 남은 기간에 해당하는 연회비를 카드사는 돌려줘야 해.

[출제의도]
주어진 약관의 내용을 읽고 그에 대한 상세 내용의 정보를 이해하는 능력을 측정하는 문항이다.
[해설]
② 부정사용에 대해 고객의 과실이 있으면 회원이 그 책임의 전부 또는 일부를 부담할 수 있다.

답 ②

② 문서의 종류

　　㉠ **공문서** : 정부기관에서 공무를 집행하기 위해 작성하는 문서로, 단체 또는 일반회사에서 정부기관을 상대로 사업을 진행할 때 작성하는 문서도 포함된다. 엄격한 규격과 양식이 특징이다.

　　㉡ **기획서** : 아이디어를 바탕으로 기획한 프로젝트에 대해 상대방에게 전달하여 시행하도록 설득하는 문서이다.

　　㉢ **기안서** : 업무에 대한 협조를 구하거나 의견을 전달할 때 작성하는 사내 공문서이다.

　　㉣ **보고서** : 특정한 업무에 관한 현황이나 진행 상황, 연구·검토 결과 등을 보고하고자 할 때 작성하는 문서이다.

　　㉤ **설명서** : 상품의 특성이나 작동 방법 등을 소비자에게 설명하기 위해 작성하는 문서이다.

　　㉥ **보도자료** : 정부기관이나 기업체 등이 언론을 상대로 자신들의 정보를 기사화 되도록 하기 위해 보내는 자료이다.

　　㉦ **자기소개서** : 개인이 자신의 성장과정이나, 입사 동기, 포부 등에 대해 구체적으로 기술하여 자신을 소개하는 문서이다.

　　㉧ **비즈니스 레터(E-mail)** : 사업상의 이유로 고객에게 보내는 편지다.

　　㉨ **비즈니스 메모** : 업무상 확인해야 할 일을 메모형식으로 작성하여 전달하는 글이다.

③ **문서이해의 절차** … 문서의 목적 이해 → 문서 작성 배경·주제 파악 → 정보 확인 및 현안문제 파악 → 문서 작성자의 의도 파악 및 자신에게 요구되는 행동 분석 → 목적 달성을 위해 취해야 할 행동 고려 → 문서 작성자의 의도를 도표나 그림 등으로 요약·정리

(2) 문서작성능력

① 작성되는 문서에는 대상과 목적, 시기, 기대효과 등이 포함되어야 한다.

② **문서작성의 구성요소**

　　㉠ 짜임새 있는 골격, 이해하기 쉬운 구조

　　㉡ 객관적이고 논리적인 내용

　　㉢ 명료하고 설득력 있는 문장

　　㉣ 세련되고 인상적인 레이아웃

예제 2

다음은 들은 내용을 구조적으로 정리하는 방법이다. 순서에 맞게 배열하면?

> ⊙ 관련 있는 내용끼리 묶는다.
> ⓒ 묶은 내용에 적절한 이름을 붙인다.
> ⓒ 전체 내용을 이해하기 쉽게 구조화한다.
> ⓔ 중복된 내용이나 덜 중요한 내용을 삭제한다.

① ⊙ⓒⓒⓔ ② ⊙ⓒⓔⓒ
③ ⓒⓒⓒⓔ ④ ⓒ⊙ⓔⓒ

[출제의도]
음성정보는 문자정보와는 달리 쉽게 잊혀 지기 때문에 음성정보를 구조화 시키는 방법을 묻는 문항이다.

[해설]
내용을 구조적으로 정리하는 방법은 '⊙ 관련 있는 내용끼리 묶는다. → ⓒ 묶은 내용에 적절한 이름을 붙인다. → ⓔ 중복된 내용이나 덜 중요한 내용을 삭제한다. → ⓒ 전체 내용을 이해하기 쉽게 구조화한다.'가 적절하다.

답 ②

③ 문서의 종류에 따른 작성방법

  ⊙ 공문서
  - 육하원칙이 드러나도록 써야 한다.
  - 날짜는 반드시 연도와 월, 일을 함께 언급하며, 날짜 다음에 괄호를 사용할 때는 마침표를 찍지 않는다.
  - 대외문서이며, 장기간 보관되기 때문에 정확하게 기술해야 한다.
  - 내용이 복잡할 경우 '-다음-', '-아래-'와 같은 항목을 만들어 구분한다.
  - 한 장에 담아내는 것을 원칙으로 하며, 마지막엔 반드시 '끝'자로 마무리 한다.

  ⓒ 설명서
  - 정확하고 간결하게 작성한다.
  - 이해하기 어려운 전문용어의 사용은 삼가고, 복잡한 내용은 도표화 한다.
  - 명령문보다는 평서문을 사용하고, 동어 반복보다는 다양한 표현을 구사하는 것이 바람직하다.

  ⓒ 기획서
  - 상대를 설득하여 기획서가 채택되는 것이 목적이므로 상대가 요구하는 것이 무엇인지 고려하여 작성하며, 기획의 핵심을 잘 전달하였는지 확인한다.
  - 분량이 많을 경우 전체 내용을 한눈에 파악할 수 있도록 목차구성을 신중히 한다.
  - 효과적인 내용 전달을 위한 표나 그래프를 적절히 활용하고 산뜻한 느낌을 줄 수 있도록 한다.
  - 인용한 자료의 출처 및 내용이 정확해야 하며 제출 전 충분히 검토한다.

ⓒ 보고서
  • 도출하고자 한 핵심내용을 구체적이고 간결하게 작성한다.
  • 내용이 복잡할 경우 도표나 그림을 활용하고, 참고자료는 정확하게 제시한다.
  • 제출하기 전에 최종점검을 하며 질의를 받을 것에 대비한다.

예제 3

다음 중 공문서 작성에 대한 설명으로 가장 적절하지 못한 것은?

① 공문서나 유가증권 등에 금액을 표시할 때에는 한글로 기재하고 그 옆에 괄호를 넣어 숫자로 표기한다.
② 날짜는 숫자로 표기하되 년, 월, 일의 글자는 생략하고 그 자리에 온점(.)을 찍어 표시한다.
③ 첨부물이 있는 경우에는 붙임 표시문 끝에 1자 띄우고 "끝."이라고 표시한다.
④ 공문서의 본문이 끝났을 경우에는 1자를 띄우고 "끝."이라고 표시한다.

[출제의도]
업무를 할 때 필요한 공문서 작성법을 잘 알고 있는지를 측정하는 문항이다.
[해설]
공문서 금액 표시
아라비아 숫자로 쓰고, 숫자 다음에 괄호를 하여 한글로 기재한다.
예) 금 123,456원(금 일십이만삼천 사백오십육원)

답 ①

---

④ 문서작성의 원칙
  ㉠ 문장은 짧고 간결하게 작성한다(간결체 사용).
  ㉡ 상대방이 이해하기 쉽게 쓴다.
  ㉢ 불필요한 한자의 사용을 자제한다.
  ㉣ 문장은 긍정문의 형식을 사용한다.
  ㉤ 간단한 표제를 붙인다.
  ㉥ 문서의 핵심내용을 먼저 쓰도록 한다(두괄식 구성).

⑤ 문서작성 시 주의사항
  ㉠ 육하원칙에 의해 작성한다.
  ㉡ 문서 작성시기가 중요하다.
  ㉢ 한 사안은 한 장의 용지에 작성한다.
  ㉣ 반드시 필요한 자료만 첨부한다.
  ㉤ 금액, 수량, 일자 등은 기재에 정확성을 기한다.
  ㉥ 경어나 단어사용 등 표현에 신경 쓴다.
  ㉦ 문서작성 후 반드시 최종적으로 검토한다.

⑥ 효과적인 문서작성 요령

　　㉠ 내용이해 : 전달하고자 하는 내용과 핵심을 정확하게 이해해야 한다.

　　㉡ 목표설정 : 전달하고자 하는 목표를 분명하게 설정한다.

　　㉢ 구성 : 내용 전달 및 설득에 효과적인 구성과 형식을 고려한다.

　　㉣ 자료수집 : 목표를 뒷받침할 자료를 수집한다.

　　㉤ 핵심전달 : 단락별 핵심을 하위목차로 요약한다.

　　㉥ 대상파악 : 대상에 대한 이해와 분석을 통해 철저히 파악한다.

　　㉦ 보충설명 : 예상되는 질문을 정리하여 구체적인 답변을 준비한다.

　　㉧ 문서표현의 시각화 : 그래프, 그림, 사진 등을 적절히 사용하여 이해를 돕는다.

(3) 경청능력

① 경청의 중요성 … 경청은 다른 사람의 말을 주의 깊게 들으며 공감하는 능력으로 경청을 통해 상대방을 한 개인으로 존중하고 성실한 마음으로 대하게 되며, 상대방의 입장에 공감하고 이해하게 된다.

② 경청을 방해하는 습관 … 짐작하기, 대답할 말 준비하기, 걸러내기, 판단하기, 다른 생각하기, 조언하기, 언쟁하기, 옳아야만 하기, 슬쩍 넘어가기, 비위 맞추기 등

③ 효과적인 경청방법

　　㉠ 준비하기 : 강연이나 프레젠테이션 이전에 나누어주는 자료를 읽어 미리 주제를 파악하고 등장하는 용어를 익혀둔다.

　　㉡ 주의 집중 : 말하는 사람의 모든 것에 집중해서 적극적으로 듣는다.

　　㉢ 예측하기 : 다음에 무엇을 말할 것인가를 추측하려고 노력한다.

　　㉣ 나와 관련짓기 : 상대방이 전달하고자 하는 메시지를 나의 경험과 관련지어 생각해 본다.

　　㉤ 질문하기 : 질문은 듣는 행위를 적극적으로 하게 만들고 집중력을 높인다.

　　㉥ 요약하기 : 주기적으로 상대방이 전달하려는 내용을 요약한다.

　　㉦ 반응하기 : 피드백을 통해 의사소통을 점검한다.

예제 4

다음은 면접스터디 중 일어난 대화이다. 민아의 고민을 해소하기 위한 조언으로 가장 적절한 것은?

> 지섭 : 민아씨, 어디 아파요? 표정이 안 좋아 보여요.
>
> 민아 : 제가 원서 넣은 공단이 내일 면접이어서요. 그동안 스터디를 통해서 면접 연습을 많이 했는데도 벌써부터 긴장이 되네요.
>
> 지섭 : 민아씨는 자기 의견도 명확히 피력할 줄 알고 조리 있게 설명을 잘 하시니 걱정 안 하셔도 될 것 같아요. 아, 손에 꽉 쥐고 계신 건 뭔가요?
>
> 민아 : 아, 제가 예상 답변을 정리해서 모아둔거에요. 내용은 거의 외웠는데 이렇게 쥐고 있지 않으면 불안해서
>
> 지섭 : 그 정도로 준비를 철저히 하셨으면 걱정할 이유 없을 것 같아요.
>
> 민아 : 그래도 압박면접이거나 예상치 못한 질문이 들어오면 어떻게 하죠?
>
> 지섭 : _____

① 시선을 적절히 처리하면서 부드러운 어투로 말하는 연습을 해보는 건 어때요?
② 공식적인 자리인 만큼 옷차림을 신경 쓰는 게 좋을 것 같아요.
③ 당황하지 말고 질문자의 의도를 잘 파악해서 침착하게 대답하면 되지 않을까요?
④ 예상 질문에 대한 답변을 좀 더 정확하게 외워보는 건 어떨까요?

[출제의도]
상대방이 하는 말을 듣고 질문 의도에 따라 올바르게 답하는 능력을 측정하는 문항이다.
[해설]
민아는 압박질문이나 예상치 못한 질문에 대해 걱정을 하고 있으므로 침착하게 대응하라고 조언을 해주는 것이 좋다.

답 ③

(4) 의사표현능력

① 의사표현의 개념과 종류
  ㉠ 개념 : 화자가 자신의 생각과 감정을 청자에게 음성언어나 신체언어로 표현하는 행위이다.
  ㉡ 종류
- 공식적 말하기 : 사전에 준비된 내용을 대중을 대상으로 말하는 것으로 연설, 토의, 토론 등이 있다.
- 의례적 말하기 : 사회 · 문화적 행사에서와 같이 절차에 따라 하는 말하기로 식사, 주례, 회의 등이 있다.
- 친교적 말하기 : 친근한 사람들 사이에서 자연스럽게 주고받는 대화 등을 말한다.

② 의사표현의 방해요인
  ㉠ 연단공포증 : 연단에 섰을 때 가슴이 두근거리거나 땀이 나고 얼굴이 달아오르는 등의 현상으로 충분한 분석과 준비, 더 많은 말하기 기회 등을 통해 극복할 수 있다.

    ⓛ **말** : 말의 장단, 고저, 발음, 속도, 쉼 등을 포함한다.

    ⓒ **음성** : 목소리와 관련된 것으로 음색, 고저, 명료도, 완급 등을 의미한다.

    ⓔ **몸짓** : 비언어적 요소로 화자의 외모, 표정, 동작 등이다.

    ⓜ **유머** : 말하기 상황에 따른 적절한 유머를 구사할 수 있어야 한다.

③ **상황과 대상에 따른 의사표현법**

    ㉠ **잘못을 지적할 때** : 모호한 표현을 삼가고 확실하게 지적하며, 당장 꾸짖고 있는 내용에만 한정한다.

    ㉡ **칭찬할 때** : 자칫 아부로 여겨질 수 있으므로 센스 있는 칭찬이 필요하다.

    ㉢ **부탁할 때** : 먼저 상대방의 사정을 듣고 응하기 쉽게 구체적으로 부탁하며 거절을 당해도 싫은 내색을 하지 않는다.

    ㉣ **요구를 거절할 때** : 먼저 사과하고 응해줄 수 없는 이유를 설명한다.

    ㉤ **명령할 때** : 강압적인 말투보다는 '○○을 이렇게 해주는 것이 어떻겠습니까?'와 같은 식으로 부드럽게 표현하는 것이 효과적이다.

    ㉥ **설득할 때** : 일방적으로 강요하기보다는 먼저 양보해서 이익을 공유하겠다는 의지를 보여주는 것이 좋다.

    ㉦ **충고할 때** : 충고는 가장 최후의 방법이다. 반드시 충고가 필요한 상황이라면 예화를 들어 비유적으로 깨우쳐주는 것이 바람직하다.

    ㉧ **질책할 때** : 샌드위치 화법(칭찬의 말 + 질책의 말 + 격려의 말)을 사용하여 청자의 반발을 최소화 한다.

예제 5

당신은 팀장님께 업무 지시내용을 수행하고 결과물을 보고 드렸다. 하지만 팀장님께서는 "최대리 업무를 이렇게 처리하면 어떡하나? 누락된 부분이 있지 않은가."라고 말하였다. 이에 대해 당신이 행할 수 있는 가장 부적절한 대처 자세는?

① "죄송합니다. 제가 잘 모르는 부분이라 이수혁 과장님께 부탁을 했는데 과장님께서 실수를 하신 것 같습니다."

② "주의를 기울이지 못해 죄송합니다. 어느 부분을 수정보완하면 될까요?"

③ "지시하신 내용을 제가 충분히 이해하지 못하였습니다. 내용을 다시 한 번 여쭤보아도 되겠습니까?"

④ "부족한 내용을 보완하는 자료를 취합하기 위해서 하루정도가 더 소요될 것 같습니다. 언제까지 재작성하여 드리면 될까요?"

[출제의도]
상사가 잘못을 지적하는 상황에서 어떻게 대처해야 하는지를 묻는 문항이다.

[해설]
상사가 부탁한 지시사항을 다른 사람에게 부탁하는 것은 옳지 못하며 설사 그렇다고 해도 그 일의 과오에 대해 책임을 전가하는 것은 지양해야 할 자세이다.

답 ①

④ 원활한 의사표현을 위한 지침

    ㉠ 올바른 화법을 위해 독서를 하라.

    ㉡ 좋은 청중이 되라.

    ㉢ 칭찬을 아끼지 마라.

    ㉣ 공감하고, 긍정적으로 보이게 하라.

    ㉤ 겸손은 최고의 미덕임을 잊지 마라.

    ㉥ 과감하게 공개하라.

    ㉦ 뒷말을 숨기지 마라.

    ㉧ 첫마디 말을 준비하라.

    ㉨ 이성과 감성의 조화를 꾀하라.

    ㉩ 대화의 룰을 지켜라.

    ㉪ 문장을 완전하게 말하라.

⑤ 설득력 있는 의사표현을 위한 지침

    ㉠ 'Yes'를 유도하여 미리 설득 분위기를 조성하라.

    ㉡ 대비 효과로 분발심을 불러 일으켜라.

    ㉢ 침묵을 지키는 사람의 참여도를 높여라.

    ㉣ 여운을 남기는 말로 상대방의 감정을 누그러뜨려라.

    ㉤ 하던 말을 갑자기 멈춤으로써 상대방의 주의를 끌어라.

    ㉥ 호칭을 바꿔서 심리적 간격을 좁혀라.

    ㉦ 끄집어 말하여 자존심을 건드려라.

    ㉧ 정보전달 공식을 이용하여 설득하라.

    ㉨ 상대방의 불평이 가져올 결과를 강조하라.

    ㉩ 권위 있는 사람의 말이나 작품을 인용하라.

    ㉪ 약점을 보여 주어 심리적 거리를 좁혀라.

    ㉫ 이상과 현실의 구체적 차이를 확인시켜라.

    ㉬ 자신의 잘못도 솔직하게 인정하라.

    ㉭ 집단의 요구를 거절하려면 개개인의 의견을 물어라.

    ⓐ 동조 심리를 이용하여 설득하라.

    ⓑ 지금까지의 노고를 치하한 뒤 새로운 요구를 하라.

    ⓒ 담당자가 대변자 역할을 하도록 하여 윗사람을 설득하게 하라.

    ⓓ 겉치레 양보로 기선을 제압하라.

    ⓔ 변명의 여지를 만들어 주고 설득하라.

    ⓕ 혼자 말하는 척하면서 상대의 잘못을 지적하라.

(5) 기초외국어능력

① 기초외국어능력의 개념과 필요성

    ㉠ 개념 : 기초외국어능력은 외국어로 된 간단한 자료를 이해하거나, 외국인과의 전화응대와 간단한 대화 등 외국인의 의사표현을 이해하고, 자신의 의사를 기초외국어로 표현할 수 있는 능력이다.

    ㉡ 필요성 : 국제화·세계화 시대에 다른 나라와의 무역을 위해 우리의 언어가 아닌 국제적인 통용어를 사용하거나 그들의 언어로 의사소통을 해야 하는 경우가 생길 수 있다.

② 외국인과의 의사소통에서 피해야 할 행동

    ㉠ 상대를 볼 때 흘겨보거나, 노려보거나, 아예 보지 않는 행동

    ㉡ 팔이나 다리를 꼬는 행동

    ㉢ 표정이 없는 것

    ㉣ 다리를 흔들거나 펜을 돌리는 행동

    ㉤ 맞장구를 치지 않거나 고개를 끄덕이지 않는 행동

    ㉥ 생각 없이 메모하는 행동

    ㉦ 자료만 들여다보는 행동

    ㉧ 바르지 못한 자세로 앉는 행동

    ㉨ 한숨, 하품, 신음소리를 내는 행동

    ㉩ 다른 일을 하며 듣는 행동

    ㉪ 상대방에게 이름이나 호칭을 어떻게 부를지 묻지 않고 마음대로 부르는 행동

③ 기초외국어능력 향상을 위한 공부법

    ㉠ 외국어공부의 목적부터 정하라.

    ㉡ 매일 30분씩 눈과 손과 입에 밸 정도로 반복하라.

    ㉢ 실수를 두려워하지 말고 기회가 있을 때마다 외국어로 말하라.

    ㉣ 외국어 잡지나 원서와 친해져라.

    ㉤ 소홀해지지 않도록 라이벌을 정하고 공부하라.

    ㉥ 업무와 관련된 주요 용어의 외국어는 꼭 알아두자.

    ㉦ 출퇴근 시간에 외국어 방송을 보거나, 듣는 것만으로도 귀가 트인다.

    ㉧ 어린이가 단어를 배우듯 외국어 단어를 암기할 때 그림카드를 사용해 보라.

    ㉨ 가능하면 외국인 친구를 사귀고 대화를 자주 나눠 보라.

1 다음 내용과 어울리는 속담을 고르면?

> 진석이는 학교 수업을 마치고 집으로 돌아오던 중 스마트폰이 없어진 것을 알았다. 옷가지와 가방을 모두 뒤져보았지만 찾을 수 없었다. 마음이 급해진 진석이는 수업을 들었던 교실로 뛰어가 여기저기 찾아보았지만 있던 자리에 스마트폰의 흔적은 없었다. 찾는 것을 포기하고 다시 집으로 돌아오던 중 울린 전화벨 소리에 무의식적으로 통화를 받는 그 순간 처음부터 지금까지 스마트폰이 본인 손에 들려있었다는 사실을 깨달았다.

① 아니 땐 굴뚝에 연기 날까.
② 등잔 밑이 어둡다.
③ 뽕도 따고 임도 보고.
④ 목마른 놈이 우물 판다.

 ① 원인이 없으면 결과가 있을 수 없음을 비유적으로 이르는 말
② 대상에서 가까이 있는 사람이 도리어 대상에 대하여 잘 알기 어렵다는 말
③ 두 가지 일을 동시에 이룸을 비유적으로 이르는 말
④ 제일 급하고 일이 필요한 사람이 그 일을 서둘러 하게 되어 있다는 말

2 다음 밑줄 친 단어의 의미로 적절하지 않은 것은?

> 조선시대 재이(災異)는 재난(災難)과 ① <u>변이</u>(變異)의 합성어로서 재난보다 더 포괄적인 개념이다. 재이에는 가뭄, 홍수, 질병 등 인간에게 직접적인 상해를 입히는 재난과 괴이한 자연 현상 뿐만 아니라 ② <u>와언</u>(訛言)이라 일컬어지는 유언비어와 같은 사회적 사건 역시 포함되었다.
>
> 조선시대 지배계층은 재이에 대한 대응을 중요한 통치 수단으로 삼았다. 유학의 재이론은 한나라 때 일식, 홍수, 지진 등의 재앙을 통치자의 ③ <u>실정</u>(失政) 탓이라고 생각했던 것에서 연원했다. 예를 들면 지배계층이 실정하면 재이를 통해 국가가 패망에 이르게 될 것을 알려준다고 생각했다. 그러므로 재이론은 재난을 입은 피지배계층 뿐만 아니라 지배계층에게도 중요한 정치적 의미가 있었다.
>
> 기양의례(祈禳儀禮)는 재이에 대처하는 국가적 방식이었다. 기양의례에는 기우제(祈雨祭)와 ④ <u>여제</u>(厲祭) 등이 있었다. 가뭄이 극심해지면 임금이 제주(祭主)가 되어 기우제를 지냈다. 이 때 임금은 하늘의 벌을 받아 비가 내리지 않는다하여, 음식을 전폐하고 궁궐에서 초가로 거처를 옮기고 죄인을 석방하는 등의 조치를 취하기도 하였다. 이것은 비가 내리기를 기원하고 가뭄으로 흉흉한 민심을 안정시키고자 하는 데 그 목적이 있었다. 한편 여제란 전염병이 발생했을 때 행했던 의례였다. 여제는 바이러스나 세균에 의한 전염을 이해하지 못했기 때문에 종교적으로 정화하기 위한 의례였다. 지배계층은 기양의례와 같은 정치적 제사를 통해 피지배 계층의 고통을 외면하지 않고, 재이를 해결하고자 하는 의지를 드러냈다.

① 변이 : 어떤 상황의 가변적 요인
② 와언 : 잘못 전하여진 말
③ 실정 : 잘못된 정치
④ 여제 : 나라에 역질이 돌 때에 지내던 제사

- 변이(變異) : 나이와 관계없이 모양과 성질이 다른 개체가 존재하는 현상
- 변수(變數) : 어떤 상황의 가변적 요인

Answer↱ 1.② 2.①

3 다음 중 통일성을 해치는 문장으로 적절한 것은?

규합총서(1809)에는 생선을 조리하는 방법으로 고는 방법, 굽는 방법, 완자탕으로 만드는 방법 등이 소개되어 있다. 그런데 통째로 모양을 유지시키면서 접시에 올리려면 굽거나 찌는 방법 밖에 없다. ⊙보통 생선을 구우려면 긴 꼬챙이를 생선의 입부터 꼬리까지 빗겨 질러서 화로에 얹고 간접적으로 불을 쬐게 한다. 그러나 이런 방법을 쓰면 생선의 입이 원래 상태에서 크게 벗어나 뒤틀리고 만다.

당시에는 굽기보다는 찌기가 더욱 일반적이었다. ⓛ먼저 생선의 비늘을 벗겨내고 내장을 제거한 후 흐르는 물에 깨끗하게 씻는다. 여기에 소금으로 간을 하여 하루쯤 채반에 받쳐 그늘진 곳에서 말린다. 이것을 솥 위에 올린 시루 속에 넣고 약한 불로 찌면 식어도 그 맛이 일품이다. ⓒ1830년대 중반 이후 밀입국한 신부 샤를 달레가 집필한 책에 생선을 생으로 먹는 조선시대의 풍습이 소개 되어 있다. 보통 제사에 올리는 생선은 이와 같이 찌는 조리법을 이용했다. ⓔ이 시대에는 신분에 관계없이 유교식 제사가 집집마다 퍼졌기 때문에 생선을 찌는 조리법이 널리 받아들여졌다.

① ⊙

② ⓛ

③ ⓒ

④ ⓔ

(Tip) 위 글은 생선을 조리하는 방법에 대해 나타나있지만 ⓒ은 조선시대의 풍습에 대한 내용이다.

4 다음 글과 어울리는 사자성어로 적절한 것은?

> 관중(管仲)과 포숙(鮑叔)은 죽마고우로 둘도 없는 친구(親舊) 사이였다. 어려서부터 포숙(鮑叔)은 관중(管仲)의 범상(凡常)치 않은 재능을 간파(看破)하고 있었으며, 관중(管仲)은 포숙(鮑叔)을 이해(理解)하고 불평(不平) 한마디 없이 사이좋게 지내고 있었다. 두 사람은 벼슬길에 올랐으나, 본의 아니게 적이 되었다. 규의 아우 소백(小白)은 제(齊)나라의 새 군주(君主)가 되어 환공(桓公)이라 일컫고, 형 규(糾)를 죽이고 그 측근이었던 관중(管仲)도 죽이려 했다. 그때 포숙(鮑叔)이 환공(桓公)에게 진언(盡言)했다. "관중(管仲)의 재능은 신보다 몇 갑절 낫습니다. 제(齊)나라만 다스리는 것으로 만족(滿足)하신다면 신으로도 충분합니다만 천하(天下)를 다스리고자 하신다면 관중(管仲)을 기용하셔야 하옵니다." 환공(桓公)은 포숙(鮑叔)의 진언(盡言)을 받아들여 관중(管仲)을 대부(大夫)로 중용하고 정사(政事)를 맡겼다. 재상(宰相)이 된 관중(管仲)은 기대에 어긋나지 않게 마음껏 수완을 발휘해 환공(桓公)으로 하여금 춘추(春秋)의 패자(覇者)로 군림하게 했다. 성공(成功)한 후 관중(管仲)은 포숙(鮑叔)에 대한 고마운 마음을 다음과 같이 회고(回顧)하고 있다. "내가 젊고 가난했을 때 포숙(鮑叔)과 함께 장사를 하면서 언제나 그보다 더 많은 이득(利得)을 취했다. 그러나 포숙(鮑叔)은 나에게 욕심쟁이라고 말하지 않았다. 그는 내가 가난한 것을 알고 있었기 때문이다. 나는 또 몇 번씩 벼슬에 나갔으나 그때마다 쫓겨났다. 그래도 그는 나를 무능(無能)하다고 흉보지 않았다. 내게 아직 운이 안 왔다고 생각한 것이다. 싸움터에서 도망(逃亡)쳐 온 적도 있으나 그는 나를 겁쟁이라고 하지 않았다. 나에게 늙은 어머니가 계시기 때문이라고 생각한 것이다. 공자 규가 후계자 싸움에서 패하여 동료 소홀(召忽)은 싸움에서 죽고 나는 묶이는 치욕(恥辱)을 당했지만 그는 나를 염치(廉恥)없다고 비웃지 않았다. 내가 작은 일에 부끄러워하기보다 공명을 천하(天下)에 알리지 못함을 부끄러워 한다는 것을 알고 있었기 때문이다. 나를 낳아준 이는 부모(父母)이지만 나를 진정으로 알아준 사람은 포숙(鮑叔)이다."

① 관포지교(管鮑之交)

② 오매불망(寤寐不忘)

③ 마부위침(磨斧爲針)

④ 망운지정(望雲之情)

 ① 매우 다정하고 허물없는 친구사이
② 자나 깨나 잊지 못함
③ 끊임없는 노력과 끈기 있는 인내로 성공하고야 만다는 뜻
④ 멀리 떠나온 자식이 어버이를 사모하여 그리는 정

Answer 3.③ 4.①

5 다음 글을 순서에 맞게 배열한 것은?

> ㈎ 전 세계적으로 MRI 관련 산업의 시장규모는 매년 약 42억~45억 달러씩 늘어나고 있다. 한국의 시장규모는 연간 8,000만~1억 달러씩 증가하고 있다. 현재 한국에는 약 800대의 MRI 기기가 도입돼 있다. 이는 인구 백만 명 당 16대꼴로 일본이나 미국에는 미치지 못하지만 유럽이나 기타 OECD 국가들에 뒤지지 않는 보급률이다.
>
> ㈏ 과거에는 질병의 '치료'를 중시하였으나 점차 질병의 '진단'을 중시하는 추세로 변화하고 있다. 조기진단을 통해 질병을 최대한 빠른 시점에 발견하고 이에 따른 명확한 치료책을 제시함으로써 뒤늦은 진단 및 오진으로 발생하는 사회적 비용을 최소화하고 질병 관리능력을 증대시키고 있다. 조기진단의 경제적 효과는 실로 엄청난데, 관련 기관의 보고서에 의하면 유방암 치료비는 말기진단 시 60,000~145,000 달러인데 비해 조기진단 시 10,000~15,000 달러로 현저한 차이를 보인다. 또한 조기진단과 치료로 인한 생존율 역시 말기진단의 경우에 비해 4배 이상 증가한 것으로 밝혀졌다.
>
> ㈐ 현재 조기진단을 가능케 하는 진단영상기기로는 X-ray, CT, MRI 등이 널리 쓰이고 있으며, 이 중 1985년에 개발된 MRI가 가장 최신장비로 손꼽힌다. MRI는 다른 기기에 비해 연골과 근육, 척수, 혈관 속 물질, 뇌조직 등 체내 부드러운 조직의 미세한 차이를 구분하고 신체의 이상 유무를 밝히는데 탁월하여 현존하는 진단기기 중에 가장 성능이 좋은 것으로 평가받고 있다. 이러한 특징으로 인해 MRI는 세포조직 내 유방암, 위암, 파킨슨병, 알츠하이머병, 다발성경화증 등의 뇌신경계 질환 진단에 많이 활용되고 있다.

① ㈎㈏㈐ 　　　　　　　　　② ㈎㈐㈏

③ ㈏㈐㈎ 　　　　　　　　　④ ㈏㈎㈐

 (Tip)
㈏ 질병의 '치료'에서 '진단'을 중시하는 추세로 변화
㈐ 가장 최신 진단영상기기 MRI
㈎ MRI 관련 산업의 시장규모

6 다음의 글을 읽고 김 씨가 의사소통능력을 향상시키기 위해 노력한 것은 무엇인가?

> 직장인 김 씨는 자주 동료들로부터 다른 사람들의 이야기를 흘려듣거나 금세 잊어버린다는 이야기를 많이 들어 어떤 일을 하더라도 늦거나 실수하는 경우가 많이 발생한다. 그리고 같은 일을 했음에도 불구하고 다른 직원들보다 남겨진 자료가 별로 없는 것을 알게 되었다. 그래서 김 씨는 항상 메모하고 기억하려는 노력을 하기로 결심하였다. 그 후 김 씨는 회의시간은 물론이고 거래처 사람들을 만날 때, 공문서를 읽거나 책을 읽을 때에도 메모를 하려고 열심히 노력하였다. 모든 상황에서 메모를 하다 보니 자신만의 방법을 터득하게 되어 자신만 알 수 있는 암호로 더욱 간단하고 신속하게 메모를 할 수 있게 되었다. 또한 메모한 내용을 각 주제별로 분리하여 자신만의 데이터베이스를 만들기에 이르렀다. 이후 갑자기 보고할 일이 생겨도 자신만의 데이터베이스를 이용하여 쉽게 처리를 할 수 있게 되며 일 잘하는 직원으로 불리게 되었다.

① 경청하기
② 검토하기
③ 따라하기
④ 메모하기

 김 씨는 메모를 하는 습관을 길러 자신의 부족함을 메우고 자신만의 데이터베이스를 구축하여 모두에게 인정을 받게 되었다.

7 다음 전화 통화의 내용과 일치하는 것은?

> Agent : AVA Airlines. Can I help you?
>
> Daniel : Hello. I'd like to reconfirm my flight, please.
>
> Agent : May I have name and flight number, please?
>
> Daniel : My name is Daniel Wilson and my flight number is 256.
>
> Agent : When are you leaving?
>
> Daniel : On May 11th.
>
> Agent : And your destination?
>
> Daniel : Seoul.
>
> Agent : Hold the line, please. All right. Your seat is confirmed, Mr. Wilson.
>   You'll be arriving in Seoul at 4 o'clock p.m. local time.
>
> Daniel : Thank you. Can I pick up my ticket when I check in?
>
> Agent : Yes, but please check in at least one hour before departure time.

① Wilson's flight was canceled.

② Wilson's flight was delayed due to the bad weather.

③ Wilson will departure from Seoul on May 11th.

④ Wilson will arrive in Seoul at 4 o'clock p.m. local time.

 ① Wilson의 항공편은 취소되었다.
② Wilson의 항공편은 기상악화로 연기되었다.
③ Wilson는 5월 11일 서울에서 출발할 것이다.
④ Wilson는 서울에 현지 시각으로 오후 4시에 도착할 것이다.

「Agent : AVA 항공사입니다. 무엇을 도와드릴까요?
Daniel : 안녕하세요. 제 항공편의 예약을 재확인하고 싶습니다.
Agent : 성함과 항공편 번호를 알려주시겠습니까?
Daniel : 제 이름은 Daniel Wilson이고 항공편 번호는 256입니다.
Agent : 언제 떠나시죠?
Daniel : 5월 11일입니다.
Agent : 목적지는요?
Daniel : 서울입니다.
Agent : 잠시만 기다려 주세요. 예, 좌석이 확인됐습니다. 서울에는 현지 시각으로 오후 4시에 도착예
     정입니다.
Daniel : 감사합니다. 탑승 수속 시 발권을 해도 될까요?
Agent : 예, 하지만 적어도 출발 시간 1시간 전에 수속을 해주십시오.」

8 다음 밑줄 친 단어의 한자로 옳지 않은 것은?

> 15세기 후반 왕실의 도자기 수요량이 증가하자 국가가 도자기 제조를 직접 관리하게 되었다. 광주분원은 왕실에 필요한 도자기를 구워내기 위해 경기도 광주군에 설치한 관요(官窯)였다. 광주군 일대는 질 좋은 소나무 숲이 많았기 때문에 관요에 필요한 연료를 공급하는 시장절수처(柴場折受處)로 ①<u>지정</u>되었다.
>
> 예로부터 백자가마에서는 숯이나 재가 남지 않고 충분한 열량을 낼 수 있는 소나무를 연료로 사용했다. 불티가 남지 않는 소나무는 백자 표면에 입힌 유약을 매끄럽게 해질 좋은 백자를 굽는 데 최상의 연료였다. 철분이 많은 참나무 종류는 불티가 많이 생겨서 백자 표면에 붙고, 그 불티가 산화철로 변하여 유약을 바른 표면에 원하지 않는 자국을 내기 때문에 예열할 때 외에는 땔감으로 사용하지 않았다. 도자기를 굽는 데는 많은 땔감이 필요하였다. 한 가마에서 백자 1,500개를 생산하기 위해서는 50짐의 소나무 장작이 필요했다. 장작 1거(車)는 5~6태(駄)를 말하며 1태는 2짐에 해당하는 ②<u>분량</u>이었다.
>
> 분원은 소나무 땔감을 안정적으로 공급받기 위하여 시장 절수처 내의 수목이 무성한 곳을 찾아 약 10년에 한번 꼴로 그 장소를 이동하였다. 분원이 설치되어 땔감에 필요한 소나무를 다 채취한 곳은 소나무가 ③<u>무성</u>하게 될 때까지 기다렸다가 다시 그 곳에 분원을 설치하여 수목을 채취하는 것이 원칙이었다. 질 좋은 소나무 확보가 중요했기 때문에 시장절수처로 지정된 곳의 소나무는 관요에 필요한 땔감으로만 사용을 하고 다른 관청의 사용을 전면 금지하였다.
>
> 그러나 실제로는 한 번 분원이 설치되어 소나무를 채취한 곳은 화전으로 ④<u>개간</u>되었기 때문에 다시 그 곳에서 땔감을 공급받을 수 없게 되었다. 그리하여 17세기 말경에는 분원을 교통이 편리한 곳에 고정시켜 두고 땔감을 분원으로 운반하여 사용하자는 분원고정론(分院固定論)이 대두되었다. 이러한 논의는 당시에는 실현되지 못하였고, 경종 원년(1721년) 이후에야 분원을 고정시켜 시장절수처 이외의 장소에서 땔감을 구입하여 사용하게 되었다.

① 지정 : 智情　　　　　　　② 분량 : 分量

③ 무성 : 茂盛　　　　　　　④ 개간 : 開墾

- 지정(指定) : 가리키어 확실하게 정함
- 지정(智情) : 지혜와 정열을 아울러 이르는 말

9 다음은 출산율 저하와 인구정책에 관한 글을 쓰기 위해 정리한 글감과 생각이다. 〈보기〉와 같은 방식으로 내용을 전개하려고 할 때 바르게 연결된 것은?

> ㉠ 가임 여성 1인당 출산율이 1.3명으로 떨어졌다.
> ㉡ 여성의 사회 활동 참여율이 크게 증가하고 있다.
> ㉢ 현재 시행되고 있는 출산장려 정책은 큰 효과가 없다.
> ㉣ 새롭고 실제 가정에 도움이 되는 출산장려 정책이 추진되어야 한다.
> ㉤ 가치관의 변화로 자녀의 필요성을 느끼지 않는다.
> ㉥ 인구 감소로 인해 노동력 부족 현상이 심화된다.
> ㉦ 노동 인구의 수가 국가 산업 경쟁력을 좌우한다.
> ㉧ 인구 문제에 대한 정부 차원의 대책을 수립한다.

> 〈보기〉
> 문제 상황 → 상황의 원인 → 주장 → 주장의 근거 → 종합 의견

	문제 상황	상황의 원인	예상 문제점	주장	주장의 근거	종합 의견
①	㉠, ㉡	㉤	㉢	㉣	㉥, ㉦	㉧
②	㉠	㉡, ㉤	㉥, ㉦	㉣	㉢	㉧
③	㉡, ㉤	㉥	㉠	㉢, ㉣	㉧	㉦
④	㉢	㉠, ㉡, ㉤	㉦	㉧	㉥	㉣

- 문제 상황 : 출산율 저하(㉠)
- 출산율 저하의 원인 : 여성의 사회 활동 참여(㉡), 가치관의 변화(㉤)
- 출산율 저하의 문제점 : 노동 인구의 수가 국가 산업 경쟁력을 좌우(㉦)하는데 인구 감소로 인해 노동력 부족 현상이 심화된다(㉥).
- 주장 : 새롭고 실제 가정에 도움이 되는 출산장려 정책이 추진되어야 한다(㉣).
- 주장의 근거 : 현재 시행되고 있는 출산장려 정책은 큰 효과가 없다(㉢).
- 종합 의견 : 인구 문제에 대한 정부 차원의 대책을 수립한다(㉧).

10 다음은 SNS 회사에 함께 인턴으로 채용된 두 친구의 대화이다. 두 사람이 제출했을 토론 주제로 적합한 것은?

> 여 : 대리님께서 말씀하신 토론 주제는 정했어? 난 인터넷에서 '저무는 육필의 시대'라는 기사를 찾았는데 토론 주제로 괜찮을 것 같아서 그걸 정리해 가려고 하는데.
>
> 남 : 난 아직 마땅한 게 없어서 찾는 중이야. 그런데 육필이 뭐야?
>
> 여 : SNS 회사에 입사했다는 애가 그것도 모르는 거야? 컴퓨터로 글을 쓰는 게 디지털 글쓰기라면 손으로 글을 쓰는 걸 육필이라고 하잖아.
>
> 남 : 아! 그런 거야? 그럼 우리는 디지털 글쓰기 세대겠네?
>
> 여 : 그런 셈이지. 요즘 다들 컴퓨터로 글을 쓰니까. 그나저나 너는 디지털 글쓰기의 장점이 뭐라고 생각해?
>
> 남 : 음, 우선 떠오르는 대로 빨리 쓸 수 있다는 점 아닐까? 또 쉽게 고칠 수도 있고. 그래서 누구나 쉽게 글을 쓸 수 있다는 점이 디지털 글쓰기의 최대 장점이라고 생각하는데.
>
> 여 : 맞아. 기존의 글쓰기가 소수의 전유물이었다면, 디지털 글쓰기 덕분에 누구나 쉽게 글을 쓰고 의사소통을 할 수 있게 되었다는 게 내가 본 기사의 핵심이었어. 한마디로 글쓰기의 민주화가 이루어진 거지.
>
> 남 : 글쓰기의 민주화……. 멋있어 보이기는 하는데, 디지털 글쓰기가 꼭 장점만 있는 것 같지는 않아. 누구나 쉽게 글을 쓸 수 있게 됐다는 건, 그만큼 글이 가벼워졌다는 거 아냐? 우리 주변에서도 그런 글들은 엄청나잖아.
>
> 여 : 하긴, 디지털 글쓰기 때문에 과거보다 진지하게 글을 쓰는 사람이 적어진 건 사실이야. 남의 글을 베끼거나 근거 없는 내용을 담은 글들도 많아지고.
>
> 남 : 우리 이 주제로 토론을 해 보는 게 어때?

① 세대 간 정보화 격차   ② 디지털 글쓰기와 정보화

③ 디지털 글쓰기의 장단점   ④ 디지털 글쓰기와 의사소통의 관계

 ③ 대화 속의 남과 여는 디지털 글쓰기의 장점과 단점에 대해 이야기하고 있다. 따라서 두 사람이 제출했을 토론 주제로는 '디지털 글쓰기의 장단점'이 적합하다.

Answer → 9.②   10.③

11 다음 글의 밑줄 친 부분을 고쳐 쓰기 위한 방안으로 옳지 않은 것은?

그동안 발행이 ⓐ<u>중단되어졌던</u> 회사 내 월간지 'ㅇㅇ소식'에 대해 말씀드리려 합니다. 'ㅇㅇ소식'은 소수의 편집부원이 발행하다 보니, 발행하기도 어렵고 다양한 이야기를 담지도 못했습니다. ⓑ<u>그래서</u> 저는 종이 신문을 웹 신문으로 전환하는 것이 좋다고 생각합니다. ⓒ<u>저는 최선을 다해서 월간지를 만들었습니다.</u> 그러면 구성원 모두가 협업으로 월간지를 만들 수 있고, 그때그때 새로운 정보를 ⓓ<u>독점</u>하게 될 것입니다. 이렇게 만들어진 'ㅇㅇ소식'을 통해 우리는 앞으로 '언제나, 누구나' 올린 의견을 실시간으로 만나게 될 것입니다.

① ⓐ은 어법에 맞지 않으므로 '중단되었던'으로 고쳐야 한다.
② ⓑ은 연결이 자연스럽지 않으므로 '그러나'로 고쳐야 한다.
③ ⓒ은 주제에 어긋난 내용이므로 삭제해야 한다.
④ ⓓ은 문맥에 맞지 않는 단어이므로 '공유'로 고쳐야 한다.

Tip ② '그래서'가 더 자연스럽기 때문에 고치지 않는 것이 낫다.

12 IT분야에 근무하고 있는 K는 상사로부터 보고서를 검토해달라는 요청을 받고 보고서를 검토 중이다. 보고서의 교정 방향으로 적절하지 않은 것은?

> 국가경제 성장의 핵심 역할을 하는 IT산업은 정보통신서비스, 정보통신기기, 소프트웨어 부문으로 구분된다. 2010년 IT산업의 생산규모는 전년대비 15% 이상 증가한 385.4조원을 기록하였다. 한편, 소프트웨어 산업은 경기위축에 선행하고 경기회복에 후행하는 산업적 특성 때문에 전년대비 2% 이하의 성장에 머물렀다.
>
> 2010년 정보통신서비스 생산규모는 IPTV 등 신규 정보통신서비스 확대로 전년대비 4.6% 증가한 63.4조원을 기록하였다. 2010년 융합서비스는 전년대비 생산규모 ㉠<u>증가률</u>이 정보통신서비스 중 가장 높았고, 정보통신서비스에서 차지하는 생산규모 비중도 가장 컸다. ㉡<u>또한 R&D 투자액이 매년 증가하여 GDP 대비 R&D 투자액 비중이 증가하였다.</u>
>
> IT산업 전체의 생산을 견인하고 있는 정보통신기기 생산규모는 통신기기를 제외한 다른 품목의 생산 호조에 따라 2010년 전년대비 25.6% 증가하였다. ㉢<u>한편,</u> 2006~2010년 동안 정보통신기기 생산규모에서 통신기기, 정보기기, 음향기기, 전자부품, 응용기기가 차지하는 비중의 순위는 매년 변화가 없었다. 2010년 전자부품 생산규모는 174.4조원으로 정보통신기기 전체 생산규모의 59.0%를 차지한다. 전자부품 중 반도체와 디스플레이 패널의 생산규모는 전년대비 각각 48.6%, 47.4% 증가하여 전자부품 생산을 ㉣<u>유도</u>하였다. 2005년~2010년 동안 정보통신기기 부문에서 전자부품과 응용기기 각각의 생산규모는 매년 증가하였다.

① ㉠은 맞춤법에 맞지 않는 표현으로 '증가율'로 수정해야 합니다.
② ㉡은 문맥에 맞지 않는 문장으로 삭제하는 것이 좋습니다.
③ ㉢은 앞 뒤 문장이 인과구조이므로 '따라서'로 수정해야 합니다.
④ ㉣ '유도'라는 어휘 대신 문맥상 적합한 '주도'라는 단어로 대체해야 합니다.

(Tip) ③ 인과구조가 아니며, '한편'으로 쓰는 것이 더 적절하다.

Answer → 11.② 12.③

13 밑줄 친 부분의 문맥적 의미가 유사한 것은?

> 과학주의를 믿는 사람들은 과학적 지식은 절대 객관적이라고 한다. 그러나 과학적 지식의 객관성이라는 것은 하나의 이념적인 요청이고 실제에 있어서는 인간의 주관이 어떤 형태로든지 개입하지 아니한 지식은 없다. 미시(微示)의 세계를 다루는 현대 물리학에 있어서는 이미 고전적 물리학이 내세웠던 객관성의 요청이 전연 다르게 이해될 수밖에 없게 되었다. 미시 세계의 현상은 과학적인 조작을 통해서만 드러나는데 그 조작이 대상에 미치는 영향은 매우 크기 때문이다. 그러므로 물리학자가 <u>다루는</u> 현상은 객관적인 물자체(物自體)의 현상이라기보다는 그가 조작해 낸 현상이라고 할 수 있다. 과학적인 지식이 완전히 객관적인 지식이라고 믿는 것은 이제는 무비판적인 환상이다.
>
> 과학적 지식은 과학주의를 믿는 사람들이 생각하는 것처럼 그렇게 보편타당하고 확고부동하고 객관적이고 이른바 실증적 논리에 의해서 무한히 전진하는 것이 아니다. 따라서 과학적 지식은 절대화하면 미신이 된다. 그런데 이와 같이 그 본질에 있어서 절대적이 아닌 과학적인 지식이 변화하면서 늘 발전하고 폭발적으로 증대한다는 것이다. 그 발전이 우리 시대에 있어서는 너무나 놀랍고 폭발적이기 때문에 그러한 지식 앞에 일정한 한계를 설정하는 것은 매우 무모한 일인 것처럼 생각된다.

① 농부는 땅을 <u>다룰</u> 줄 알아야 한다.

② 사슴 가죽을 잘 <u>다루어</u> 두도록 한다.

③ 그는 아랫사람을 잘 <u>다루는</u> 재주가 있다.

④ 신문에서 경제 문제를 특집 기사로 <u>다루었다</u>.

 밑줄 친 '다루다'는 '소재나 대상으로 삼다'의 뜻으로 쓰였는데, ④도 경제 문제를 특집 기사의 대상으로 삼았다는 것이므로 같은 의미로 쓰인 것이다.
① 부려서 이용하다.
② (가죽 따위를) 매만져서 쓰기 좋게 하다.
③ 부리어 따르게 하다.

14 다음은 S기업에서 진행하는 낙후지역 벽화그리기 프로그램 제안서이다. 다음과 같은 〈조건〉으로 기대 효과에 대해 작성하려고 할 때 가장 적절한 것은?

프로그램명	낙후지역 벽화그리기
제안부서	홍보부
제안이유	우리 S기업 사옥에서 멀지 않은 ○○동은 대표적인 낙후지역으로 한부모가정 또는 조부모가정, 기초생활수급가정 등이 밀집되어 있는 곳이라 어린 아이들이 많음에도 불구하고 칠이 벗겨진 벽이 그대로 방치되어 있는 건물이 매우 많습니다. 그런 건물들 때문에 주변 공간까지 황폐해 보입니다. 저희는 이런 건물들에 생동감을 불어넣고 기업 홍보효과도 얻기 위해 벽화그리기를 제안합니다.
제안내용	벽화에는 최대한 밝은 분위기를 담아내려고 합니다. 이를 위해 함께하는 직원들과 주민들에게 설문조사를 하여 주제와 소재를 결정하려고 합니다. 프로그램 기간에는 각자 역할을 나누어 밑그림을 그리고 채색을 할 것입니다. 또한 이를 축하하는 행사도 마련하려고 하오니 좋은 아이디어가 있으면 제공해주시고, 원활하게 진행될 수 있도록 협조해 주십시오.
기대효과	

〈조건〉
• 참여 직원들에게 미치는 긍정적 효과를 드러낼 것
• 지역 주민들에게 가져올 생활상의 변화를 제시할 것

① 이 활동은 사무실에서만 주로 일하는 직원들의 사기증진과 회사에 대한 자부심, 서로 간의 협동 정신을 심어줄 수 있습니다. 또한 개선된 생활공간에서 주민들, 특히나 어린 아이들은 밝은 웃음을 되찾을 수 있을 것입니다.

② 저희 홍보부는 최선을 다해 이 일을 추진할 것입니다. 직원 여러분들께서도 많은 관심과 참여로 격려와 지원을 해 주시기 바랍니다.

③ 벽화 그리기는 사내의 분위기를 활발하게 움직이기에 매우 적합한 활동입니다. 앞으로도 홍보부는 이러한 많은 활동들을 통해 직원들의 사기증진을 위해 노력하겠습니다.

④ 벽화 그리기는 자율적이고 창의적인 사내 문화를 만들어 나가는 출발점이 될 것입니다. 이런 활동들에 주변 주민들이 함께한다면 회사 홍보효과도 함께 가져올 수 있을 것입니다.

 ②③ 기대효과라기보다 홍보부의 다짐 또는 포부이다.
④ 지역 주민들의 변화를 제시하지 못했다.

Answer 13.④ 14.①

15 아웃도어 업체에 신입사원으로 입사한 박 사원이 다음의 기사를 요약하여 상사에게 보고해야 할 때 적절하지 못한 내용은?

> ### 아웃도어 브랜드 '기능성 티셔츠' 허위·과대광고 남발
>
> 국내에서 판매되고 있는 유명 아웃도어 브랜드의 반팔 티셔츠 제품들이 상당수 허위·과대광고를 하고 있는 것으로 나타났다. 소비자시민모임은 30일 서울 신문로 ○○타워에서 기자회견을 열고 '15개 아웃도어 브랜드의 등산용 반팔 티셔츠 품질 및 기능성 시험 통과 시험 결과'를 발표했다. 소비자시민모임은 2015년 신상품을 대상으로 아웃도어 의류 매출 상위 7개 브랜드 및 중소기업 8개 브랜드 총 15개 브랜드의 제품을 선정해 시험·평가했다. 시험결과 '자외선 차단' 기능이 있다고 표시·광고하고 있는 A사, B사 제품은 자외신 차단 가공 기능이 있다고 보기 이려운 수준인 것으로 드러났다. C사, D사 2개 제품은 제품상에 별도 부착된 태그에서 표시·광고하고 있는 기능성 원단과 실제 사용된 원단에 차이가 있는 것으로 확인됐다. D사, E사, F사 등 3개 제품은 의류에 부착된 라벨의 혼용율과 실제 혼용율에 차이가 있는 것으로 조사됐다. 또 일부 제품의 경우 '자외선(UV) 차단 기능 50+'라고 표시·광고했지만 실제 테스트 결과는 이에 못미치는 것으로 나타났다. 반면, 기능성 품질 비교를 위한 흡수성, 건조성, 자외선차단 시험 결과에서는 G사, H사 제품이 흡수성이 좋은 것으로 확인되었다. 소비자시민모임 관계자는 "일부 제품에서는 표시·광고하고 있는 기능성 사항이 실제와는 다르게 나타났다."며 "무조건 제품의 광고를 보고 고가 제품의 품질을 막연히 신뢰하기 보다는 관련 제품의 라벨 및 표시정보를 꼼꼼히 확인해야 한다."고 밝혔다. 이어 "소비자의 합리적인 선택을 유도할 수 있도록 기능성 제품에 대한 품질 기준 마련이 필요하다."며 "표시 광고 위반 제품에 대해서는 철저한 관리 감독을 요구한다."고 촉구했다.

① A사와 B사 제품은 자외선 차단 효과가 낮고, C사와 D사는 태그에 표시된 원단과 실제 원단이 달랐다.

② 소비자시민모임은 '15개 아웃도어 브랜드의 등산용 반팔티셔츠 품질 및 기능성 시험 결과'를 발표했다.

③ G사와 H사 제품은 흡수성이 좋은 것으로 확인되었다.

④ 거의 모든 제품에서 표시·광고하고 있는 기능성 사항이 실제와는 다르게 나타났다.

Tip 일부 제품에서 표시·광고하고 있는 사항이 실제와 다른 것이며 G사와 H사의 경우 제품의 흡수성이 좋은 것으로 확인되었기 때문에 거의 모든 제품이라고 단정하면 안 된다.

16 다음은 어느 회사의 공로패에 관한 내용이다. 한자로 바꾸어 쓴 것으로 옳지 않은 것은?

공 로 패

김 갑 을

   귀하는 지난 10년간 □□회사의 사장으로 <u>재임</u>하면서, 헌신적인 <u>봉사</u>정신과 성실한 노력으로 사원간의 친목을 도모하고, □□회사의 발전에 기여한 <u>공로</u>가 지대하므로 금번 퇴임을 기념하여 그 뜻을 <u>영원</u>히 기리기 위하여 이 패를 드립니다.

2016. 11. ○ ○
(주) □ □

① 재임 – 在任
② 봉사 – 奉祀
③ 공로 – 功勞
④ 영원 – 永遠

 봉사(奉仕) : 국가나 사회 또는 남을 위하여 자신을 돌보지 아니하고 힘을 바쳐 애씀
      봉사(奉祀) : 조상의 제사를 받들어 모심

17 다음 글을 읽고 〈보기〉의 질문에 답을 할 때 가장 적절한 것은?

다세포 생물체는 신경계와 내분비계에 의해 구성 세포들의 기능이 조절된다. 이 중 내분비계의 작용은 내분비선에서 분비되는 호르몬에 의해 일어난다. 호르몬을 분비하는 이자는 소화선인 동시에 내분비선이다. 이자 곳곳에는 백만 개 이상의 작은 세포 집단들이 있다. 이를 랑게르한스섬이라고 한다. 랑게르한스섬에는 인슐린을 분비하는 β 세포와 글루카곤을 분비하는 α 세포가 있다.

인슐린의 주된 작용은 포도당이 세포 내로 유입되도록 촉진하여 혈액에서의 포도당 농도를 낮추는 것이다. 또한 간에서 포도당을 글리코겐의 형태로 저장하게 하며 세포에서의 단백질 합성을 증가시키고 지방 생성을 촉진한다.

한편 글루카곤은 인슐린과 상반된 작용을 하는데, 그 주된 작용은 간에 저장된 글리코겐을 포도당으로 분해하여 혈액에서의 포도당 농도를 증가시키는 것이다. 또한 아미노산과 지방산을 저장 부위에서 혈액 속으로 분리시키는 역할을 한다.

인슐린과 글루카곤의 분비는 혈당량에 의해 조절되는데 식사 후에는 혈액 속에 포함되어 있는 포도당의 양, 즉 혈당량이 증가하기 때문에 β 세포가 자극을 받아서 인슐린 분비량이 늘어난다. 인슐린은 혈액 중의 포도당을 흡수하여 세포로 이동시키며 이에 따라 혈당량이 감소되고 따라서 인슐린 분비량이 감소된다. 반면 사람이 한참 동안 음식을 먹지 않거나 운동 등으로 혈당량이 70mg/dl 이하로 떨어지면 랑게르한스섬의 α 세포가 글루카곤 분비량을 늘린다. 글루카곤은 간에 저장된 글리코겐을 분해하여 포도당을 만들어 혈액으로 보내게 된다. 이에 따라 혈당량은 다시 높아지게 되는 것이다. 일반적으로 8시간 이상 공복 후 혈당량이 99mg/dl 이하인 경우 정상으로, 126mg/dl 이상인 경우는 당뇨로 판정한다.

포도당은 뇌의 에너지원으로 사용되는데, 인슐린과 글루카곤이 서로 반대되는 작용을 통해 이 포도당의 농도를 정상 범위로 유지시키는 데 크게 기여한다.

〈보기〉

인슐린에 대해서는 어느 정도 이해를 했습니까? 오늘은 '인슐린 저항성'에 대해 알아보도록 하겠습니다. 인슐린의 기능이 떨어져 세포가 인슐린에 효과적으로 반응하지 못하는 것을 인슐린 저항성이라고 합니다. 그럼 인슐린 저항성이 생기면 우리 몸속에서는 어떤 일이 일어나게 될지 설명해 보시겠습니까?

① 혈액 중의 포도당 농도가 높아지게 됩니다.
② 이자가 인슐린과 글루카곤을 과다 분비하게 됩니다.
③ 간에서 포도당을 글리코겐으로 빠르게 저장하게 됩니다.
④ 아미노산과 지방산을 저장 부위에서 분리시키게 됩니다.

 인슐린의 기능은 혈액으로부터 포도당을 흡수하여 세포로 이동시켜 혈액에서의 포도당의 농도를 낮추는 것인데, 인슐린의 기능이 저하될 경우 이러한 기능을 수행할 수 없기 때문에 혈액에서의 포도당 농도가 높아지게 된다.

18 다음 면접 상황을 읽고 동수가 잘못한 원인을 바르게 찾은 것은?

> 카페창업에 실패한 29살의 영식과 동수는 생존을 위해 한 기업에 함께 면접시험을 보러 가게 되었다. 영식이 먼저 면접시험을 치르게 되었다.
> 면접관 : 자네는 좋아하는 스포츠가 있는가?
> 영식 : 예, 있습니다. 저는 축구를 아주 좋아합니다.
> 면접관 : 그럼 좋아하는 축구선수가 누구입니까?
> 영식 : 예전에는 홍명보선수를 좋아했으나 최근에는 손흥민선수를 좋아합니다.
> 면접관 : 그럼 좋아하는 위인은 누구인가?
> 영식 : 제가 좋아하는 위인으로는 우리나라를 왜군의 세력으로부터 지켜주신 이순신 장군입니다.
> 면접관 : 자네는 메르스가 위험한 질병이라고 생각하는가?
> 영식 : 저는 메르스가 그렇게 위험한 질병이라고 생각하지는 않습니다. 제 개인적인 생각으로는 건강상 문제가 없으면 감기처럼 지나가는 질환이고, 면역력이 약하다면 합병증을 유발하여 그 합병증 때문에 위험하다고 생각합니다.
> 무사히 면접시험을 마친 영식은 매우 불안해하는 동수에게 자신이 답한 내용을 모두 알려주었다. 동수는 그 답변을 달달 외우기 시작하였다. 이제 동수의 면접시험 차례가 돌아왔다.
> 면접관 : 자네는 좋아하는 음식이 무엇인가?
> 동수 : 네, 저는 축구를 좋아합니다.
> 면접관 : 그럼 자네는 이름이 무엇인가?
> 동수 : 예전에는 홍명보였으나 지금은 손흥민입니다.
> 면접관 : 허. 자네 아버지 성함은 무엇인가?
> 동수 : 예, 이순신입니다.
> 면접관 : 자네는 지금 자네의 상태가 어떻다고 생각하는가?
> 동수 : 예, 저는 건강상 문제가 없다면 괜찮은 것이고, 면역력이 약해졌다면 합병증을 유발하여 그 합병증 때문에 위험할 것 같습니다.

① 묻는 질문에 대해 명확하게 답변을 하였다.
② 면접관의 의도를 빠르게 파악하였다.
③ 면접관의 질문을 제대로 파악하지 못했다.
④ 면접관의 신분을 파악하지 못했다.

(Tip) 면접관의 질문을 제대로 경청하지 못하여 질문의 요지를 파악하지 못하고 엉뚱한 답변을 한 것이 잘못이다.

Answer → 17.① 18.③

사용 전 주의사항 : 환기

• 가스를 사용하기 전에는 연소기 주변을 비롯한 실내에서 특히 냄새를 맡아 가스가 새지 않았는
가를 확인하고 창문을 열어 환기시키는 안전수칙을 생활화 합니다.
• 연소기 부근에는 가연성 물질을 두지 말아야 합니다.
• 콕, 호스 등 연결부에서 가스가 누출되는 경우가 많기 때문에 호스 밴드로 확실하게 조이고, 호
스가 낡거나 손상되었을 때에는 즉시 새것으로 교체합니다.
• 연소 기구는 자주 청소하여 불꽃구멍 등에 음식찌꺼기 등이 끼어있지 않도록 유의합니다.

사용 중 주의사항 : 불꽃확인

• 사용 중 가스의 불꽃 색깔이 황색이나 적색인 경우는 불완전 연소되는 것으로, 연소 효율이 좋
지 않을 뿐 아니라 일산화탄소가 발생되므로 공기조절장치를 움직여서 파란불꽃 상태가 되도록
조절해야 합니다.
• 바람이 불거나 국물이 넘쳐 불이 꺼지면 가스가 그대로 누출되므로 사용 중에는 불이 꺼지지
않았는지 자주 살펴봅니다. 구조는 버너, 삼발이, 국물받이로 간단히 분해할 수 있게 되어 있으
며, 주로 가정용으로 사용되고 있다.
• 불이 꺼질 경우 소화 안전장치가 없는 연소기는 가스가 계속 누출되고 있으므로 가스를 잠근
다음 샌 가스가 완전히 실외로 배출된 것을 확인한 후에 재점화 해야 합니다. 폭발범위 안의 농
도로 공기와 혼합된 가스는 아주 작은 불꽃에 의해서도 인화 폭발되므로 배출시킬 때에는 환풍
기나 선풍기 같은 전기제품을 절대로 사용하지 말고 방석이나 빗자루를 이용함으로써 전기스파
크에 의한 폭발을 막아야 합니다.
• 사용 중에 가스가 떨어져 불이 꺼졌을 경우에도 반드시 연소기의 콕과 중간밸브를 잠그도록 해
야 합니다.

사용 후 주의사항 : 밸브잠금

• 가스를 사용하고 난 후에는 연소기에 부착된 콕은 물론 중간밸브도 확실하게 잠그는 습관을 갖
도록 해야 합니다.
• 장기간 외출시에는 중간밸브와 함께 용기밸브(LPG)도 잠그고, 도시가스를 사용하는 곳에서는
가스계량기 옆에 설치되어 있는 메인밸브까지 잠가 두어야 밀폐된 빈집에서 가스가 새어나와
냉장고 작동시 생기는 전기불꽃에 의해 폭발하는 등의 불의의 사고를 예방할 수 있습니다.
• 가스를 다 사용하고 난 빈 용기라도 용기 안에 약간의 가스가 남아 있는 경우가 많으므로 빈용
기라고 해서 용기밸브를 열어놓은 채 방치하면 남아있는 가스가 새어나올 수 있으므로 용기밸
브를 반드시 잠근 후에 화기가 없는 곳에 보관하여야 합니다.

19 가스안전사용요령을 읽은 甲의 행동으로 옳지 않은 것은?

① 甲은 호스가 낡아서 즉시 새것으로 교체를 하였다.

② 甲은 가스의 불꽃이 적색인 것을 보고 정상적인 것으로 생각해 그냥 내버려 두었다.

③ 甲은 장기간 집을 비우게 되어 중간밸브와 함께 용기밸브(LPG)도 잠그고 메인밸브 까지 잠가두고 집을 나갔다.

④ 甲은 연소 기구를 자주 청소하여 음식물 등이 끼지 않도록 하였다.

 ② 사용 중 가스의 불꽃 색깔이 황색이나 적색인 경우는 불완전 연소되는 것으로, 연소 효율이 좋지 않을 뿐 아니라 일산화탄소가 발생되므로 공기조절장치를 움직여서 파란불꽃 상태가 되도록 조절해야 한다.

20 가스 사용 중에 가스가 떨어져 불이 꺼졌을 경우에는 어떻게 해야 하는가?

① 창문을 열어 환기시킨다.

② 연소기구를 청소한다.

③ 용기밸브를 열어 놓는다.

④ 연소기의 콕과 중간밸브를 잠그도록 해야 한다.

 ④ 사용 중에 가스가 떨어져 불이 꺼졌을 경우에도 반드시 연소기의 콕과 중간밸브를 잠그도록 해야 한다.

Answer⌐ 19.② 20.④

| 21~22 | 다음은 어느 쇼핑몰 업체의 자주 묻는 질문을 모아놓은 것이다. 다음을 보고 물음에 답하시오.

Q1. 주문한 상품은 언제 배송되나요?

Q2. 본인인증에 자꾸 오류가 나는데 어떻게 해야 하나요?

Q3. 비회원으로는 주문을 할 수가 없나요?

Q4. 교환하려는 상품은 어디로 보내면 되나요?

Q5. 배송 날짜와 시간을 지정할 수 있나요?

Q6. 반품 기준을 알고 싶어요.

Q7. 탈퇴하면 개인정보는 모두 삭제되나요?

Q8. 메일을 수신거부 했는데 광고 메일이 오고 있어요.

Q9. 휴대폰 결제시 인증번호가 발송되시 않습니다.

Q10. 취소했는데 언제 환불되나요?

Q11. 택배사에서 상품을 분실했다고 하는데 어떻게 해야 하나요?

Q12. 휴대폰 소액결제시 현금영수증을 발급 받을 수 있나요?

Q13. 교환을 신청하면 언제쯤 새 상품을 받아볼 수 있나요?

Q14. 배송비는 얼마인가요?

---

21 쇼핑몰 사원 L씨는 고객들이 보기 쉽게 질문들을 분류하여 정리하려고 한다. ㉠~㉣에 들어갈 질문으로 연결된 것 중에 적절하지 않은 것은?

자주 묻는 질문			
배송 문의	회원 서비스	주문 및 결제	환불/반품/교환
㉠	㉡	㉢	㉣

① ㉠ : Q1, Q5, Q11

② ㉡ : Q2, Q7, Q8

③ ㉢ : Q3, Q9, Q12

④ ㉣ : Q4, Q6, Q10, Q13, Q14

Tip Q14는 ㉠에 들어갈 내용이다.

22 쇼핑몰 사원 L씨는 상사의 조언에 따라 메뉴를 변경하려고 한다. [메뉴]−[키워드]−질문의 연결로 옳지 않은 것은?

> 〈상사의 조언〉
>
> 고객들이 보다 손쉽게 정보를 찾을 수 있도록 질문을 키워드 중심으로 정리해 놓으세요.

① [배송 문의]−[배송 비용]−Q14

② [주문 및 결제]−[휴대폰 결제]−Q9

③ [환불/반품/교환]−[환불시기]−Q10

④ [환불/반품/교환]−[교환시기]−Q4

 Q4는 [환불/반품/교환]−[교환장소]에 들어갈 내용이다.

23 공문서를 작성할 경우, 명확한 의미의 전달은 의사소통을 하는 일에 있어 가장 중요한 요소라고 할 수 있다. 다음에 제시되는 문장 중 명확하지 않은 중의적인 의미를 포함하고 있는 문장이 아닌 것은 어느 것인가?

① 그녀를 기다리고 있던 성진이는 길 건너편에서 모자를 쓰고 있었다.

② 울면서 떠나는 영희에게 철수는 손을 흔들었다.

③ 그곳까지 간 김에 나는 철수와 영희를 만나고 돌아왔다.

④ 대학 동기동창이던 하영과 원태는 지난 달 결혼을 하였다.

 '철수는'이라는 주어가 맨 앞으로 와서 '철수는 울면서 떠나는 영희에게 손을 흔들었다.'라고 표현하기 쉬우며, 이것은 우는 주체가 철수인지 영희인지 불분명한 경우가 될 수 있으므로 주의하여야 한다.

24 다음 일정표에 대해 잘못 이해한 것을 고르면?

Albert Denton : Tuesday, September 24

8:30 a.m.	Meeting with S.S. Kim in Metropolitan Hotel lobby Taxi to Extec Factory
9:30–11:30 a.m.	Factory Tour
12:00–12:45 p.m.	Lunch in factory cafeteria with quality control supervisors
1:00–2:00 p.m.	Meeting with factory manager
2:00 p.m.	Car to warehouse
2:30–4:00 p.m.	Warehouse tour
4:00 p.m.	Refreshments
5:00 p.m.	Taxi to hotel (approx. 45 min)
7:30 p.m.	Meeting with C.W. Park in lobby
8:00 p.m.	Dinner with senior managers

① They are having lunch at the factory.

② The warehouse tour takes 90 minutes.

③ The factory tour is in the afternoon.

④ Mr. Denton has some spare time before in the afternoon.

 Albert Denton : 9월 24일, 화요일

8:30 a.m.	Metropolitan 호텔 로비 택시에서 Extec 공장까지 Kim S.S.와 미팅
9:30–11:30 a.m.	공장 투어
12:00–12:45 p.m.	품질 관리 감독관과 공장 식당에서 점심식사
1:00–2:00 p.m.	공장 관리자와 미팅
2:00 p.m.	차로 창고에 가기
2:30–4:00 p.m.	창고 투어
4:00 p.m.	다과
5:00 p.m.	택시로 호텔 (약 45분)
7:30 p.m.	C.W. Park과 로비에서 미팅
8:00 p.m.	고위 간부와 저녁식사

③ 공장 투어는 9시 30분에서 11시 30분까지이므로 오후가 아니다.

25 다음은 A 그룹 정기총회의 식순이다. 정기총회 준비와 관련하여 대표이사 甲과 비서 乙의 업무 처리 과정에서 가장 옳지 않은 것은?

2016년도 ㈜A 그룹 정기총회

주관 : 대표이사 甲

▮ 식순 ▮

1. 성원보고
2. 개회선언
3. 개회사
4. 위원회 보고
5. 미결안건 처리
6. 안건심의

[제1호 의안] 2015년도 회계 결산 보고 및 승인의 건
[제2호 의안] 2016년도 사업 계획 및 예산 승인의 건
[제3호 의안] 이사 선임 및 변경에 대한 추인 건

7. 폐회

---

① 비서 乙은 성원보고와 관련하여 정관의 내용을 확인하고 甲에게 정기총회 요건이 충족되었다고 보고하였다.

② 비서 乙은 2015년도 정기총회의 개회사를 참고하여 2016년도 정기총회 개회사 초안을 작성하여 甲에게 보고하고 검토를 요청하였다.

③ 대표이사 甲은 지난 주주총회에서 미결된 안건이 없었는지 다시 확인해보라고 지시하였고, 비서 乙은 이에 대한 정관을 찾아서 확인 내용을 보고하였다.

④ 주주총회를 위한 회의 준비를 점검하는 과정에서 비서 乙은 빠진 자료가 없는지 매번 확인하였다.

> **Tip**
> ④ 회의 준비를 점검하는 과정에서 매번 빠진 자료가 없는지 확인하는 것은 시간이 많이 소요되므로, 필요한 자료 목록을 작성하여 빠진 자료가 없는지 체크하고 중간점검과 최종 점검을 통해 확인한다.

Answer ↪ 24.③ 25.④

26 태후산업 유시진 팀장은 외부 일정을 마치고 오후 3시경에 돌아왔다. 유 팀장은 서 대리에게 메시지가 있었는지 물었고, 외근 중에 다음과 같은 상황이 있었다. 서 대리가 유 팀장에게 부재 중 메시지를 보고하는 방법으로 가장 적절한 것은?

> 　유 팀장이 점심약속으로 외출한 후 11시 30분경 H 자동차 홍 팀장이 사장님을 뵈러 왔다가 잠시 들렀다 갔다. 1시 15분에는 재무팀장이 의논할 내용이 있다며 오늘 중으로 급히 면담을 요청하는 전화가 왔다. 2시경에는 유 팀장의 집에서 전화 달라는 메시지를 남겼고, 2시 30분에는 사장님께서 찾으시며 들어오면 사장실로 와 달라는 메시지를 남기셨다.

① 재무팀장의 면담 요청이 급하므로 가장 우선적으로 면담하도록 보고한다.
② 이 경우에는 시간 순으로 보고 드리는 것이 상사에게 더욱 효과적으로 전달될 수 있다.
③ 보고를 할 때에는 부재 중 메모와 함께 서 대리가 업무를 처리한 사항을 함께 보고하면 좋다.
④ 부재 중 메시지가 많을 경우는 구두 보고로 신속하게 일을 처리한다.

 ①② 급한 용무 순으로 보고하되, 우선순위는 상사가 정할 수 있도록 전달한다.
　④ 부재 중 메시지가 많을 경우에는 메모와 함께 보고하여 정확하게 전달할 수 있도록 처리한다.

27 다음 중 밑줄 친 외래어의 표기가 올바르게 쓰인 것은 어느 것인가?

① 그는 어제 오후 비행기를 타고 <u>라스베가스</u>로 출국하였다.
② 그런 <u>넌센스</u>를 내가 믿을 것 같냐?
③ 도안이 완료되는 즉시 <u>팸플릿</u> 제작에 착수해야 한다.
④ 백화점보다는 <u>아울렛</u> 매장에서 사는 것이 훨씬 싸다고 생각한다.

 '팸플릿'은 올바른 외래어 표기법에 따른 것으로, '팜플렛'으로 잘못 쓰지 않도록 주의하여야 한다. 국립국어원 외래어 표기법에 따른 올바른 외래어의 표기는 다음과 같다.
　① 라스베가스 → 라스베이거스
　② 넌센스 → 난센스
　④ 아울렛 → 아웃렛

28 다음은 A화장품 광고부서에 입사한 갑동씨가 모델의 광고효과에 대해 조사한 자료이다. 빈칸에 들어갈 가장 적절한 문장은?

> _____ 예를 들어, 자동차, 카메라, 공기 청정기, 치약과 같은 상품의 경우에는 자체의 성능이나 효능이 중요하므로 대체로 전문성과 신뢰성을 갖춘 모델이 적합하다. 이와 달리 상품이 주는 감성적인 느낌이 중요한 보석, 초콜릿, 여행 등과 같은 상품은 매력성과 친근성을 갖춘 모델이 잘 어울린다. 그런데 유명인이 그들의 이미지에 상관없이 여러 유형의 상품 광고에 출연하면 모델의 이미지와 상품의 특성이 어울리지 않는 경우가 많아 광고 효과가 나타나지 않을 수 있다.

① 일부 유명인들은 여러 상품의 광고에 중복하여 출연하고 있는데, 이는 광고계에서 관행으로 되어 있고, 소비자들도 이를 당연하게 여기고 있다.

② 어떤 모델이든지 상품의 특성에 적합한 이미지를 갖는 인물이어야 광고 효과가 제대로 나타날 수 있다.

③ 유명인의 유명세가 상품에 전이되고 소비자가 유명인이 진실하다고 믿게 된다.

④ 유명인 모델의 광고 효과를 높이기 위해서는 유명인이 자신과 잘 어울리는 한 상품의 광고에만 지속적으로 나오는 것이 좋다.

(Tip) 빈칸 이후의 내용은 자신의 이미지에 적합한 광고 모델을 써야 광고 효과가 나타나는 예시들을 나열하고 있으므로 ②가 가장 적절하다.

Answer↦ 26.③ 27.③ 28.②

29 문화체육관광부 홍보팀에 근무하는 김문화씨는 '탈춤'에 관한 영상물을 제작하는 프로젝트를 맡게 되었다. 제작계획서 중 다음의 제작 회의 결과가 제대로 반영되지 않은 것은?

> • 제목 : 탈춤 체험의 기록임이 나타나도록 표현
> • 주 대상층 : 탈춤에 무관심한 젊은 세대
> • 내용 : 실제 경험을 통해 탈춤을 알아가고 가까워지는 과정을 보여 주는 동시에 탈춤에 대한 정보를 함께 제공
> • 구성 : 간단한 이야기 형식으로 구성
> • 전달방식 : 정보들을 다양한 방식으로 전달

〈제작계획서〉

제목		'기획 특집 – 탈춤 속으로 떠나는 10일간의 여행'	①
제작 의도		젊은 세대에게 우리 고유의 문화유산인 탈춤에 대한 관심을 불러 일으킨다.	②
전체 구성	중심 얼개	• 대학생이 우리 문화 체험을 위해 탈춤이 전승되는 마을을 찾아 가는 상황을 설정한다. • 탈춤을 배우기 시작하여 마지막 날에 공연으로 마무리한다는 줄 거리로 구성한다.	③
	보조 얼개	탈춤에 대한 정보를 별도로 구성하여 중간 중간에 삽입한다.	
전달 방식	해설	내레이션을 통해 탈춤에 대한 학술적 이견들을 깊이 있게 제시하 여 탈춤에 조예가 깊은 시청자들의 흥미를 끌도록 한다.	④
	영상 편집	• 탈에 대한 정보를 시각 자료로 제시한다. • 탈춤의 종류, 지역별 탈춤의 특성 등에 대한 그래픽 자료를 보 여 준다. • 탈춤 연습 과정과 공연 장면을 현장감 있게 보여 준다.	

 ④ 해당 영상물의 제작 의도는 탈춤에 무관심한 젊은 세대를 대상으로 하여 우리 고유의 문화유산인 탈춤에 대한 관심을 불러일으키기 위한 것이다. 따라서 탈춤에 대한 학술적 이견들을 깊이 있게 제시하는 것은 제작 의도와 맞지 않는다.

30 다음 글에서 언급하지 않은 내용은?

> 김치는 넓은 의미에서 소금, 초, 장 등에 '절인 채소'를 말한다. 김치의 어원인 '담채[沈菜]'도 '담근 채소'라는 뜻이다. 그러므로 깍두기, 오이지, 오이소박이, 단무지는 물론 장아찌까지도 김치류에 속한다고 볼 수 있다. 우리나라의 김치는 '지'라 불렸다. 그래서 짠지, 싱건지, 오이지 등의 김치에는 지금도 '지'가 붙는다. 초기의 김치는 단무지나 장아찌에 가까웠을 것이다.
>
> 처음에는 서양의 피클이나 일본의 쯔께모노와 비슷했던 김치가 이들과 전혀 다른 음식이 된 것은 젓갈과 고춧가루를 쓰기 시작하면서부터이다. 하지만 이때에도 김치의 주재료는 무나 오이였다. 우리가 지금 흔히 먹는 배추김치는 18세기 말 중국으로부터 크고 맛이 좋은 배추 품종을 들여온 뒤로 사람들이 널리 담그기 시작하였고, 20세기에 들어와서야 무김치를 능가하게 되었다.
>
> 김치와 관련하여 우리나라 향신료의 대명사로 쓰이는 고추는 생각만큼 오랜 역사를 갖고 있지 못하다. 중미 멕시코가 원산지인 고추는 '남만초'나 '왜겨자'라는 이름으로 16세기 말 조선에 전래되어 17세기부터 서서히 보급되다가 17세기 말부터 가루로 만들어 비로소 김치에 쓰이게 되었다. 조선 전기까지 주요 향신료는 후추, 천초 등이었고, 이 가운데 후추는 값이 비싸 쉽게 얻을 수 없었다. 19세기 무렵에 와서 고추는 향신료로서 압도적인 우위를 차지하게 되었다. 그 결과 후추는 더 이상 고가품이 아니게 되었으며 '산초'라고도 불리는 천초의 경우 지금에 와서는 간혹 추어탕에나 쓰일 정도로 되었다.
>
> 우리나라의 고추는 다른 나라의 고추 품종과 달리 매운 맛에 비해 단 맛 성분이 많고, 색소는 강렬하면서도 비타민C 함유량이 매우 많다. 더구나 고추는 소금이나 젓갈과 어우러져 몸에 좋은 효소를 만들어 낸다. 또 몸의 지방 성분을 산화시켜 열이 나게 함으로써 겨울의 추위를 이기게 하는 기능이 있다. 고추가 김장김치에 사용되기 시작한 것도 이 때문이라고 한다.

① 김치의 어원

② 배추김치가 무김치를 능가한 시기

③ 우리나라 고추의 역사

④ 조선 전기 향신료의 쓰임새

 ④ 조선 전기의 주요 향신료가 후추, 천초 등이 있었다는 설명만 있을 뿐, 어떻게 쓰였는지는 언급되지 않았다.

Answer 29.④ 30.④

31 A 무역회사에 다니는 乙씨는 회의에서 발표할 '해외 시장 진출 육성 방안'에 대해 다음과 같이 개요를 작성하였다. 이를 검토하던 甲이 지시한 내용 중 잘못된 것은?

Ⅰ. 서론
  • 해외 시장에 진출한 우리 회사 제품 수의 증가 …… ㉠
  • 해외 시장 진출을 위한 장기적인 전략의 필요성

Ⅱ. 본론
  1. 해외 시장 진출의 의의
  • 다른 나라와의 경제적 연대 증진 …… ㉡
  • 해외 시장 속 우리 회사의 위상 제고
  2. 해외 시장 진출의 장애 요소
  • 해외 시장 진출 관련 재정 지원 부족
  • 우리 회사에 대한 현지인의 인지도 부족 …… ㉢
  • 해외 시장 진출 전문 인력 부족
  3. 해외 시장 진출 지원 및 육성 방안
  • 재정의 투명한 관리 …… ㉣
  • 인지도를 높이기 위한 현지 홍보 활동
  • 해외 시장 진출 전문 인력 충원

Ⅲ. 결론
  • 해외 시장 진출의 전망

---

① ㉠ : 해외 시장에 진출한 우리 회사 제품 수를 통계 수치로 제시하면 더 좋겠군.

② ㉡ : 다른 나라에 진출한 타 기업 수 현황을 근거 자료로 제시하면 더 좋겠군.

③ ㉢ : 우리 회사에 대한 현지인의 인지도를 타 기업과 비교해 상대적으로 낮음을 보여주면 효과적이겠군.

④ ㉣ : Ⅱ-2를 고려할 때 '해외 시장 진출 관련 재정 확보 및 지원'으로 수정하는 것이 좋겠군.

Tip ② 다른 나라에 진출한 타 기업 수 현황 자료는 '다른 나라와의 경제적 연대 증진'이라는 해외 시장 진출의 의의를 뒷받침하는 근거 자료로 적합하지 않다.

┃32~33┃ 다음 글을 읽고 순서에 맞게 논리적으로 배열한 것을 고르시오.

32

> ⊙ 언어문화의 차이로 인하여 소통의 어려움을 겪는 일은 비일비재하다.
> ⊙ 이 말은 즉시 중립국 보도망을 통해 'ignore'라는 말로 번역되어 연합국 측에 전달되었고 연합국 측은 곧바로 원폭투하를 결정하였다.
> ⊙ 일본어 '묵살(黙殺)'은 '크게 문제시 하지 않는다'는 정도의 소극적 태도를 의미하는 말인데 반해 'ignore'는 '주의를 기울이는 것을 거부한다'는 명백한 거부의사의 표시였기 때문에 이런 성급한 결론에 도달하게 되었다는 것이다.
> ⊙ 1945년 7월 포츠담 선언이 발표되었을 때 일본정부는 '묵살(黙殺)'한다고 발표했다.

① ㉠㉡㉢㉣
② ㉠㉣㉡㉢
③ ㉡㉢㉣㉠
④ ㉣㉢㉠㉡

 ㉠언어문화의 차이로 소통의 어려움을 겪는 일이 잦음(도입·전제) → ㉣포츠담 선언에서 사용한 '묵살(黙殺)'이라는 표현(전개·예시) → ㉡문화의 차이로 인해 생긴 결과(부연) → ㉢사건발생의 원인이 된 언어문화의 차이에 대한 설명(결론)

33

> ⊙ 과학 기술의 발전을 도모하되 이에 대한 사회적인 차원에서의 감시와 지성적인 비판을 게을리 하지 말아야 한다.
>
> ⊙ 과학 기술에 대한 맹목적인 비난과 외면은 자칫 문명의 발전을 포기하는 결과를 초래하게 된다.
>
> ⊙ 인류는 과학 기술에 대한 올바른 대응 방안을 모색하여 새로운 과학 기술 문명을 창출해야 한다.
>
> ⊙ 과학 기술에 대한 과도한 신뢰는 인류의 문명을 오도하거나 인류의 생존 자체를 파괴할 우려가 있다.
>
> ⊙ 과학 기술은 인류의 삶을 발전시키기도 했지만, 인류의 생존과 관련된 많은 문제를 야기하기도 하였다.

① ㄹㄱㅁㄷㄴ

② ㄹㅁㄱㄴㄷ

③ ㅁㄴㄷㄹㄱ

④ ㅁㄷㄴㄹㄱ

 문제 제시가 가장 먼저 나오고(ㅁ) 해결해야 할 논점(ㄷ)을 분명하게 제시한 뒤, 그 해결 방안을 모색하기 위한 검토의 단계(ㄴ, ㄹ)를 거친 다음, 결론적으로 해결 방안을 제시하는 것이 적절하다.

┃34~35┃ 다음 글에서 ( )에 들어갈 접속어를 바르게 배열한 것을 고르시오.

34

> 사회는 수영장과 같다. 수영장에는 헤엄을 잘 치고 다이빙을 즐기는 사람이 있는 가하면, 헤엄에 익숙지 않은 사람도 있다. 사회에도 권력과 돈을 가진 사람이 있는 가하면, 그렇지 못한 사람도 존재한다. 헤엄을 잘 치고 다이빙을 즐기는 사람이 바라는 수영장과 헤엄에 익숙지 못한 사람이 바라는 수영장은 서로 다를 수밖에 없다. 전자는 높은 데서부터 다이빙을 즐길 수 있게끔 물이 깊은 수영장을 원하지만, 후자는 그렇지 않다. ( ) 문제는 사회라는 수영장이 하나밖에 없다는 것이다. ( ) 수영장을 어떻게 만들 것인지에 관하여 전자와 후자 사이에 갈등이 생기고 쟁투가 벌어진다.

① 그러나, 하지만   ② 그러나, 한편

③ 그런데, 그래서   ④ 그런데, 반면에

 첫 번째 괄호는 바로 전 문장에 대해 전환하는 내용을 이어주어야 하므로, '그런데'가 적절하다. 두 번째 괄호는 바로 전 문장과 인과관계에 있는 문장을 이어주므로 '그래서'가 적절하다.

35

> 역사 속에서 유대인들은 엄청난 대가를 치르면서도, 그들의 동질성을 유지하고 정체성을 지켜온 것으로 유명하다. ( ) 유대인이 자신들의 언어를 소중하게 지켜 왔으리라고 여기는 일은 자연스럽다. ( ) 이는 사실과 크게 다르다. 유대인들은 별다른 고민이나 갈등 없이 자신들의 언어를 여러 번 바꾸었다.

① 예를들어, 왜냐하면   ② 하지만, 즉

③ 따라서, 그러나   ④ 그런데, 왜냐하면

유대인들이 동질성을 유지하고 정체성을 지켜온 것으로 유명하기 때문에 언어를 소중하게 지켜왔으리라고 여겨지는 것이므로 첫 번째 빈칸은 '따라서'가 적절하며, 유대인이 언어를 소중하게 지켜왔으리라고 여기지지만 사실은 언어를 여러 번 바꾼 것이므로 두 번째 빈칸은 '그러나'가 적절하다.

Answer ↱ 33.④ 34.③ 35.③

36 이 글에서 밑줄 친 부분의 의미를 나타낼 때 적절한 속담은?

> 아무리 고사(故事) 취미적이고 고증주의적인 역사가라 하더라도, 단순한 사실적 지식으로 만족하지 않고 조금은 사실 관련을 추구한다고 생각할 때, 사실적 지식만을 추구하는 연구와 관련적 지식을 추구하는 연구로 구분하는 것은 <u>무의미한 현학(衒學)</u>이 될지도 모른다. 결국 역사란 여러 가지 사실들이 복잡하게 얽혀 하나의 상황을 이루는 것이기 때문이다.

① 빈 수레가 더 요란하다.
② 낫 놓고 기역자도 모른다.
③ 가랑잎으로 눈 가리고 아웅한다.
④ 먹지도 못할 제사에 절만 죽도록 한다.

 ① 실속 없는 사람이 겉으로 더 떠들어 댐을 비유적으로 이르는 말
② 아주 무식함을 비유적으로 이르는 말
③ 얕은 꾀로 남을 속이려 함을 이르는 말

37 다음 글의 제목으로 가장 적절한 것은?

> 실험심리학은 19세기 독일의 생리학자 빌헬름 분트에 의해 탄생된 학문이었다. 분트는 경험과학으로서의 생리학을 당시의 사변적인 독일 철학에 접목시켜 새로운 학문을 탄생시킨 것이다. 분트 이후 독일에서는 실험심리학이 하나의 학문으로 자리 잡아 발전을 거듭했다. 그런데 독일에서의 실험심리학 성공은 유럽 전역으로 확산되지는 못했다. 왜 그랬을까? 당시 프랑스나 영국에서는 대학에서 생리학을 연구하고 교육할 수 있는 자리가 독일처럼 포화상태에 있지 않았고 오히려 팽창 일로에 있었다. 또한, 독일과는 달리 프랑스나 영국에서는 한 학자가 생리학, 법학, 철학 등 여러 학문 분야를 다루는 경우가 자주 있었다.

① 유럽 국가 간 학문 교류와 실험심리학의 정착
② 유럽에서 독일의 특수성
③ 유럽에서 실험심리학의 발전 양상
④ 실험심리학과 생리학의 학문적 관계

 19세기 실험심리학의 탄생부터 독일에서의 실험심리학 발전 양상을 설명하고 있는 글이다.

38 밑줄 친 부분의 문맥적 의미가 유사한 것은?

> 지방 수령의 장기 근무는 심각한 적체 현상을 낳기도 했다. 이에 따라 세조는 이전의 제도를 계승하면서도 수령의 임기는 30개월로 단축하였다. 그와 함께 우수한 평가를 받은 수령을 파격적으로 승진시키는 한편, 불법 행위를 한 수령은 즉각 징계하는 정책을 시행하였다. 이러한 평가 방식은 일시적인 효과는 기대할 수 있어도 안정적인 관직 운영 방식으로 정착되지 못했다.

① 그녀는 쌍둥이를 낳았다.
② 그가 하고 있는 사업은 많은 이익을 낳는 유망 사업이다.
③ 낳은 정보다 기른 정이 더 크다.
④ 이 마을은 훌륭한 교수를 낳은 곳으로 유명하다.

> **Tip** 제시문에서 쓰인 '낳다'는 '어떤 결과를 이루거나 가져오다.'의 뜻이다. 이와 비슷한 의미를 가진 보기는 ②이다.
> ①③ 배 속의 아이, 새끼, 알을 몸 밖으로 내놓다.
> ④ 어떤 환경이나 상황의 영향으로 어떤 인물이 나타나도록 하다.

Answer 36.④ 37.③ 38.②

39 다음 중 ㉠과 가장 유사한 생각을 드러내고 있는 것은?

> 인터넷을 이용해 영화를 보거나 노래를 들을 때, '스트리밍(streaming)'이란 말을 접하곤 한다. 스트리밍이란 무엇일까? 공급자가 자료를 주고 수신자가 이를 받아 재생하는 과정이, 스트리밍이란 말뜻과 같이 '물 흐르듯' 이어지는 과정을 말한다. 즉, 인터넷에서 용량이 아주 큰 파일을 전송하거나 재생하는 경우가 있는데, 이때 이 과정이 끊김 없이 물 흐르듯 진행될 수 있도록 하는 기술이 바로 스트리밍이다.
> 이제 인터넷을 이용해 노래를 듣는 경우를 생각해 보자. 노래 한 곡의 파일 전체를 10이라고 하자. 1을 다 듣고 나면 준비되어 있던 2가 나오고 이런 과정을 쭉 이어보면 우리는 끊김 없이 1부터 10까지의 노래를 들을 수 있다. 물이 흐르는 것처럼 말이다. 인터넷을 이용해 노래를 듣는 방법은 두 가지가 있을 것이다.
> 하나는 1부터 10끼지 일단 모두 다운로드 해 두고, 오늘 당장 듣거나 며칠 후에 듣거나, 1부터 듣거나 3부터 듣거나 하는 방법일 것이고, 다른 하나는 실시간으로 1 하나만 받아서 들으며, 듣는 시간을 이용해 2나 3을 준비해 가며 듣고 파일은 저장하지 않는 방법이다. 각각의 방법은 그 나름대로 장단점이 있다. 그런데 노래 파일을 소장할 목적이 아니라면 아마도 뒤의 경우가 더 효율적일 것이다. ㉠한 번 듣고 말면 충분할 것을 통째로 내 것으로 만들 필요는 없을 것이기 때문이다. 아무리 용량이 큰 파일이라도 같은 크기로 조각조각 나눠서 준비해 두면 이것을 이용하는 사람들이 가장 먼저 필요한 조각을 가져가고, 그다음 필요한 조각이 이용자에게 도달하면 자료는 물이 흐르듯이 흘러갈 것이다. 스트리밍 기술은 이런 생각에서 출발한다.

① 평생에 한 번밖에 입지 않을 웨딩드레스를 구태여 사 입을 필요는 없다.

② 내년 겨울에 입기 위해 겨울이 끝날 때 싸게 파는 옷을 미리 구입해 놓을 필요는 없다.

③ 사장에게 직접 보고해도 될 사항을 굳이 과장, 부장, 상무를 거쳐 보고할 필요는 없다.

④ 집값이 오를 것이라는 기대감으로 무리하게 대출을 받아 자기 집을 장만해 둘 필요는 없다.

 ㉠은 스트리밍이 가진 장점인 효율성을 설명하고 있는 말이다. 소장할 것이 아니라면 구태여 번거롭게 사 둘 필요가 없다는 의미를 가지고 있다. ①은 몇 번 쓰지도 않는 것을 소유하는 것에 대한 비효율성을 지적한 말로 ㉠과 유사한 생각을 담고 있다.

40 다음 ㉠에 들어갈 말로 가장 적절한 것은?

> ㈎ 사람들은 좋은 그림을 보거나 음악을 들으면 쉽게 감동을 느끼지만 과학 이론을 대하면 복잡한 논리와 딱딱한 언어 때문에 매우 어렵다고 느낀다. 그래서 흔히 과학자는 논리적 분석과 실험을 통해서 객관적 진리를 규명하고자 노력하고, 예술가는 직관적 영감에 의존해서 주관적인 미적 가치를 추구한다고 생각한다. 이러한 통념이 아주 틀린 것은 아니지만, 돌이켜 보면 많은 과학상의 발견들은 직관적 영감 없이는 이루어질 수 없었던 것들이었다.
>
> ㈏ 아인슈타인은 누구에게나 절대적 진리로 간주되었던 시간과 공간의 불변성을 뒤엎고, 상대성 이론을 통해 시간과 공간도 변할 수 있다는 것을 보여 주었다. 정형화된 사고의 틀을 깨는 이러한 발상의 전환은 직관적 영감에서 나온 것으로, 과학의 발견에서 직관적 영감이 얼마나 큰 역할을 하는지 잘 보여 준다. 그 밖에도 뉴턴은 떨어지는 사과에서 만유인력을 발견하였고, 갈릴레이는 피사의 대사원에서 기도하던 중 천장에서 흔들리는 램프를 보고 진자의 원리를 발견하였다. 그리고 아르키메데스는 목욕탕 안에서 물체의 부피를 측정하는 원리를 발견하고 "유레카! 유레카!"를 외치며 집으로 달려갔던 것이다. 이렇게 볼 때 과학의 발견이 '1퍼센트의 영감과 99퍼센트의 노력'에 의해서 이루어진다는 말은 (㉠)
>
> ㈐ 그렇다면 이와 같은 영감은 어디에서 오는 것일까? 사람들은 대체로 과학자들이 논리적 분석과 추리를 통해서 새로운 발견을 하게 된다고 소박하게 믿고 있지만, 상당 부분 그 발견의 밑거름은 직관적 영감이고, 그것은 흔히 언어가 끝나는 곳에서 나온다. 대부분의 위대한 과학자들은 예술가와 마찬가지로 발견의 결정적인 순간에는 논리가 아니라 의식의 심연으로부터 솟아나는, 말로 표현하기 어려운 미적 감각에 이끌린다고 고백한다. 문제와 오랜 씨름을 한 끝에 마음의 긴장과 갈등이 절정에 다다른 순간, 새로운 비전이 환상처럼 나타난다는 것이다. 과학의 발견은 이러한 영감을 논리적으로 분석하고 언어로 기술하여 체계화한 것이다.

① 과학적 발견의 어려움을 잘 표현하고 있다.

② 영감과 노력의 상호 작용을 나타내기에는 미흡하다.

③ 과학자들의 천재성을 보여주기에는 충분하지 못하다.

④ 과학의 발견에서 직관적 영감의 역할을 과소평가한 것이다.

 ㈏의 내용만으로도 충분히 추리할 수 있는 문제이다. ㈏에서는 과학에 있어서 영감의 중요성을 뉴턴, 갈릴레이, 아르키메데스 등의 예를 통해 충분히 설명하고 있다. 따라서 이러한 입장에서 볼 때 과학에 있어서의 노력의 절대적 중요성을 강조한 '1퍼센트의 영감과 99퍼센트의 노력'이라는 말은 영감의 중요성을 과소평가한 것이 된다.

Answer → 39.① 40.④

41 다음 글에서 언급한 스마트 팩토리의 특징으로 옳지 않은 것은?

> 최근 스포츠 브랜드인 아디다스에서 소비자가 원하는 디자인, 깔창, 굽 모양 등의 옵션을 적용하여 다품종 소량생산 할 수 있는 스피드 팩토리를 선보였고, 그밖에도 제조업을 비롯해 다양한 산업에서 스마트 팩토리를 도입하면서 미래형 제조 시스템인 스마트 팩토리에 대한 관심이 커지고 있다. 과연 스마트 팩토리 무엇이며 어떤 기술로 구현되고 이점은 무엇일까?
>
> 스마트 팩토리란 ICT기술을 기반으로 제품의 기획, 설계, 생산, 유통, 판매의 전 과정을 자동화, 지능화하여 최소 비용과 최소 시간으로 다품종 대량생산이 가능한 미래형 공장을 의미한다. 스마트 팩토리가 구현되기 위해서는 다양한 기술이 적용되는데, 먼저 클라우드 기술은 인터넷에 연결되어 축적된 데이터를 저장하고 IoT 기술은 각종 사물에 컴퓨터 칩과 통신 기능을 내장해 인터넷에 연결한다. 또한 데이터를 분석하는 빅데이터 기술, AI를 기반으로 스스로 학습하고 의사결정을 할 수 있는 차세대 로봇기술과 기계가 자가 학습하는 인공지능 기술을 비롯해 수많은 첨단 기술을 필요로 한다.
>
> 스마트 팩토리의 핵심 구현 요소는 디지털화, 연결화, 스마트화이다. 디지털화는 공장 내 사물들 간에 소통이 가능하도록 물리적 아날로그 신호를 디지털 신호로 변환하는 것으로 디지털화를 하면 무한대로 데이터를 복사할 수 있어 데이터 편집이 쉬워지고 데이터 통신이 자유롭게 이루어진다. 연결화는 사람을 포함한 모든 사물, 즉 공장 안에 존재하는 부품, 완제품, 설비, 공장, 건물, 기기를 연결하는 것으로, 이더넷이나 유무선 통신으로 설비를 연결해 생산 현황과 이상 유무를 관리한다. 작업자가 제조 라인에 서면 공정은 작업자의 역량, 경험 같은 것을 참고하여 합당한 공정을 수행하도록 지도해 주는 것이 연결화의 예라고 할 수 있다. 스마트화는 사물이 사람과 같이 스스로 판단하고 행동하는 것을 말하는 것으로 지능화, 자율화와 같은 의미이다. 수집된 데이터를 분석하여 스스로 판단하는 스마트화는 스마트 팩토리의 필수 전제조건이다.
>
> 스마트 팩토리의 이점은 제조 단계별로 구분해 볼 수 있다. 먼저 기획·설계 단계에서는 제품 성능 시뮬레이션을 통해 제작기간을 단축시키고, 맞춤형 제품을 개발할 수 있다는 이점이 있다. 다음으로 생산 단계에서는 설비 – 자재 – 시스템 간 통신으로 다품종 대량생산, 에너지와 설비 효율 제고의 효과가 있다. 그리고 유통·판매 단계에서는 모기업과 협력사 간 실시간 연동을 통해 재고 비용을 감소시키고 품질, 물류 등 많은 분야를 협력할 수 있다.

① 스마트 팩토리는 최소 비용과 최소 시간으로 다품종 대량생산을 추구한다.

② 스마트 팩토리가 구현되기 위해서는 클라우드 기술, IoT기술, 인공지능 기술 등이 요구된다.

③ 디지털화는 공장 내 사물들 간에 소통이 가능하도록 디지털 신호를 물리적 아날로그 신호로 변환하는 것이다.

④ 스마트화는 사물이 사람과 같이 스스로 판단하고 행동하는 것으로 스마트 팩토리의 필수 전제조건이다.

 ③ 디지털화는 공장 내 사물들 간에 소통이 가능하도록 물리적 아날로그 신호를 디지털 신호로 변환하는 것이다.
①② 두 번째 문단에서 언급하고 있다.
④ 세 번째 문단에서 언급하고 있다.

42 다음은 N사의 단독주택용지 수의계약 공고문 중 일부이다. 공고문의 내용을 바르게 이해한 것은?

[○○ 블록형 단독주택용지(1필지) 수의계약 공고]

1. 공급대상토지

면적 (㎡)	세대수 (호)	평균규모 (㎡)	용적률 (%)	공급가격 (천원)	계약보증금 (원)	사용가능 시기
25,479	63	400	100% 이하	36,944,550	3,694,455,000	즉시

2. 공급일정 및 장소

일정	2019년 1월 11일 오전 10시부터 선착순 수의계약 (토·일요일 및 공휴일, 업무시간 외는 제외)
장소	N사 ○○지역본부 1층

3. 신청자격

아래 두 조건을 모두 충족한 자
– 실수요자 : 공고일 현재 주택법에 의한 주택건설사업자로 등록한 자
– 3년 분할납부(무이자) 조건의 토지매입 신청자
 ※ 납부 조건 : 계약체결 시 계약금 10%, 중도금 및 잔금 90%(6개월 단위 6회 납부)

4. 계약체결 시 구비서류

– 법인등기부등본 및 사업자등록증 사본 각 1부
– 법인인감증명서 1부 및 법인인감도장(사용인감계 및 사용인감)
– 대표자 신분증 사본 1부(위임 시 위임장 1부 및 대리인 신분증 제출)
– 주택건설사업자등록증 1부
– 계약금 납입영수증

---

① 계약이 체결되면 즉시 해당 토지에 단독주택을 건설할 수 있다.

② 계약체결 후 첫 번째 내야 할 중도금은 5,250,095,000원이다.

③ 규모 400㎡의 단독주택용지를 일반 수요자에게 분양하는 공고이다.

④ 계약에 대한 보증금이 공급가격보다 더 높아 실수요자에게 부담을 줄 우려가 있다.

 ① 부지 용도가 단독주택용지이고 토지사용 가능시기가 '즉시'라는 공고를 통해 계약만 이루어지면 즉시 이용이 가능한 토지임을 알 수 있다.

② 계약체결 후 남은 금액은 공급가격에서 계약금을 제외한 33,250,095,000원이다. 이를 무이자로 3년간 6회에 걸쳐 납부해야 하므로 첫 번째 내야 할 중도금은 5,541,682,500원이다.

③ 규모 400㎡의 단독주택용지를 주택건설업자에게 분양하는 공고이다.

④ 계약금은 공급가격의 10%로 보증금이 더 적다.

43 다음 회의록의 내용을 보고 올바른 판단을 내리지 못한 것을 고르면?

인사팀 4월 회의록			
회의일시	2019년 4월 30일 14:00∼15:30	회의장소	대회의실(예약)
참석자	팀장, 남 과장, 허 대리, 김 대리, 이 사원, 명 사원		
회의안건	• 직원 교육훈련 시스템 점검 및 성과 평가 • 차기 교육 프로그램 운영 방향 논의		
진행결과 및 협조 요청	〈총평〉 • 1사분기에는 지난해보다 학습목표시간을 상향조정(직급별 10∼20시간)하였음에도 평균 학습시간을 초과하여 달성하는 등 상시학습문화가 정착됨 －1인당 평균 학습시간: 지난해 4사분기 22시간 → 올해 1사분기 35시간 • 다만, 고직급자와 계약직은 학습 실적이 목표에 미달하였는바, 앞으로 학습 진도에 대하여 사전 통보하는 등 학습목표 달성을 적극 지원할 필요가 있음 －고직급자 : 목표 30시간, 실적 25시간, 계약직 : 목표 40시간, 실적 34시간 〈운영방향〉 • 전 직원 일체감 형성을 위한 비전공유와 '매출 증대, 비용 절감' 구현을 위한 핵심과제 등 주요사업 시책교육 추진 • 직원이 가치창출의 원천이라는 인식하에 생애주기에 맞는 직급별 직무역량교육 의무화를 통해 인적자본 육성 강화 • 자기주도적 상시학습문화 정착에 기여한 학습관리시스템을 현실에 맞게 개선하고, 조직 간 인사교류를 확대		

① 올 1사분기에는 지난해보다 1인당 평균 학습시간이 50% 이상 증가하였다.
② 전체적으로 1사분기의 교육시간 이수 등의 성과는 우수하였다.
③ 2사분기에는 일부 직원들에 대한 교육시간이 1사분기보다 더 증가할 전망이다.
④ 2사분기에는 각 직급에 보다 적합한 교육이 시행될 것이다.

 고위직급자와 계약직 직원들에 대한 학습목표 달성을 지원해야 한다는 논의가 되고 있으므로 그에 따른 실천 방안이 있을 것으로 판단할 수 있으나, 교육 시간 자체가 더 증가할 것으로 전망하는 것은 근거가 제시되어 있지 않은 의견이다.
① 22시간 → 35시간으로 약 59% 증가하였다.
② 평균 학습시간을 초과하여 달성하는 등 상시학습문화가 정착되었다고 평가하고 있다.
④ 생애주기에 맞는 직급별 직무역량교육 의무화라는 것은 각 직급과 나이에 보다 적합한 교육이 실시될 것임을 의미한다.

Answer ↱ 42.① 43.③

44 다음은 K공사의 신입사원 채용에 관한 안내문의 일부 내용이다. 다음 내용을 근거로 할 때, K공사가 안내문의 내용에 부합되게 취할 수 있는 행동이라고 볼 수 없는 것은?

□ 기타 유의사항

• 모든 응시자는 1인 1개 분야만 지원할 수 있습니다.

• 응시 희망자는 지역제한 등 응시자격을 미리 확인하고 응시원서를 접수하여야 하며, 응시원서의 기재사항 누락, 공인어학능력시험 점수 및 자격증·장애인·취업지원대상자 가산점수·가산비율 기재 착오, 연락불능 등으로 발생되는 불이익은 일체 응시자의 책임으로 합니다.

• 입사지원서 작성내용은 추후 증빙서류 제출 및 관계기관에 조회할 예정이며 내용을 허위로 입력한 경우에는 합격이 취소됩니다.

• 응시자는 시험장소 공고문, 답안지 등에서 안내하는 응시자 주의사항에 유의하여야 하며, 이를 준수하지 않을 경우에 본인에게 불이익이 될 수 있습니다.

• 원서접수결과 지원자가 채용예정인원 수와 같거나 미달하더라도 적격자가 없는 경우 선발하지 않을 수 있습니다.

• 시험일정은 사정에 의하여 변경될 수 있으며 변경내용은 7일 전까지 공사 채용홈페이지를 통해 공고할 계획입니다.

• 제출된 서류는 본 채용목적 이외에는 사용하지 않으며, 채용절차의 공정화에 관한 법령에 따라 최종합격자 발표일 이후 180일 이내에 반환청구를 할 수 있습니다.

• 최종합격자 중에서 신규임용후보자 등록을 하지 않거나 관계법령에 의한 신체검사에 불합격한 자 또는 공사 인사규정 제21조에 의한 응시자격 미달자는 신규임용후보자 자격을 상실하고 차순위자를 추가합격자로 선발할 수 있습니다.

• 임용은 교육성적을 포함한 채용시험 성적순으로 순차적으로 임용하되, 장애인 또는 경력자의 경우 성적순위에도 불구하고 우선 임용될 수 있습니다.

  ※ 공사 인사규정 제22조 제2항에 의거 신규임용후보자의 자격은 임용후보자 등록일로부터 1년으로 하며, 필요에 따라 1년의 범위 안에서 연장될 수 있습니다.

---

① 동일한 응시자가 사무직과 운영직에 중복 응시한 사실이 발견되어 임의로 운영직 응시 관련 사항 일체를 무효처리하였다.

② 대학 졸업예정자로 채용된 A씨는 마지막 학기 학점이 부족하여 졸업이 미뤄지는 바람에 채용이 취소되었다.

③ 50명 선발이 계획되어 있었고, 45명이 지원을 하였으나 42명만 선발하였다.

④ 최종합격자 중 신규임용후보자 자격을 상실한 자가 있어 불합격자 중 임의의 인원을 추가 선발하였다.

> (Tip) ④ 결원이 생겼을 때에는 그대로 추가 선발 없이 채용을 마감할 수 있으며, 추가합격자를 선발할 경우 반드시 차순위자를 선발하여야 한다.

① 모든 응시자는 1인 1개 분야만 지원할 수 있다. 따라서 중복 응시에 대해 어느 한쪽을 임의로 무효처리할 수 있다.

② 입사지원서 작성 내용과 다르게 된 결과이므로 취소 처분이 가능하다.

③ 지원자가 채용예정인원 수와 같거나 미달하더라도 적격자가 없는 경우 선발하지 않을 수 있다.

45 다음 글의 내용과 일치하지 않는 것은?

> 우리는 흔히 나무와 같은 식물이 대기 중에 이산화탄소로 존재하는 탄소를 처리해 주는 것으로 알고 있지만, 바다 또한 중요한 역할을 한다. 예를 들어 수없이 많은 작은 해양생물들은 빗물에 섞인 탄소를 흡수한 후에 다른 것들과 합쳐서 껍질을 만드는 데 사용한다. 결국 해양생물들은 껍질에 탄소를 가두어 둠으로써 탄소가 대기 중으로 다시 증발해서 위험한 온실가스로 축적되는 것을 막아 준다. 이들이 죽어서 바다 밑으로 가라앉으면 압력에 의해 석회석이 되는데, 이런 과정을 통해 땅속에 저장된 탄소의 양은 대기 중에 있는 것보다 수만 배나 되는 것으로 추정된다. 그 석회석 속의 탄소는 화산 분출로 다시 대기 중으로 방출되었다가 빗물과 함께 땅으로 떨어진다. 이 과정은 오랜 세월에 걸쳐 일어나는데, 이것이 장기적인 탄소 순환과정이다. 특별한 다른 장애 요인이 없다면 이 과정은 원활하게 일어나 지구의 기후는 안정을 유지할 수 있다.
>
> 그러나 불행하게도 인간의 산업 활동은 자연이 제대로 처리할 수 없을 정도로 많은 양의 탄소를 대기 중으로 방출한다. 영국 기상대의 피터 쿡스에 따르면, 자연의 생물권이 우리가 방출하는 이산화탄소의 영향을 완충할 수 있는 데에는 한계가 있기 때문에, 그 한계를 넘어서면 이산화탄소의 영향이 더욱 증폭된다. 지구 온난화가 걷잡을 수 없이 일어나게 되는 것은 두려운 일이다. 지구 온난화에 적응을 하지 못한 식물들이 한꺼번에 죽어 부패해서 그 속에 가두어져 있는 탄소가 다시 대기로 방출되면 문제는 더욱 심각해질 것이기 때문이다.

① 식물이나 해양생물은 기후 안정성을 유지하는 데에 기여한다.

② 생명체가 지니고 있던 탄소는 땅속으로 가기도 하고 대기로 가기도 한다.

③ 탄소는 화산 활동, 생명체의 부패, 인간의 산업 활동 등을 통해 대기로 방출된다.

④ 극심한 오염으로 생명체가 소멸되면 탄소의 순환 고리가 끊겨 대기 중의 탄소도 사라진다.

 ④ 걷잡을 수 없어진 지구 온난화에 적응을 하지 못한 식물들이 한꺼번에 죽어 부패하면 그 속에 가두어져 있는 탄소가 대기로 방출된다고 언급하고 있다. 따라서 생명체가 소멸되면 탄소 순환 고리가 끊길 수 있지만, 대기 중의 탄소가 사라지는 것은 아니다.

Answer ↪ 44.④ 45.④

46 H공사에 다니는 乙 대리는 우리나라 근로자의 근로 시간에 관한 다음의 보고서를 작성하였는데 이 보고서를 검토한 甲 국장이 〈보기〉와 같은 추가사항을 요청하였다. 乙 대리가 추가로 작성해야 할 자료로 적절한 것은?

우리나라의 법정근로시간은 1953년 제정된 근로기준법에서는 주당 48시간이었지만, 이후 1989년 44시간으로, 그리고 2003년에는 40시간으로 단축되었다. 주당 40시간의 법정근로시간은 산업 및 근로자 규모별로 경과규정을 두어 연차적으로 실시하였지만, 2011년 7월 1일 이후는 모든 산업의 5인 이상 근로자에게로 확대되었다. 실제 근로시간은 법정근로시간에 주당 12시간까지 가능한 초과근로시간을 더한 시간을 의미한다.

2000년 이후 우리나라 근로자의 근로시간은 지속적으로 감소되어 2016년 5인 이상 임금근로자의 주당 근로시간이 40.6시간으로 감소했다. 이 기간 동안 2004년, 2009년, 2015년 비교적 큰 폭으로 증가했으나 전체적으로는 뚜렷한 감소세를 보인다. 사업체규모별·근로시간별로 살펴보면, 정규직인 경우 5~29인, 300인 이상 사업장의 근로시간이 42.0시간으로 가장 짧고, 비정규직의 경우 시간제 근로자의 비중의 영향으로 5인 미만 사업장의 근로시간이 24.8시간으로 가장 짧다. 산업별로는 광업, 제조업, 부동산업 및 임대업의 순으로 근로시간이 길고, 건설업과 교육서비스업의 근로시간이 가장 짧다.

국제비교에 따르면 널리 알려진 바와 같이 한국의 연간 근로시간은 2,113시간으로 멕시코의 2,246시간 다음으로 길다. 이는 OECD 평균의 1.2배, 근로시간이 가장 짧은 독일의 1.54배에 달한다.

〈보기〉

"乙 대리, 보고서가 너무 개괄적이군. 이번 안내 자료 작성을 위해서는 2016년 사업장 규모에 따른 정규직과 비정규직 근로자의 주당 근로시간을 비교할 수 있는 자료가 필요한데, 쉽게 알아볼 수 있는 별도 자료를 도표로 좀 작성해 주겠나?"

① 　　　　　　　　　　　　　　　　　　　　　　　　　　　　　(단위 : 시간)

구분	근로형태(2016년)			
	정규직	비정규직	재택	파견
주당 근로시간	42.5	29.8	26.5	42.7

② 　　　　　　　　　　　　　　　　　　　　　　　　　　　　　(단위 : 시간)

구분	2012	2013	2014	2015	2016
주당 근로시간	42.0	40.6	40.5	42.4	40.6

③ 　　　　　　　　　　　　　　　　　　　　　　　　　　　　　(단위 : 시간)

구분	신업별 근로시간(2016년)			
	광업	제조업	부동산업	운수업
주당 근로시간	43.8	43.6	43.4	41.8

④ 　　　　　　　　　　　　　　　　　　　　　　　　　　　　　(단위 : 시간)

구분		사업장 규모(2016년)			
		5인 미만	5~29인	30~299인	300인 이상
주당 근로시간	정규직	42.8	42.0	43.2	42.0
	비정규직	24.8	30.2	34.7	35.8

 甲 국장은 전체적인 근로자의 주당 근로시간 자료 중 정규직과 비정규직의 근로시간이 사업장 규모에 따라 어떻게 다른지를 비교하고자 하는 것을 알 수 있다. 따라서 국가별, 연도별 구분 자료보다는 ④와 같은 자료가 요청에 부합하는 적절한 자료가 된다.

Answer → 46.④

47 다음은 '공공 데이터를 활용한 앱 개발'에 대한 보고서 작성 개요와 이에 따라 작성한 보고서 초안이다. 개요에 따라 작성한 보고서 초안의 결론 부분에 들어갈 내용으로 가장 적절한 것은?

■ 보고서 작성 개요
• 서론
– 앱을 개발하려는 사람들의 특성 서술
– 앱 개발 시 부딪히는 난점 언급
• 본론
– 공공 데이터의 개념 정의
– 공공 데이터의 제공 현황 제시
– 앱 개발 분야에서 공공 데이터가 갖는 장점 진술
– 공공 네이터를 활용한 앱 개발 시례 제시
• 결론
– 공공 데이터 활용의 장점을 요약적으로 진술
– 공공 데이터가 앱 개발에 미칠 영향 언급

■ 보고서 초고
　앱을 개발하려는 사람들은 아이디어가 넘친다. 사람들이 여행 준비를 위해 많은 시간을 허비하는 것을 보면 한 번에 여행 코스를 짜 주는 앱을 만들어 보고 싶어 한다. 도심에서 주차장을 못 찾아 헤매는 사람들을 보면 주차장을 쉽게 찾아 주는 앱을 만들어 보고 싶어 한다. 그러나 막상 앱을 개발하려 할 때 부딪히는 여러 난관이 있다. 여행지나 주차장에 대한 정보를 모으는 것도 문제이고, 정보를 지속적으로 갱신하는 것도 문제이다. 이런 문제 때문에 결국 아이디어를 포기하는 경우가 많다.
　그러나 이제는 아이디어를 포기하지 않아도 된다. 바로 공공 데이터가 있기 때문이다. 공공 데이터는 공공 기관에서 생성, 취득하여 관리하고 있는 정보 중, 전자적 방식으로 처리되어 누구나 이용할 수 있도록 국민들에게 제공된 것을 말한다. 현재 정부에서는 공공 데이터 포털 사이트를 개설하여 국민들이 쉽게 이용할 수 있도록 하고 있다. 공공 데이터 포털 사이트에서는 800여 개 공공 기관에서 생성한 15,000여 건의 공공 데이터를 제공하고 있으며, 제공하는 공공 데이터의 양을 꾸준히 늘리고 있다.

공공 데이터가 가진 앱 개발 분야에서의 장점은 크게 두 가지를 들 수 있다. 먼저 공공 데이터는 공공 기관이 국민들에게 편의를 제공하기 위해 시행한 정책의 산출물이기 때문에 실생활과 밀접하게 관련된 정보가 많다는 점이다. 앱 개발자들의 아이디어는 대개 앞에서 언급한 것처럼 사람들의 실생활에 편의를 제공하기 위한 것들이다. 그래서 만약 여행 앱을 만들고자 한다면 한국관광공사의 여행 정보에서, 주차장 앱을 만들고자 한다면 지방 자치 단체의 주차장 정보에서 필요한 정보를 얻을 수 있다. 두 번째로 공공 데이터를 이용하는 데에는 비용이 거의 들지 않기 때문에, 정보를 수집하고 갱신할 때 소요되는 비용을 줄일 수 있다는 점이다. 그래서 개인들도 비용에 대한 부담 없이 쉽게 앱을 만들 수 있다.

〈결론〉

① 공공 데이터는 앱 개발을 할 때 부딪히는 자료 수집의 문제와 시간 부족 문제를 해결하여 쉽게 앱을 만들 수 있게 해 준다. 이런 장점에도 불구하고 국민들의 공공 데이터 이용에 대한 인식이 낮은 것은 문제라고 할 수 있다.

② 공공 데이터는 앱 개발에 필요한 실생활 관련 정보를 담고 있으며 앱 개발 비용의 부담을 줄여 준다. 그러므로 앱 개발 시 공공 데이터 이용이 활성화되면 실생활에 편의를 제공하는 다양한 앱이 개발될 것이다.

③ 공공 데이터를 이용하여 앱 개발을 하는 사람들은 시간과 비용의 문제를 극복하고 경제적 가치를 창출하는 사람들이다. 앞으로 공공 데이터의 양이 증가하면 그들이 만들어 내는 앱도 더 다양해질 것이다.

④ 공공 데이터는 자본과 아이디어가 부족해 앱을 개발하지 못 하는 사람들이 유용하게 이용할 수 있다. 앱 개발을 통한 창업이 활성화되면 우리 경제에도 큰 도움이 될 것이다.

(Tip) 보고서 작성 개요에 따르면 결론 부분에서 '공공 데이터 활용의 장점을 요약적으로 진술'하고 '공공 데이터가 앱 개발에 미칠 영향 언급'하고자 한다. 따라서 ②의 '공공 데이터는 앱 개발에 필요한 실생활 관련 정보를 담고 있으며 앱 개발 비용의 부담을 줄여 준다(→공공 데이터 활용의 장점을 요약적으로 진술). 그러므로 앱 개발 시 공공 데이터 이용이 활성화되면 실생활에 편의를 제공하는 다양한 앱이 개발될 것이다(→공공 데이터가 앱 개발에 미칠 영향 언급).'가 결론으로 가장 적절하다.

Answer↪ 47.②

48 다음은 행복 아파트의 애완동물 사육규정의 일부이다. 다음과 같은 규정을 참고할 때, 거주자들에게 안내되어야 할 사항으로 적절하지 않은 것은?

제4조(애완동물 사육 시 준수사항)
① 애완동물은 훈련을 철저히 하며 항상 청결상태를 유지하고, 소음발생 등으로 입주자 등에게 피해를 주지 않아야 한다.
② 애완동물의 사육은 규정된 종류의 동물에 한하며, 년 ○회 이상 정기검진을 실시하고 진드기 및 해충기생 등의 예방을 철저히 하여야 한다.
③ 애완동물을 동반하여 승강기에 탑승할 경우 반드시 안고 탑승, 타인에게 공포감을 주지 말아야 한다.
④ 애완동물과 함께 산책할 경우 반드시 목줄을 사용하여야 하며, 배설물을 수거할 수 있는 장비를 지참하여 즉시 수거하여야 한다.
⑤ 애완동물을 동반한 야간 외출 시 손전등을 휴대하여 타인에게 공포감을 주지 않도록 하여야 한다.
⑥ 앞, 뒤 베란다 배수관 및 베란다 밖으로 배변처리를 금지한다.
⑦ 애완동물과 함께 체육시설, 화단 등 공공시설의 출입은 금지한다.
제5조(애완동물 사육에 대한 동의)
① 애완견동물을 사육하고자 하는 세대에서는 단지 내 애완동물 동호회를 만들거나 가입하여 공공의 이익을 위하여 활동할 수 있다.
② 애완동물을 사육하는 세대는 사육 동물의 종류와 마리 수를 관리실에 고지해야 하며 애완동물을 제외한 기타 가축을 사육하고자 하는 세대에서는 반드시 관리실의 동의를 구하여야 한다.
③ 애완동물 사육 시 해당동의 라인에서 입주민 다수의 민원(반상회 건의 등)이 있는 세대에는 재발방지를 위하여 서약서를 징구할 수 있으며, 이후 재민원이 발생할 경우 관리규약에 의거하여 애완동물을 사육할 수 없도록 한다.
④ 세대 당 애완동물의 사육두수는 ○마리로 제한한다.
제6조(환경보호)
① 애완동물을 사육하는 세대는 동호회에서 정기적으로 실시하는 단지 내 공용부분의 청소에 참여하여야 한다.
② 청소는 동호회에서 관리하며, 청소에 참석하지 않는 세대는 동호회 회칙으로 정한 청소비를 납부하여야 한다.

① "애완동물 동호회에 가입하지 않으신 애완동물 사육 세대에서도 공용부분 청소에 참여하셔야 합니다."

② "애완동물을 사육하는 세대는 사육 동물의 종류와 마리 수를 관리실에 반드시 고지 하셔야 합니다."

③ "단지 내 주민 체육관에는 애완동물을 데리고 입장하실 수 없으니 착오 없으시기 바랍니다."

④ "애완동물을 동반하고 이동하실 경우, 승강기 이용이 제한되오니 반드시 계단을 이용해 주시기 바랍니다."

 애완동물을 데리고 승강기에 탑승할 경우 반드시 안고 탑승해야 하며, 타인에게 공포감을 주지 말아야 한다는 규정은 있으나, 승강기 이용이 제한되거나 반드시 계단을 이용해야만 하는 것은 아니므로 잘못된 안내 사항이다.

Answer ⬎ 48.④

49 다음 글에 나타난 아리스토텔레스의 견해에 대한 이해로 가장 적절한 것은?

> 자연에서 발생하는 모든 일은 목적 지향적인가? 자기 몸통보다 더 큰 나뭇가지나 잎사귀를 허둥대며 운반하는 개미들은 분명히 목적을 가진 듯이 보인다. 그런데 가을에 지는 낙엽이나 한밤중에 쏟아지는 우박도 목적을 가질까? 아리스토텔레스는 모든 자연물이 목적을 추구하는 본성을 타고나며, 외적 원인이 아니라 내재적 본성에 따른 운동을 한다는 목적론을 제시한다. 그는 자연물이 단순히 목적을 갖는 데 그치는 것이 아니라 목적을 실현할 능력도 타고나며, 그 목적은 방해받지 않는 한 반드시 실현될 것이고, 그 본성적 목적의 실현은 운동 주체에 항상 바람직한 결과를 가져온다고 믿는다. 아리스토텔레스는 이러한 자신의 견해를 "자연은 헛된 일을 하지 않는다!"라는 말로 요약한다.
>
> 근대에 접어들어 모든 사물이 생명력을 갖지 않는 일종의 기계라는 견해가 강조되면서, 아리스토텔레스의 목적론은 비과학적이라는 이유로 많은 비판에 직면한다. 갈릴레이는 목적론적 설명이 과학적 설명으로 사용될 수 없다고 주장하며, 베이컨은 목적에 대한 탐구가 과학에 무익하다고 평가하고, 스피노자는 목적론이 자연에 대한 이해를 왜곡한다고 비판한다. 이들의 비판은 목적론이 인간 이외의 자연물도 이성을 갖는 것으로 의인화한다는 것이다. 그러나 이런 비판과는 달리 아리스토텔레스는 자연물을 생물과 무생물로, 생물을 식물·동물·인간으로 나누고, 인간만이 이성을 지닌다고 생각했다.
>
> 일부 현대 학자들은, 근대 사상가들이 당시 과학에 기초한 기계론적 모형이 더 설득력을 갖는다는 일종의 교조적 믿음에 의존했을 뿐, 아리스토텔레스의 목적론을 거부할 충분한 근거를 제시하지 못했다고 비판한다. 이런 맥락에서 볼로틴은 근대 과학이 자연에 목적이 없음을 보이지도 못했고 그렇게 하려는 시도조차 하지 않았다고 지적한다. 또한 우드필드는 목적론적 설명이 과학적 설명은 아니지만, 목적론의 옳고 그름을 확인할 수 없기 때문에 목적론이 거짓이라 할 수도 없다고 지적한다.
>
> 17세기의 과학은 실험을 통해 과학적 설명의 참·거짓을 확인할 것을 요구했고, 그런 경향은 생명체를 비롯한 세상의 모든 것이 물질로만 구성된다는 물질론으로 이어졌으며, 물질론 가운데 일부는 모든 생물학적 과정이 물리·화학 법칙으로 설명된다는 환원론으로 이어졌다. 이런 환원론은 살아 있는 생명체가 죽은 물질과 다르지 않음을 함축한다. 하지만 아리스토텔레스는 자연물의 물질적 구성 요소를 알면 그것의 본성을 모두 설명할 수 있다는 엠페도클레스의 견해를 반박했다. 이 반박은 자연물이 단순히 물질로만 이루어진 것이 아니며, 또한 그것의 본성이 단순히 물리·화학적으로 환원되지도 않는다는 주장을 내포한다.
>
> 첨단 과학의 발전에도 불구하고 생명체의 존재 원리와 이유를 정확히 규명하는 과제는 아직 진행 중이다. 자연물의 구성 요소에 대한 아리스토텔레스의 탐구는 자연물이 존재하고 운동하는 원리와 이유를 밝히려는 것이었고, 그의 목적론은 지금까지 이어지는 그러한 탐구의 출발점이라 할 수 있다.

① 자연물의 본성적 운동은 외적 원인에 의해 야기되기도 한다.

② 낙엽의 운동은 본성적 목적 개념으로는 설명되지 않는다.

③ 본성적 운동의 주체는 본성을 실현할 능력을 갖고 있다.

④ 자연물의 목적 실현은 때로는 그 자연물에 해가 된다.

 아리스토텔레스는 모든 자연물이 목적을 추구하는 본성을 타고나며, 외적 원인이 아니라 내재적 본성에 따른 운동을 한다는 목적론을 제시하였다. 아리스토텔레스에 따르면 이러한 본성적 운동의 주체는 단순히 목적을 갖는 데 그치는 것이 아니라 목적을 실현할 능력도 타고난다.

50 다음 중 글의 내용과 일치하지 않는 것은?

시간 예술이라고 지칭되는 음악에서 템포의 완급은 대단히 중요하다. 동일곡이지만 템포의 기준을 어떻게 잡아서 재현해 내느냐에 따라서 그 음악의 악상은 달라진다. 그런데 이처럼 중요한 템포의 인지 감각도 문화권에 따라, 혹은 민족에 따라서 상이할 수 있으니, 동일한 속도의 음악을 듣고도 누구는 빠르게 느끼는 데 비해서 누구는 느린 것으로 인지하는 것이다. 결국 문화권에 따라서 템포의 인지 감각이 다를 수도 있다는 사실은 바꿔 말해서 서로 문화적 배경이 다르면 사람에 따라 적절하다고 생각하는 모데라토의 템포도 큰 차이가 있을 수 있다는 말과 같다.

한국의 전통 음악은 서양 고전 음악에 비해서 비교적 속도가 느린 것이 분명하다. 대표적 정악곡(正樂曲)인 '수체천(壽齊天)'이나 '상령산(上靈山)' 등의 음악을 들어 보면 수긍할 것이다. 또한 이 같은 구체적인 음악의 예가 아니더라도 국악의 첫인상을 일단 '느리다'고 간주해 버리는 일반의 통념을 보더라도 전래의 한국 음악이 보편적인 서구 음악에 비해서 느린 것은 틀림없다고 하겠다. 그런데 한국의 전통 음악이 서구 음악에 비해서 상대적으로 속도가 느린 이유는 무엇일까? 이에 대한 해답도 여러 가지 문화적 혹은 민족적인 특질과 연결해서 생각할 때 결코 간단한 문제가 아니겠지만, 여기서는 일단 템포의 계량적 단위인 박(beat)의 준거를 어디에 두느냐에 따라서 템포 관념의 차등이 생겼다는 가설 하에 설명을 하기로 한다.

한국의 전통 문화를 보면 그 저변의 잠재의식 속에는 호흡을 중시하는 징후가 역력함을 알 수 있는데, 이 점은 심장의 고동을 중시하는 서양과는 상당히 다른 특성이다. 우리의 문화 속에는 호흡에 얽힌 생활 용어가 한두 가지가 아니다. 숨을 한 번 내쉬고 들이마시는 동안을 하나의 시간 단위로 설정하여 일식간(一息間) 혹은 이식간(二息間)이니 하는 양식척(量息尺)을 써 왔다. 그리고 감정이 격앙되었을 때는 긴 호흡을 해서 감정을 누그러뜨리거나 건강을 위해 단전 호흡법을 수련한다. 이것은 모두 호흡을 중시하고 호흡에 뿌리를 둔 문화 양식의 예들이다. 더욱이 심장의 정지를 사망으로 단정하는 서양과는 달리 우리의 경우에는 '숨이 끊어졌다'는 말로 유명을 달리했음을 표현한다. 이와 같이 확실히 호흡의 문제는 모든 생리 현상에서부터 문화 현상에 이르기까지 우리의 의식 저변에 두루 퍼져있는 민족의 공통적 문화소가 아닐 수 없다.

이와 같은 동서양 간의 상호 이질적인 의식 성향을 염두에 두고 각자의 음악을 관찰해 보면, 서양의 템포 개념은 맥박, 곧 심장의 고동에 기준을 두고 있으며, 우리의 그것은 호흡의 주기, 즉 폐부의 운동에 뿌리를 두고 있음을 알 수 있다. 서양의 경우 박자의 단위인 박을 비트(beat), 혹은 펄스(pulse)라고 한다. 펄스라는 말이 곧 인체의 맥박을 의미하듯이 서양음악은 원초적으로 심장을 기준으로 출발한 것이다. 이에 비해 한국의 전통 음악은 모음 변화를 일으켜 가면서까지 길게 끌며 호흡의 리듬을 타고 있음을 볼 때, 근원적으로 호흡에 뿌리를 둔 음악임을 알 수 있다. 결국 한국 음악에서 안온한 마음을 느낄 수 있는 모데라토의 기준 속도는, 1분 간의 심장의 박동수와 호흡의 주기와의 차이처럼, 서양 음악의 그것에 비하면 무려 3배쯤 느린 것임을 알 수 있다.

① 우리 음악의 박자는 호흡 주기에 뿌리를 두고 있다.

② 서양 음악은 심장 박동수를 박자의 준거로 삼았다.

③ 템포의 완급을 바꾸어도 악상은 변하지 않는다.

④ 우리 음악은 서양 음악에 비해 상대적으로 느리다.

 ③ 글의 첫머리에서 음악에서 템포의 완급은 대단히 중요하며 동일곡이라도 템포의 기준을
어떻게 잡아서 재현해 내느냐에 따라서 그 음악의 악상이 달라진다고 언급하고 있다.
①②④ 마지막 문단을 통해 알 수 있다.

Answer → 50.③

02 문제해결능력

1 문제와 문제해결

(1) 문제의 정의와 분류

① 정의 … 문제란 업무를 수행함에 있어서 답을 요구하는 질문이나 의논하여 해결해야 되는 사항이다.

② 문제의 분류

구분	창의적 문제	분석적 문제
문제제시 방법	현재 문제가 없더라도 보다 나은 방법을 찾기 위한 문제 탐구→문제 자체가 명확하지 않음	현재의 문제점이나 미래의 문제로 예견될 것에 대한 문제 탐구→문제 자체가 명확함
해결방법	창의력에 의한 많은 아이디어의 작성을 통해 해결	분석, 논리, 귀납과 같은 논리적 방법을 통해 해결
해답 수	해답의 수가 많으며, 많은 답 가운데 보다 나은 것을 선택	답의 수가 적으며 한정되어 있음
주요특징	주관적, 직관적, 감각적, 정성적, 개별적, 특수성	객관적, 논리적, 정량적, 이성적, 일반적, 공통성

(2) 업무수행과정에서 발생하는 문제 유형

① 발생형 문제(보이는 문제) … 현재 직면하여 해결하기 위해 고민하는 문제이다. 원인이 내재되어 있기 때문에 원인지향적인 문제라고도 한다.
   ㉠ 일탈문제 : 어떤 기준을 일탈함으로써 생기는 문제
   ㉡ 미달문제 : 어떤 기준에 미달하여 생기는 문제

② 탐색형 문제(찾는 문제) … 현재의 상황을 개선하거나 효율을 높이기 위한 문제이다. 방치할 경우 큰 손실이 따르거나 해결할 수 없는 문제로 나타나게 된다.
   ㉠ 잠재문제 : 문제가 잠재되어 있어 인식하지 못하다가 확대되어 해결이 어려운 문제
   ㉡ 예측문제 : 현재로는 문제가 없으나 현 상태의 진행 상황을 예측하여 찾아야 앞으로 일어날 수 있는 문제가 보이는 문제
   ㉢ 발견문제 : 현재로서는 담당 업무에 문제가 없으나 선진기업의 업무 방법 등 보다 좋은 제도나 기법을 발견하여 개선시킬 수 있는 문제

③ 설정형 문제(미래 문제) … 장래의 경영전략을 생각하는 것으로 앞으로 어떻게 할 것인가 하는 문제이다. 문제해결에 창조적인 노력이 요구되어 창조적 문제라고도 한다.

■ 예제 1

D회사 신입사원으로 입사한 귀하는 신입사원 교육에서 업무수행과정에서 발생하는 문제 유형 중 설정형 문제를 하나씩 찾아오라는 지시를 받았다. 이에 대해 귀하는 교육받은 내용을 다시 복습하려고 한다. 설정형 문제에 해당하는 것은?

① 현재 직면하여 해결하기 위해 고민하는 문제
② 현재의 상황을 개선하거나 효율을 높이기 위한 문제
③ 앞으로 어떻게 할 것인가 하는 문제
④ 원인이 내재되어 있는 원인지향적인 문제

[출제의도]
업무수행 중 문제가 발생하였을 때 문제 유형을 구분하는 능력을 측정하는 문항이다.
[해설]
업무수행과정에서 발생하는 문제 유형으로는 발생형 문제, 탐색형 문제, 설정형 문제가 있으며 ①④는 발생형 문제이며 ②는 탐색형 문제, ③이 설정형 문제이다.

답 ③

---

(3) 문제해결

① 정의 … 목표와 현상을 분석하고 이 결과를 토대로 과제를 도출하여 최적의 해결책을 찾아 실행·평가해 가는 활동이다.

② 문제해결에 필요한 기본적 사고
   ㉠ 전략적 사고 : 문제와 해결방안이 상위 시스템과 어떻게 연결되어 있는지를 생각한다.
   ㉡ 분석적 사고 : 전체를 각각의 요소로 나누어 그 의미를 도출하고 우선순위를 부여하여 구체적인 문제해결방법을 실행한다.
   ㉢ 발상의 전환 : 인식의 틀을 전환하여 새로운 관점으로 바라보는 사고를 지향한다.
   ㉣ 내·외부자원의 활용 : 기술, 재료, 사람 등 필요한 자원을 효과적으로 활용한다.

③ 문제해결의 장애요소
   ㉠ 문제를 철저하게 분석하지 않는 경우
   ㉡ 고정관념에 얽매이는 경우
   ㉢ 쉽게 떠오르는 단순한 정보에 의지하는 경우
   ㉣ 너무 많은 자료를 수집하려고 노력하는 경우

④ 문제해결방법
  ㉠ 소프트 어프로치 : 문제해결을 위해서 직접적인 표현보다는 무언가를 시사하거나 암시를 통하여 의사를 전달하여 문제해결을 도모하고자 한다.
  ㉡ 하드 어프로치 : 상이한 문화적 토양을 가지고 있는 구성원을 가정하고, 서로의 생각을 직설적으로 주장하고 논쟁이나 협상을 통해 서로의 의견을 조정해 가는 방법이다.
  ㉢ 퍼실리테이션(facilitation) : 촉진을 의미하며 어떤 그룹이나 집단이 의사결정을 잘 하도록 도와주는 일을 의미한다.

2 문제해결능력을 구성하는 하위능력

(1) 사고력

① 창의적 사고 … 개인이 가지고 있는 경험과 지식을 통해 새로운 가치 있는 아이디어를 산출하는 사고능력이다.
  ㉠ 창의적 사고의 특징
    • 정보와 정보의 조합
    • 사회나 개인에게 새로운 가치 창출
    • 창조적인 가능성

예제 2

M사 홍보팀에서 근무하고 있는 귀하는 입사 5년차로 창의적인 기획안을 제출하기로 유명하다. S부장은 이번 신입사원 교육 때 귀하에게 창의적인 사고란 무엇인지 교육을 맡아달라고 부탁하였다. 창의적인 사고에 대한 귀하의 설명으로 옳지 않은 것은?

① 창의적인 사고는 새롭고 유용한 아이디어를 생산해 내는 정신적인 과정이다.
② 창의적인 사고는 특별한 사람들만이 할 수 있는 대단한 능력이다.
③ 창의적인 사고는 기존의 정보들을 특정한 요구조건에 맞거나 유용하도록 새롭게 조합시킨 것이다.
④ 창의적인 사고는 통상적인 것이 아니라 기발하거나, 신기하며 독창적인 것이다.

[출제의도]
창의적 사고에 대한 개념을 정확히 파악하고 있는지를 묻는 문항이다.
[해설]
흔히 사람들은 창의적인 사고에 대해 특별한 사람들만이 할 수 있는 대단한 능력이라고 생각하지만 그리 대단한 능력이 아니며 이미 알고 있는 경험과 지식을 해체하여 다시 새로운 정보로 결합하여 가치 있는 아이디어를 산출하는 사고라고 할 수 있다.

답 ②

ⓛ **발산적 사고** : 창의적 사고를 위해 필요한 것으로 자유연상법, 강제연상법, 비교발상법 등을 통해 개발할 수 있다.

구분	내용
자유연상법	생각나는 대로 자유롭게 발상 ex) 브레인스토밍
강제연상법	각종 힌트에 강제적으로 연결 지어 발상 ex) 체크리스트
비교발상법	주제의 본질과 닮은 것을 힌트로 발상 ex) NM법, Synectics

Point 》 브레인스토밍
    ㉠ **진행방법**
- 주제를 구체적이고 명확하게 정한다.
- 구성원의 얼굴을 볼 수 있는 좌석 배치와 큰 용지를 준비한다.
- 구성원들의 다양한 의견을 도출할 수 있는 사람을 리더로 선출한다.
- 구성원은 다양한 분야의 사람들로 5~8명 정도로 구성한다.
- 발언은 누구나 자유롭게 할 수 있도록 하며, 모든 발언 내용을 기록한다.
- 아이디어에 대한 평가는 비판해서는 안 된다.

    ㉡ **4대 원칙**
- 비판엄금(Support) : 평가 단계 이전에 결코 비판이나 판단을 해서는 안 되며 평가는 나중까지 유보한다.
- 자유분방(Silly) : 무엇이든 자유롭게 말하고 이런 바보 같은 소리를 해서는 안 된다는 등의 생각은 하지 않아야 한다.
- 질보다 양(Speed) : 질에는 관계없이 가능한 많은 아이디어들을 생성해내도록 격려한다.
- 결합과 개선(Synergy) : 다른 사람의 아이디어에 자극되어 보다 좋은 생각이 떠오르고, 서로 조합하면 재미있는 아이디어가 될 것 같은 생각이 들면 즉시 조합시킨다.

② **논리적 사고** … 사고의 전개에 있어 전후의 관계가 일치하고 있는가를 살피고 아이디어를 평가하는 사고능력이다.

  ㉠ **논리적 사고를 위한 5가지 요소** : 생각하는 습관, 상대 논리의 구조화, 구체적인 생각, 타인에 대한 이해, 설득

  ㉡ **논리적 사고 개발 방법**
- 피라미드 구조 : 하위의 사실이나 현상부터 사고하여 상위의 주장을 만들어가는 방법
- so what기법 : '그래서 무엇이지?'하고 자문자답하여 주어진 정보로부터 가치 있는 정보를 이끌어 내는 사고 기법

③ **비판적 사고** … 어떤 주제나 주장에 대해서 적극적으로 분석하고 종합하며 평가하는 능동적인 사고이다.

  ㉠ **비판적 사고 개발 태도** : 비판적 사고를 개발하기 위해서는 지적 호기심, 객관성, 개방성, 융통성, 지적 회의성, 지적 정직성, 체계성, 지속성, 결단성, 다른 관점에 대한 존중과 같은 태도가 요구된다.

ⓛ 비판적 사고를 위한 태도
- 문제의식 : 비판적인 사고를 위해서 가장 먼저 필요한 것은 바로 문제의식이다. 자신이 지니고 있는 문제와 목적을 확실하고 정확하게 파악하는 것이 비판적인 사고의 시작이다.
- 고정관념 타파 : 지각의 폭을 넓히는 일은 정보에 대한 개방성을 가지고 편견을 갖지 않는 것으로 고정관념을 타파하는 일이 중요하다.

(2) 문제처리능력과 문제해결절차

① 문제처리능력 ⋯ 목표와 현상을 분석하고 이를 토대로 문제를 도출하여 최적의 해결책을 찾아 실행·평가하는 능력이다.

② 문제해결절차 ⋯ 문제 인식 → 문제 도출 → 원인 분석 → 해결안 개발 → 실행 및 평가
- ㉠ 문제 인식 : 문제해결과정 중 'waht'을 결정하는 단계로 환경 분석 → 주요 과제 도출 → 과제 선정의 절차를 통해 수행된다.
  - 3C 분석 : 환경 분석 방법의 하나로 사업환경을 구성하고 있는 요소인 자사(Company), 경쟁사(Competitor), 고객(Customer)을 분석하는 것이다.

┃ 예제 3

L사에서 주력 상품으로 밀고 있는 TV의 판매 이익이 감소하고 있는 상황에서 귀하는 B부장으로부터 3C분석을 통해 해결방안을 강구해 오라는 지시를 받았다. 다음 중 3C에 해당하지 않는 것은?

① Customer   ② Company
③ Competitor   ④ Content

[출제의도]
3C의 개념과 구성요소를 정확히 숙지하고 있는지를 측정하는 문항이다.
[해설]
3C 분석에서 사업 환경을 구성하고 있는 요소인 자사(Company), 경쟁사(Competitor), 고객을 3C (Customer)라고 한다. 3C 분석에서 고객 분석에서는 '고객은 자사의 상품·서비스에 만족하고 있는지를, 자사 분석에서는 '자사가 세운 달성목표와 현상 간에 차이가 없는지를 경쟁사 분석에서는 '경쟁기업의 우수한 점과 자사의 현상과 차이가 없는지에 대한 질문을 통해서 환경을 분석하게 된다.

답 ④

- SWOT 분석 : 기업내부의 강점과 약점, 외부환경의 기회와 위협요인을 분석·평가하여 문제해결 방안을 개발하는 방법이다.

		내부환경요인	
		강점(Strengths)	약점(Weaknesses)
외부환경요인	기회 (Opportunities)	SO 내부강점과 외부기회 요인을 극대화	WO 외부기회를 이용하여 내부약점을 강점으로 전환
	위협 (Threat)	ST 외부위협을 최소화하기 위해 내부강점을 극대화	WT 내부약점과 외부위협을 최소화

ⓛ 문제 도출 : 선정된 문제를 분석하여 해결해야 할 것이 무엇인지를 명확히 하는 단계로, 문제 구조 파악 → 핵심 문제 선정 단계를 거쳐 수행된다.
- Logic Tree : 문제의 원인을 파고들거나 해결책을 구체화할 때 제한된 시간 안에서 넓이와 깊이를 추구하는데 도움이 되는 기술로 주요 과제를 나무모양으로 분해·정리하는 기술이다.

ⓒ 원인 분석 : 문제 도출 후 파악된 핵심 문제에 대한 분석을 통해 근본 원인을 찾는 단계로 Issue 분석 → Data 분석 → 원인 파악의 절차로 진행된다.

ⓡ 해결안 개발 : 원인이 밝혀지면 이를 효과적으로 해결할 수 있는 다양한 해결안을 개발하고 최선의 해결안을 선택하는 것이 필요하다.

ⓜ 실행 및 평가 : 해결안 개발을 통해 만들어진 실행계획을 실제 상황에 적용하는 활동으로 실행계획 수립 → 실행 → Follow-up의 절차로 진행된다.

예제 4

C사는 최근 국내 매출이 지속적으로 하락하고 있어 사내 분위기가 심상치 않다. 이에 대해 Y부장은 이 문제를 극복하고자 문제처리 팀을 구성하여 해결방안을 모색하도록 지시하였다. 문제처리 팀의 문제해결 절차를 올바른 순서로 나열한 것은?

① 문제 인식 → 원인 분석 → 해결안 개발 → 문제 도출 → 실행 및 평가
② 문제 도출 → 문제 인식 → 해결안 개발 → 원인 분석 → 실행 및 평가
③ 문제 인식 → 원인 분석 → 문제 도출 → 해결안 개발 → 실행 및 평가
④ 문제 인식 → 문제 도출 → 원인 분석 → 해결안 개발 → 실행 및 평가

[출제의도]
실제 업무 상황에서 문제가 일어났을 때 해결 절차를 알고 있는지를 측정하는 문항이다.
[해설]
일반적인 문제해결절차는 '문제 인식 → 문제 도출 → 원인 분석 → 해결안 개발 → 실행 및 평가'로 이루어진다.

답 ④

1 다음 명제가 모두 참일 때, 거짓말 하는 사람을 고르면?

> - 대회에 참가하는 팀은 총 6팀이다.
> - 각 팀은 다른 모든 팀과 한 번씩 경기를 한다.
> - C팀의 최종성적은 3승 2패이다.
> - C팀과의 경기를 제외한 5팀 간의 경기는 모두 무승부이다.
> - 기존의 승점제는 승리시 2점, 무승부시 1점, 패배시 0점을 부여한다.
> - 새로운 승점제는 승리시 3점, 무승부시 1점, 패배시 0점을 부여한다.

> ㉠ 유성 : 기존의 승점제를 적용시, 모든 팀은 4점 이상을 얻는다.
> ㉡ 수리 : 새로운 승점제를 적용시, 모든 팀은 5점 이상을 얻는다.
> ㉢ 정치 : C팀과의 경기에서 승리한 팀은 2팀이다.
> ㉣ 병수 : 새로운 승점제를 적용시, C팀이 1위이다.

① 유성   ② 수리
③ 정치   ④ 병수

 ㉠ 기존의 승점제를 적용시, C팀은 3승 2패로 6점을 얻고, C팀을 제외한 모든 팀은 4번의 무승부로 최소 4점 이상을 얻게 된다.
㉡ 새로운 승점제를 적용시, C팀은 3승 2패로 9점을 얻고, C팀을 제외한 모든 팀은 4번의 무승부로 최소 4점 이상을 얻게 된다.
㉢ C팀은 3승 2패를 기록했으므로, C팀과의 경기에서 승리한 팀은 2팀이다.
㉣ 새로운 승점제를 적용시, C팀은 3승 2패로 9점을 얻고, C팀을 제외한 팀은 1승 4무를 기록한다고 해도 7점이므로, 1위는 C팀이 된다.

2 다음은 운동별 평가표와 레슨 시간표이다. 명수의 선택 기준이 다음과 같을 때, 선택할 운동으로 적절한 것은?

〈운동별 평가표〉

	테니스	줄넘기	조깅	수영
난이도	상	중	중	상
칼로리 소모	210(kcal)	195(kcal)	220(kcal)	235(kcal)
소요 시간	30분	40분	1시간	50분

〈레슨 시간표〉

	테니스	줄넘기	조깅	수영
오전	10:00~10:30	9:00~9:40	9:00~10:00	10:00~10:50
오후	4:00~4:30	8:00~8:40	6:00~7:00	5:00~5:50

〈명수의 선택 기준〉

㉠ 난이도는 중급 정도면 좋을 것 같아
㉡ 칼로리 소모는 150kcal은 넘어야 해
㉢ 소요시간은 40분이 넘지 않았으면 좋겠어
㉣ 레슨은 저녁 7시 이후에 받고 싶어

① 테니스 ② 줄넘기
③ 조깅 ④ 수영

 Tip
㉠ 난이도는 중급 : 줄넘기, 조깅
㉡ 칼로리 소모는 150kcal 이상 : 모든 운동 가능
㉢ 소요시간은 40분 이하 : 테니스, 줄넘기
㉣ 레슨은 저녁 7시 이후 : 줄넘기
따라서 명수의 선택 기준에 맞는 운동은 줄넘기이다.

Answer 1.② 2.②

3 에너지 신산업에 대한 다음과 같은 정의를 참고할 때, 다음 중 에너지 신산업 분야의 사업으로 보기에 가장 적절하지 않은 것은 어느 것인가?

> 2015년 12월, 세계 195개국은 프랑스 파리에서 UN 기후변화협약을 체결, 파리기후변화협약에 따른 신기후체제의 출범으로 온실가스 감축은 선택이 아닌 의무가 되었으며, 이에 맞춰 친환경 에너지시스템인 에너지 신산업이 대두되었다. 에너지 신산업은 기후변화 대응, 미래 에너지 개발, 에너지 안보, 수요 관리 등 에너지 분야의 주요 현안을 효과적으로 해결하기 위한 '문제 해결형 산업' 이다. 에너지 신산업 정책으로는 전력 수요관리, 에너지관리 통합서비스, 독립형 마이크로그리드, 태양광 렌탈, 전기차 서비스 및 유료충전, 화력발전 온배수열 활용, 친환경에너지타운, 스마트그리드 확산사업 등이 있다.

① 에너지 프로슈머 시장의 적극 확대를 위한 기반 산업 보강
② 전기차 확대보급을 실시하기 위하여 전기차 충전소 미비 지역에 충전소 보급 사업
③ 신개념 건축물에 대한 관심도 제고를 위한 고효율 제로에너지 빌딩 확대 사업
④ 분산형 전원으로 에너지 자립 도시 건립을 위한 디젤 발전기 추가 보급 사업

 디젤 발전은 내연력을 통한 발전이므로 친환경과 지속가능한 에너지 정책을 위한 발전 형태로 볼 수 없다. 오히려 디젤 발전을 줄여 신재생에너지원을 활용한 전력 생산 및 공급 방식이 에너지 신산업 정책에 부합한다고 볼 수 있다.

┃4~5 ┃ 다음은 A체육시설 이용에 관한 자료이다. 물음에 답하시오.

〈체육시설 대관 안내〉

• 체육시설 전용사용료

구분	체육경기	체육경기 외	비고
평일	100,000	200,000	• 평일 주간기준 사용료임
유료입장	입장수입액의 20%	입장수입액의 20%	• 조기 및 야간은 주간사용료의 50%를 가산한 금액(유료입장은 제외) • 토·일·공휴일은 평일사용료의 50%를 가산한다.

• 부속시설 사용료

구분		기준	사용료
전기	조명	1일	실사용료+기본시설사용료 (기본시설사용료 : 탁구경기장 100,000원, 체육관 50,000원)
	일반	1일	실사용료
조명	블랙라이트	1대	2,500원
	무빙라이트	1대	5,000원
냉난방	냉방	1일	35,000원
	난방	1일	35,000원
음향	음향설비	1일	30,000원+마이크 수×5,000원
집기	집기사용료	1개당	• 탁자 : 개당 3,000원 • 의자 : 개당 500원 • 노트북 및 빔 프로젝터 : 개당 20,000원 • 일반 비품 : 개당 500원
수도료		1일	실사용료
사물함		1일	개당 5,000원

Answer ┏→ 3.④

4 평일에 체육경기 외의 목적으로 체육시설을 이용하려고 한다. 오후 9시에 시설을 이용하려고 할 때, 부과되는 사용료로 적절한 것은?

① 30만 원   ② 35만 원

③ 40만 원   ④ 45만 원

 • 평일 체육경기 외의 목적인 체육시설 대관 비용 : 200,000원
• 야간사용료는 비용의 50%를 가산 : 200,000+100,000=300,000원

5 서원스포츠 재단은 체육관을 대여하고자 한다. 이용 내역이 다음과 같을 때, 부속시설 사용료는?

> • 기본시설 : 체육관
> • 대여 기간 : 1일
> • 냉방 시설 이용
> • 무빙라이트 대여 : 5대
> • 탁자 대여 : 20개
> • 의자 대여 : 60개

① 17만 원   ② 18만 원

③ 19만 원   ④ 20만 원

 • 1일 체육관 기본시설사용료 : 50,000원
• 냉방 시설 비용 : 35,000원
• 무빙라이트 5대 비용 : 5,000×5=25,000원
• 탁자 20개 비용 : 3,000×20=60,000원
• 의자 60개 비용 : 500×60=30,000원
∴ 총 비용 : 50,000+35,000+25,000+60,000+30,000=200,000원

6 다음 명제가 모두 참일 때, 항상 참인 것을 고르면?

> • 갑의 성적은 정보다 높다.
> • 갑과 을의 성적은 병보다 높다.
> • 무의 성적은 갑보다 높지 않다.
> • 정의 성적은 병보다 높지 않다.
> • 갑의 성적은 을보다 높지 않다.
> • 병의 성적은 무보다 5점이 낮다.
> • '병, 무'의 성적은 정보다 높다.

① 갑의 성적은 정보다 낮다.

② 을의 성적은 무보다 높다.

③ 병의 성적은 무보다 높다.

④ 정의 성적은 갑보다 높다.

 명제를 종합해보면, 을 갑 무 병 정 순으로 성적이 좋다.

7 SWOT 분석은 기업내부의 강점과 약점, 외부환경의 기회와 위협요인을 분석하여 해결 방안을 개발하는 방법이다. 다음 중 외부위협을 최소화하기 위해 내부강점을 극대화하는 것은?

① SO

② WO

③ ST

④ WT

 SWOT 분석

		내부환경요인	
		강점	약점
외부 환경 요인	기회	SO	WO
	위협	ST	WT

Answer ▸ 4.① 5.④ 6.② 7.③

8 다음의 개념에 관한 설명으로 옳지 않은 것은?

> 어떤 주제나 주장에 대해서 적극적으로 분석하고 종합하며 평가하는 능동적인 사고

① 개인의 경험과 지식을 통해 새로운 아이디어를 만든다.
② 어떤 주장에 대해 분석하고 종합할 수 있다.
③ 문제와 목적을 확실히 하는 것이 중요하다.
④ 정보에 대한 고정관념을 타파해야 한다.

 제시된 내용은 비판적 사고이다.
①은 창의적 사고에 관한 설명이다.
※ 비판적 사고를 위한 태도
- 문제의식 : 비판적인 사고를 위해서 가장 먼저 필요한 것은 바로 문제의식이다. 자신이 지니고 있는 문제와 목적을 확실하고 정확하게 파악하는 것이 비판적인 사고의 시작이다.
- 고정관념 타파 : 지각의 폭을 넓히는 일은 정보에 대한 개방성을 가지고 편견을 갖지 않는 것으로 고정관념을 타파하는 일이 중요하다.

9 다음 글의 내용과 날씨를 근거로 판단할 경우 종아가 여행을 다녀온 시기로 가능한 것은?

- 종아는 선박으로 '포항→울릉도→독도→울릉도→포항' 순으로 3박 4일의 여행을 다녀왔다.
- '포항→울릉도' 선박은 매일 오전 10시, '울릉도→포항' 선박은 매일 오후 3시에 출발하며, 편도 운항에 3시간이 소요된다.
- 울릉도에서 출발해 독도를 돌아보는 선박은 매주 화요일과 목요일 오전 8시에 출발하여 당일 오전 11시에 돌아온다.
- 최대 파고가 3m 이상인 날은 모든 노선의 선박이 운항되지 않는다.
- 종아는 매주 금요일에 술을 마시는데, 술을 마신 다음날은 멀미가 심해 선박을 탈 수 없다.
- 이번 여행 중 종아는 울릉도에서 호박엿 만들기 체험을 했는데, 호박엿 만들기 체험은 매주 월·금요일 오후 6시에만 할 수 있다.

〈날씨〉

(㉠ : 최대 파고)

日	月	火	水	木	金	土
16	17	18	19	20	21	22
㉠ 1.0m	㉠ 1.4m	㉠ 3.2m	㉠ 2.7m	㉠ 2.8m	㉠ 3.7m	㉠ 2.0m
23	24	25	26	27	28	29
㉠ 0.7m	㉠ 3.3m	㉠ 2.8m	㉠ 2.7m	㉠ 0.5m	㉠ 3.7m	㉠ 3.3m

① 19일(水) ~ 22일(土)

② 20일(木) ~ 23일(日)

③ 23일(日) ~ 26일(水)

④ 25일(火) ~ 28일(金)

 ① 19일 수요일 오후 1시 울릉도 도착, 20일 목요일 독도 방문, 22일 토요일은 복귀하는 날인데 종아는 매주 금요일에 술을 마시므로 멀미로 인해 선박을 이용하지 못한다. 또한 금요일 오후 6시 호박엿 만들기 체험도 해야 한다.
② 20일 목요일 오후 1시 울릉도 도착, 독도는 화요일과 목요일만 출발하므로 불가능하다.
③ 23일 일요일 오후 1시 울릉도 도착, 24일 월요일 호박엿 만들기 체험, 25일 화요일 독도 방문, 26일 수요일 포항 도착
④ 25일 화요일 오후 1시 울릉도 도착, 27일 목요일 독도 방문, 28일 금요일 호박엿 만들기 체험은 오후 6시인데, 복귀하는 선박은 오후 3시 출발이라 불가능하다.

Answer 8.① 9.③

10 A모직은 4~50대를 대상으로 하는 맞춤 수제정장을 주력 상품으로 판매하고 있다. 다음은 2~30대 청년층을 대상으로 하는 캐주얼 정장 시장에 진입을 시도해보자는 안건으로 진행된 회의 내용을 3C 분석표로 나타낸 표이다. 표를 보고 A모직에서 결정할 수 있는 사항으로 가장 옳지 않은 것은?

구분	내용
고객/시장 (Customer)	• 시니어 정장 시장은 정체 및 감소되는 추세이다. • 캐주얼 정장 시장은 매년 급성장 중이다. • 청년들도 기성복이 아닌 맞춤 수제정장을 찾는 경우가 있다.
경쟁사 (Competitor)	• 2~30대 캐주얼 정장 시장으로 진출할 경우 경쟁사는 외국 캐주얼 정장 기업, 캐주얼 전문 기업 등의 의류 기업 등이 포함된다. • 이미 대기업들의 캐주얼 정장시장은 브랜드 인지도, 유통, 생산 등에서 차별화된 경쟁력을 갖고 있다. • 또한 공장 대량생산화를 통해 저렴한 가격으로 제품을 판매하고 있으며 스마트시대에 따른 디지털마케팅을 구사하고 있다.
자사 (Company)	• 디지털마케팅 역량이 미흡하고, 신규 시장 진출 시 막대한 마케팅 비용이 들 것으로 예상된다. • 기존 시니어 정장에 대한 이미지를 탈피하기 위한 노력이 필요하다. • 오래도록 품질 좋은 수제 정장을 만들던 기술력을 보유하고 있다.

① 2~30대를 대상으로 맞춤 수제정장에 대한 설문조사를 진행한다.

② 경쟁사의 전략이 막강하고 자사의 자원과 역량은 부족하므로 진출하지 않는 것이 바람직하다.

③ 청년들도 맞춤 수제정장을 찾는 수가 많아지고 있으므로 소비되는 마케팅 비용보다 새로운 시장에서의 수입이 더 클 것으로 전망된다.

④ 대량생산되는 기성복과의 차별화를 부각시킬 수 있는 방안을 생각한다.

 청년들도 기성복이 아닌 맞춤 수제정장을 찾는 경우가 있다고 제시되어 있으나 그 수요가 얼마나 될지 정확하게 알 수 없으며 디지털마케팅에 대한 역량이 부족하여 막대한 마케팅 비용이 들 것으로 예상된다고 제시되어 있으므로 A모직에서 결정할 수 있는 사항으로 가장 옳지 않은 것은 ③이다.

11 다음은 어느 레스토랑의 3C분석 결과이다. 이 결과를 토대로 하여 향후 해결해야 할 전략과제를 선택하고자 할 때 적절하지 않은 것은?

3C	상황 분석
고객/시장 (Customer)	• 식생활의 서구화 • 유명브랜드와 기술제휴 지향 • 신세대 및 뉴패밀리 층의 출현 • 포장기술의 발달
경쟁 회사 (Competitor)	• 자유로운 분위기와 저렴한 가격 • 전문 패밀리 레스토랑으로 차별화 • 많은 점포 수 • 외국인 고용으로 인한 외국인 손님 배려
자사 (company)	• 높은 가격대 • 안정적 자금 공급 • 업계 최고의 시장점유율 • 고객증가에 따른 즉각적 응대의 한계

① 원가 절감을 통한 가격 조정

② 유명브랜드와의 장기적인 기술제휴

③ 즉각적인 응대를 위한 인력 증대

④ 안정적인 자금 확보를 위한 자본구조 개선

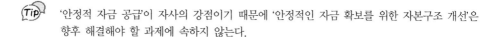 '안정적 자금 공급'이 자사의 강점이기 때문에 '안정적인 자금 확보를 위한 자본구조 개선'은 향후 해결해야 할 과제에 속하지 않는다.

12 G 음료회사는 신제품 출시를 위해 시제품 3개를 만들어 전직원을 대상으로 블라인드 테스트를 진행한 후 기획팀에서 회의를 하기로 했다. 독창성, 대중성, 개인선호도 세 가지 영역에 총 15점 만점으로 진행된 테스트 결과가 다음과 같을 때, 기획팀 직원들의 발언으로 옳지 않은 것은?

	독창성	대중성	개인선호도	총점
시제품 A	5	2	3	10
시제품 B	4	4	4	12
시제품 C	2	5	5	12

① 우리 회사의 핵심가치 중 하나가 창의성 아닙니까? 저는 독창성 점수가 높은 A를 출시해야 한다고 생각합니다.

② 독창성이 높아질수록 총점이 낮아지는 것을 보지 못하십니까? 저는 그 의견에 반대합니다.

③ 무엇보다 현 시점에서 회사의 재정상황을 타계하기 위해서는 대중성을 고려하여 높은 이윤이 날 것으로 보이는 C를 출시해야 하지 않겠습니까?

④ 그럼 독창성과 대중성, 개인선호도를 모두 고려하여 B를 출시하는 것이 어떻겠습니까?

(Tip) ② 시제품 B는 C에 비해 독창성 점수가 2점 높지만 총점은 같다. 따라서 옳지 않은 발언이다.

13 다음으로부터 바르게 추론한 것으로 옳은 것을 보기에서 고르면?

- 5개의 갑, 을, 병, 정, 무 팀이 있다.
- 현재 '갑'팀은 0개, '을'팀은 1개, '병'팀은 2개, '정'팀은 2개, '무'팀은 3개의 프로젝트를 수행하고 있다.
- 8개의 새로운 프로젝트 a, b, c, d, e, f, g, h를 5개의 팀에게 분배하려고 한다.
- 5개의 팀은 새로운 프로젝트 1개 이상을 맡아야 한다.
- 기존에 수행하던 프로젝트를 포함하여 한 팀이 맡을 수 있는 프로젝트 수는 최대 4개이다.
- 기존의 프로젝트를 포함하여 4개의 프로젝트를 맡은 팀은 2팀이다.
- 프로젝트 a, b는 한 팀이 맡아야 한다.
- 프로젝트 c, d, e는 한 팀이 맡아야 한다.

〈보기〉

㉠ a를 '을'팀이 맡을 수 없다.
㉡ f를 '갑'팀이 맡을 수 있다.
㉢ 기존에 수행하던 프로젝트를 포함해서 2개의 프로젝트를 맡는 팀이 있다.

① ㉠
② ㉡
③ ㉢
④ ㉠㉢

 ㉠ a를 '을'팀이 맡는 경우 : 4개의 프로젝트를 맡은 팀이 2팀이라는 조건에 어긋난다. 따라서 a를 '을'팀이 맡을 수 없다.

갑	c, d, e	0→3개
을	a, b	1→3개
병		2→3개
정		2→3개
무		3→4개

㉡ f를 '갑'팀이 맡는 경우 : a, b를 '병'팀 혹은 '정'팀이 맡게 되는데 4개의 프로젝트를 맡은 팀이 2팀이라는 조건에 어긋난다. 따라서 f를 '갑'팀이 맡을 수 없다.

갑	f	0→1개
을	c, d, e	1→4개
병	a, b	2→4개
정		2→3개
무		3→4개

© a, b를 '갑'팀이 맡는 경우 기존에 수행하던 프로젝트를 포함해서 2개의 프로젝트를 맡게 된다.

갑	a, b	0 → 2개
을	c, d, e	1 → 4개
병		2 → 3개
정		2 → 3개
무		3 → 4개

14 O씨가 잠시 쉬던 중 책상 위에 커피를 쏟아 자료의 일부가 훼손되었다. 다음 중 ㉠~㉢에 들어갈 수 있는 수치는? (단, 인건비와 재료비 이외의 두입요소는 없다)

구분	목표량	인건비	재료비	산출량	효과성 순위	효율성 순위
A	㉠	200	100	600	4	2
B	1,200	㉡	300	1,500	3	1
C	1,000	800	㉢	2,000	2	2
D	1,000	500	500	2,500	1	1

※ 효율성 $= \dfrac{\text{산출}}{\text{투입}}$, 효과성 $= \dfrac{\text{산출}}{\text{목표}}$

	㉠	㉡	㉢			㉠	㉡	㉢
①	500	300	200		②	450	200	300
③	400	300	200		④	350	200	300

B와 D의 효율성이 같으므로 $\dfrac{1,500}{㉡+300} = \dfrac{2,500}{500+500}$, 즉 ㉡은 300이다.

A와 C의 효율성이 같으므로 $\dfrac{600}{200+100} = \dfrac{2,000}{800+㉢}$, 즉 ㉢은 200이다.

	A	B	C	D
효과성	$\dfrac{600}{㉠}$	$\dfrac{1,500}{1,200}=1.25$	$\dfrac{2,000}{1,000}=2$	$\dfrac{2,500}{1,000}=2.5$

$\dfrac{600}{㉠} < 1.25$ 이므로 ㉠값은 480보다 큰 값이다.

15 다음은 카지노를 경영하는 사업자에 대한 관광진흥개발기금 납부에 관한 규정이다. 카지노를 경영하는 甲은 연간 총매출액이 90억 원이며 기한 내 납부금으로 4억 원만을 납부했다. 다음 규정에 따를 경우 甲의 체납된 납부금에 대한 가산금은 얼마인가?

> 카지노를 경영하는 사업자는 아래의 징수비율에 해당하는 납부금을 '관광진흥개발기금'에 내야 한다. 만일 납부기한까지 납부금을 내지 않으면, 체납된 납부금에 대해서 100분의 3에 해당하는 가산금이 1회에 한하여 부과된다(다만, 가산금에 대한 연체료는 없다).
>
> 〈납부금 징수비율〉
> • 연간 총매출액이 10억 원 이하인 경우 : 총매출액의 100분의 1
> • 연간 총매출액이 10억 원을 초과하고 100억 원 이하인 경우 : 1천만 원+(총매출액 중 10억 원을 초과하는 금액의 100분의 5)
> • 연간 총매출액이 100억 원을 초과하는 경우 : 4억 6천만 원+(총매출액 중 100억 원을 초과하는 금액의 100분의 10)

① 30만 원 　　　　　　　　　② 90만 원
③ 160만 원 　　　　　　　　 ④ 180만 원

 주어진 규정에 따를 경우 甲이 납부해야 하는 금액은 4억 1천만 원이다. 甲이 4억 원만을 납부했으므로 나머지 1천만 원에 대한 가산금을 계산하면 된다. 1천만 원의 100분의 3은 30만 원이다.

16 다음은 공공기관을 구분하는 기준이다. 다음 규정에 따라 각 기관을 구분한 결과가 옳지 않은 것은?

〈공공기관의 구분〉

제00조 제1항
공공기관을 공기업·준정부기관과 기타공공기관으로 구분하여 지정한다. 직원 정원이 50인 이상인 공공기관은 공기업 또는 준정부기관으로, 그 외에는 기타공공기관으로 지정한다.

제00조 제2항
제1항의 규정에 따라 공기업과 준정부기관을 지정하는 경우 자체수입액이 총수입액의 2분의 1 이상인 기관은 공기업으로, 그 외에는 준정부기관으로 지정한다.

제00조 제3항
제1항 및 제2항의 규정에 따른 공기업을 다음의 구분에 따라 세분하여 지정한다.
- 시장형 공기업 : 자산규모가 2조 원 이상이고, 총 수입액 중 자체수입액이 100분의 85 이상인 공기업
- 준시장형 공기업 : 시장형 공기업이 아닌 공기업

〈공공기관의 현황〉

공공기관	직원 정원	자산규모	자체수입비율
A	70명	4조 원	90%
B	45명	2조 원	50%
C	65명	1조 원	55%
D	60명	1.5조 원	45%

※ 자체수입비율 : 총 수입액 대비 자체수입액 비율

① A - 시장형 공기업 ② B - 기타공공기관

③ C - 준정부기관 ④ D - 준정부기관

 ③ C는 정원이 50명이 넘으므로 기타공공기관이 아니며, 자체수입비율이 55%이므로 자체수입액이 총수입액의 2분의 1 이상이기 때문에 공기업이다. 시장형 공기업 조건에 해당하지 않으므로 C는 준시장형 공기업이다.

❚17~18 ❚ 다음은 금융 관련 긴급상황 발생시 행동요령에 대한 내용이다. 이를 읽고 물음에 답하시오.

금융 관련 긴급상황 발생 행동요령

1. 신용카드 및 체크카드를 분실한 경우

카드를 분실했을 경우 카드회사 고객센터에 분실신고를 하여야 한다.

분실신고 접수일로부터 60일 전과 신고 이후에 발생한 부정 사용액에 대해서는 납부의무가 없다. 카드에 서명을 하지 않은 경우, 비밀번호를 남에게 알려준 경우, 카드를 남에게 빌려준 경우 등 카드 주인의 특별한 잘못이 있는 경우에는 보상을 하지 않는다.

비밀번호가 필요한 거래(현금인출, 카드론, 전자상거래)의 경우 분실신고 전 발생한 제2자의 부정사용액에 대해서는 카드사가 책임을 지지 않는다. 그러나 저항할 수 없는 폭력이나 생명의 위협으로 비밀번호를 누설한 경우 등 카드회원의 과실이 없는 경우는 제외

2. 다른 사람의 계좌에 잘못 송금한 경우

본인의 거래은행에 잘못 송금한 사실을 먼저 알린다. 전화로 잘못 송금한 사실을 말하고 거래은행 영업점을 방문해 착오입금반환의뢰서를 작성하면 된다.

수취인과 연락이 되지 않거나 돈을 되돌려 주길 거부하는 경우에는 부당이득반환소송 등 법적조치를 취하면 된다.

3. 대출사기를 당한 경우

대출사기를 당했거나 대출수수료를 요구할 땐 경찰서, 금융감독원에 전화로 신고를 하여야 한다. 아니면 금감원 홈페이지 참여마당 → 금융범죄/비리/기타신고 → 불법 사금융 개인정보 불법유통 및 불법 대출 중개수수료 피해신고 코너를 통해 신고하면 된다.

4. 신분증을 잃어버린 경우

가까운 은행 영업점을 방문하여 개인정보 노출자 사고 예방 시스템에 등록을 한다. 신청인의 개인정보를 금융회사에 전파하여 신청인의 명의로 금융거래를 하면 금융회사가 본인확인을 거쳐 2차 피해를 예방한다.

Answer⤳ 16.③

17 만약 당신이 신용카드를 분실했을 경우 가장 먼저 취해야 할 행동으로 적절한 것은?

① 경찰서에 전화로 분실신고를 한다.

② 해당 카드회사에 전화로 분실신고를 한다.

③ 금융감독원에 분실신고를 한다.

④ 카드사에 전화를 걸어 카드를 해지한다.

> (Tip) 신용카드 및 체크카드를 분실한 경우 카드회사 고객센터에 분실신고를 하여야 한다.

18 매사 모든 일에 철두철미하기로 유명한 당신이 보이스피싱에 걸려 대출사기를 당했다고 느껴질 경우 당신이 취할 수 있는 가장 적절한 행동은?

① 가까운 은행을 방문하여 개인정보 노출자 사고 예방 시스템에 등록을 한다.

② 해당 거래 은행에 송금 사실을 전화로 알린다.

③ 경찰서나 금융감독원에 전화로 신고를 한다.

④ 법원에 부당이득반환소송을 청구한다.

> (Tip) 대출사기를 당했거나 대출수수료를 요구할 땐 경찰서, 금융감독원에 전화로 신고를 하여야 한다.

19 K기업의 입사설명회에서 면접 강의를 한 L씨는 다음과 같이 강의를 하였다. 이 강의를 준비하기 위한 사전계획 중 L씨의 강의 내용에 포함되지 않은 것은?

> 안녕하십니까? 취업준비생 여러분, 오늘은 K기업의 입사시험을 준비하는 여러분에게 면접에 대한 대비 방법에 대해 알려드리려고 합니다.
>
> 면접 준비는 어떻게 해야 할까요? 먼저 입사하고자 하는 기업의 특성과 원하는 인재상에 맞는 면접 예상 질문을 만들고 그에 대한 답변을 준비하는 것이 좋습니다. 예를 들어 사회적 기업에 입사를 하려고 한다면 신문이나 잡지 등에서 사회적 이슈가 되고 있는 것을 찾아 예상 질문을 만들고 거울을 보면서 실제 면접관 앞이라고 생각하며 답변을 해 보면 면접에 대한 자신감을 키울 수 있습니다.
>
> 면접은 일반적으로 일대일 면접, 일대다 면접, 다대다 면접 이렇게 세 가지 유형으로 분류할 수 있습니다.
>
> 면접 유형이 다르면 전략도 달라져야 합니다. 다대다 면접을 치르는 기업의 경우 질문하는 면접관이 여러 명이므로 면접관 한 사람 한 사람의 질문에 집중해야 하고, 질문한 면접관의 눈을 응시하며 답변을 해야 합니다. 또한 다른 지원자들이 하는 답변도 잘 경청하는 것이 중요합니다.
>
> 면접 상황에서 가장 중요한 것은 질문의 의도가 사실의 정보를 요구하는 것인지, 본인의 의견을 묻는 것인지를 분명하게 파악해야 합니다. 사실적 정보를 묻는 질문이라면 객관적 내용을 토대로 명확하게 답변을 해야 하고, 본인의 의견을 묻는 질문이라면 구체적 근거를 제시하여 자신의 견해를 논리적으로 대답해야 합니다.
>
> 만약 면접관이 여러분에게 '음식물 쓰레기 종량제'에 대한 찬반 의견을 묻는다면 여러분은 어떻게 답변을 하시겠습니까? 먼저 찬반 입장을 생각한 후 자신의 입장을 분명히 밝히고 그에 따른 구체적 근거를 제시하면 됩니다. 이때 근거는 보통 세 가지 이상 드는 것이 좋습니다. 가능하면 실제 사례나 경험을 바탕으로 설명하는 것이 설득력을 높일 수 있습니다. 면접관이 추가 질문을 할 경우에는 앞서 했던 답변 중 부족한 부분이 무엇이었는지를 점검하고 보완해서 대답을 하면 됩니다.

① 구체적인 사례를 들어 청중의 이해를 도울 것이다.
② 청중의 특성을 고려하여 강의 내용을 선정할 것이다.
③ 청중과의 상호 작용을 위해 질문의 형식을 활용할 것이다.
④ 강의 중 청중의 배경지식을 확인하여 내용의 수준을 조절할 것이다.

 L씨는 청중이 취업준비생이라는 특성을 고려하여 면접 전형 대비 방법에 대한 강의 내용을 선정하였고, 질문의 형식을 활용하고 있다. 또한 예상 질문을 통해 사례를 구체적으로 들어 청중의 이해를 돕고 있다. 그러나 청중의 배경지식을 확인하여 내용의 수준을 조절한다고 보기는 어렵다.

Answer↪ 17.② 18.③ 19.④

20 다음은 은행을 사칭한 대출 주의 안내문이다. 이에 대한 설명으로 옳지 않은 것은?

> 항상 OO은행을 이용해 주시는 고객님께 감사드립니다.
>
> 최근 OO은행을 사칭하면서 대출 협조문이 Fax로 불특정 다수에게 발송되고 있어 각별한 주의가 요망됩니다. OO은행은 절대로 Fax를 통해 대출 모집을 하지 않으니 아래의 Fax 발견시 즉시 폐기하시기 바랍니다.
>
> > 아래 내용을 검토하시어 자금문제로 고민하는 대표이하 직원 여러분들에게 저의 은행의 금융정보를 공유할 수 있도록 업무협조 부탁드립니다.
> >
> > 수신 : 직장인 및 사업자
> > 발신 : OO은행 여신부
> > 여신상담전화번호 : 070-xxxx-xxxx
> >
> > | 대상 | 직장인 및 개인/법인 사업자 |
> > |---|---|
> > | 금리 | 개인신용등급적용 (최저 4.8~) |
> > | 연령 | 만 20세~만 60세 |
> > | 상환 방식 | 1년만기일시상환, 원리금균등분할상환 |
> > | 대출 한도 | 100만 원~1억 원 |
> > | 대출 기간 | 12개월~최장 60개월까지 설정가능 |
> > | 서류 안내 | 공통서류 - 신분증
직장인 - 재직, 소득서류
사업자 - 사업자 등록증, 소득서류 |
>
> ※ 기타사항
> • 본 안내장의 내용은 법률 및 관련 규정 변경시 일부 변경될 수 있습니다.
> • 용도에 맞지 않을 시, 연락 주시면 수신거부 처리 해드리겠습니다.
>
> 현재 OO은행을 사칭하여 문자를 보내는 불법업체가 기승입니다. OO은행에서는 본 안내장 외엔 문자를 발송치 않으니 이점 유의하시어 대처 바랍니다.

① Fax 수신문에 의하면 최대 대출한도는 1억 원까지이다.
② 대출 주의 안내문은 수신거부 처리가 가능하다.
③ Fax로 수신되는 대출 협조문은 즉시 폐기하여야 한다.
④ OO은행에서는 대출 협조문을 문자로 발송한다.

(Tip) ④ OO은행에서는 본 안내장 외엔 문자를 발송하지 않는다.

21 다음은 수미의 소비상황과 각종 신용카드 혜택 정보이다. 수미가 가장 유리한 하나의 신용카드 만을 결제수단으로 사용할 때 적절한 소비수단은?

- 뮤지컬, ○○테마파크 및 서점은 모두 B신용카드의 문화 관련업에 해당한다.
- 신용카드 1포인트는 1원이고, 문화상품권 1매는 1만 원으로 가정한다.
- 혜택을 금전으로 환산하여 액수가 많을수록 유리하다.
- 액수가 동일한 경우 할인혜택, 포인트 적립, 문화상품권 지급 순으로 유리하다.
- 혜택의 액수 및 혜택의 종류가 동일한 경우 혜택 부여 시기가 빠를수록 유리하다 (현장할인은 결제 즉시 할인되는 것을 말하며, 청구할인은 카드대금 청구 시 할인 되는 것을 말한다).

〈수미의 소비상황〉

서점에서 여행서적(정가 각 3만 원) 3권과 DVD 1매(정가 1만 원)를 구입(직전 1 개월간 A신용카드 사용금액은 15만 원이며, D신용카드는 가입 후 미사용 상태임)

〈각종 신용카드의 혜택〉

A신용카드	○○테마파크 이용시 본인과 동행 1인의 입장료의 20% 현장 할인(단, 직전 1개월간 A신용카드 사용금액이 30만 원 이상인 경우에 한함)
B신용카드	문화 관련 가맹업 이용시 총액의 10% 청구 할인(단, 할인되는 금액은 5만 원을 초과할 수 없음)
C신용카드	이용시마다 사용금액의 10%를 포인트로 즉시 적립. 사용금액이 10만 원을 초과하는 경우에는 사용금액의 20%를 포인트로 즉시 적립
D신용카드	가입 후 2만 원 이상에 상당하는 도서류(DVD 포함) 구매시 최초 1회에 한하여 1만 원 상당의 문화상품권 증정(단, 문화상품권은 다음달 1일에 일괄 증정)

① A신용카드

② B신용카드

③ C신용카드

④ D신용카드

 수미 소비상황을 봤을 때 A신용카드 혜택이 없으며, B신용카드는 1만 원 청구할인, C신용 카드는 1만 원 포인트 적립, D신용카드는 1만 원 문화상품권을 증정한다. 액수가 동일한 경우 할인혜택, 포인트 적립, 문화상품권 지급 순으로 유리하다고 했으므로 수미는 B신용 카드를 선택한다.

Answer → 20.④ 21.②

22 다음은 특보의 종류 및 기준에 관한 자료이다. ㉠과 ㉡의 상황에 어울리는 특보를 올바르게 짝지은 것은?

<특보의 종류 및 기준>

종류	주의보	경보
강풍	육상에서 풍속 14m/s 이상 또는 순간풍속 20m/s 이상이 예상될 때. 다만, 산지는 풍속 17m/s 이상 또는 순간풍속 25m/s 이상이 예상될 때	육상에서 풍속 21m/s 이상 또는 순간풍속 26m/s 이상이 예상될 때. 다만, 산지는 풍속 24m/s 이상 또는 순간풍속 30m/s 이상이 예상될 때
호우	6시간 강우량이 70mm 이상 예상되거나 12시간 강우량이 110mm 이상 예상될 때	6시간 강우량이 110mm 이상 예상되거나 12시간 강우량이 180mm 이상 예상될 때
태풍	태풍으로 인하여 강풍, 풍랑, 호우 현상 등이 주의보 기준에 도달할 것으로 예상될 때	태풍으로 인하여 풍속이 17m/s 이상 또는 강우량이 100mm 이상 예상될 때. 다만, 예상되는 바람과 비의 정도에 따라 아래와 같이 세분한다.

	3급	2급	1급
바람(m/s)	17~24	25~32	33 이상
비(mm)	100~249	250~399	400 이상

종류	주의보	경보
폭염	6월~9월에 일최고기온이 33℃ 이상이고, 일최고열지수가 32℃ 이상인 상태가 2일 이상 지속될 것으로 예상될 때	6월~9월에 일최고기온이 35℃ 이상이고, 일최고열지수가 41℃ 이상인 상태가 2일 이상 지속될 것으로 예상될 때

㉠ 태풍이 남해안에 상륙하여 울산지역에 270mm의 비와 함께 풍속 26m/s의 바람이 예상된다.
㉡ 지리산에 오후 3시에서 오후 9시 사이에 약 130mm의 강우와 함께 순간풍속 28m/s가 예상된다.

	㉠	㉡
①	태풍경보 1급	호우주의보
②	태풍경보 2급	호우경보+강풍주의보
③	태풍주의보	강풍주의보
④	태풍경보 2급	호우경보+강풍경보

⑤ : 태풍경보 표를 보면 알 수 있다. 비가 270mm이고 풍속 26m/s에 해당하는 경우는 태풍경보 2급이다.

ⓒ : 6시간 강우량이 130mm 이상 예상되므로 호우경보에 해당하며 산지의 경우 순간풍속 28m/s 이상이 예상되므로 강풍주의보에 해당한다.

23 K지점으로부터 은행, 목욕탕, 편의점, 미용실, 교회 건물이 각각 다음과 같은 조건에 맞게 위치해 있다. 모두 K지점으로부터 일직선상에 위치해 있다고 할 때, 다음 설명 중 올바른 것은 어느 것인가? (언급되지 않은 다른 건물은 없다고 가정한다)

> • K지점으로부터 50m 이상 떨어져 있는 건물은 목욕탕, 미용실, 은행이다.
> • 목욕탕과 교회 건물 사이에는 편의점을 포함한 2개의 건물이 있다.
> • 5개의 건물은 각각 K지점에서 15m, 40m, 60m, 70m, 100m 떨어진 거리에 있다.

① 목욕탕과 편의점과의 거리는 40m이다.

② 연이은 두 건물 간의 거리가 가장 먼 것은 은행과 편의점이다.

③ 미용실과 편의점의 사이에는 1개의 건물이 있다.

④ K지점에서 미용실이 가장 멀리 있다면 은행과 교회는 45m 거리에 있다.

 5개의 건물이 위치한 곳을 그림과 기호로 표시하면 다음과 같다.

첫 번째 조건을 통해 목욕탕, 미용실, 은행은 C, D, E 중 한 곳, 교회와 편의점은 A, B 중 한 곳임을 알 수 있다.

두 번째 조건에 의하면 목욕탕과 교회 사이에 편의점과 또 하나의 건물이 있어야 한다. 이 조건을 충족하려면 A가 교회, B가 편의점이어야 하며 또한 D가 목욕탕이어야 한다. C와 E는 어느 곳이 미용실과 은행의 위치인지 주어진 조건만으로 알 수 없다.

따라서 보기 ④에서 언급된 바와 같이 미용실이 E가 된다면 은행은 C가 되어 교회인 A와 45m 거리에 있게 된다.

Answer ⇨ 22.② 23.④

24 M회사 구내식당에서 근무하고 있는 N씨는 식단을 편성하는 업무를 맡고 있다. 식단편성을 위한 조건이 다음과 같을 때 월요일에 편성되는 식단은?

〈조건〉

- 다음 5개의 메뉴를 월요일~금요일 5일에 각각 하나씩 편성해야 한다.
- 돈가스 정식, 나물 비빔밥, 크림 파스타, 오므라이스, 제육덮밥
- 월요일에는 돈가스 정식을 편성할 수 없다.
- 목요일에는 오므라이스를 편성할 수 없다.
- 제육덮밥은 금요일에 편성해야 한다.
- 나물 비빔밥은 제육덮밥과 연달아 편성할 수 없다.
- 돈가스 정식은 오므라이스보다 먼저 편성해야 한다.

① 나물 비빔밥
② 크림 파스타
③ 오므라이스
④ 제육덮밥

 금요일에는 제육덮밥이 편성된다. 목요일에는 오므라이스를 편성할 수 없고, 다섯 번째 조건에 의해 나물 비빔밥도 편성할 수 없다. 따라서 목요일에는 돈가스 정식 또는 크림 파스타가 편성되어야 한다. 마지막 조건과 두 번째 조건에 의해 돈가스 정식은 월요일, 목요일에도 편성할 수 없으므로 돈가스 정식은 화요일에 편성된다. 따라서 목요일에는 크림 파스타, 월요일에는 나물 비빔밥이 편성된다.

25 다음은 이○○씨가 A지점에서 B지점을 거쳐 C지점으로 출근을 할 때 각 경로의 거리와 주행속도를 나타낸 것이다. 이○○씨가 오전 8시 정각에 A지점을 출발해서 B지점을 거쳐 C지점으로 갈 때, 이에 대한 설명 중 옳은 것을 고르면?

구간	경로	주행속도(km/h)		거리(km)
		출근 시간대	기타 시간대	
A → B	경로 1	30	45	30
	경로 2	60	90	
B → C	경로 3	40	60	40
	경로 4	80	120	

※ 출근 시간대는 오전 8시부터 오전 9시까지이며, 그 이외의 시간은 기타 시간대임.

① C지점에 가장 빨리 도착하는 시각은 오전 9시 10분이다.
② C지점에 가장 늦게 도착하는 시각은 오전 9시 20분이다.
③ B지점에 가장 빨리 도착하는 시각은 오전 8시 40분이다.
④ 경로 2와 경로 3을 이용하는 경우와, 경로 1과 경로 4를 이용하는 경우 C지점에 도착하는 시각은 동일하다.

 시간 = $\dfrac{거리}{속도}$ 공식을 이용하여, 먼저 각 경로에서 걸리는 시간을 구한다.

구간	경로	시간			
		출근 시간대		기타 시간대	
A → B	경로 1	$\dfrac{30}{30} = 1.0$	1시간	$\dfrac{30}{45} \fallingdotseq 0.67$	약 40분
	경로 2	$\dfrac{30}{60} = 0.5$	30분	$\dfrac{30}{90} \fallingdotseq 0.33$	약 20분
B → C	경로 3	$\dfrac{40}{40} = 1.0$	1시간	$\dfrac{40}{60} \fallingdotseq 0.67$	약 40분
	경로 4	$\dfrac{40}{80} = 0.5$	30분	$\dfrac{40}{120} \fallingdotseq 0.33$	약 20분

④ 경로 2와 3을 이용하는 경우와 경로 1과 경로 4를 이용하는 경우 C지점에 도착하는 시각은 1시간 20분으로 동일하다.
① C지점에 가장 빨리 도착하는 방법은 경로 2와 경로 4를 이용하는 경우이므로, 가장 빨리 도착하는 시각은 1시간이 걸려서 오전 9시가 된다.
② C지점에 가장 늦게 도착하는 방법은 경로 1과 경로 3을 이용하는 경우이므로, 가장 늦게 도착하는 시각은 1시간 40분이 걸려서 오전 9시 40분이 된다.
③ B지점에 가장 빨리 도착하는 방법은 경로 2이므로, 가장 빨리 도착하는 시각은 30분이 걸려서 오전 8시 30분이 된다.

Answer ▸ 24.① 25.④

26 다음 내용을 근거로 판단할 때 참말을 한 사람은 누구인가?

> A 동아리 학생 5명은 각각 B 동아리 학생들과 30회씩 가위바위보 게임을 하였다. 각 게임에서 이길 경우 5점, 비길 경우 1점, 질 경우 −1점을 받는다. 게임이 모두 끝나자 A 동아리 학생 5명은 자신들이 얻은 합산 점수를 다음과 같이 말하였다.
> 갑 : 내 점수는 148점이다.
> 을 : 내 점수는 145점이다.
> 병 : 내 점수는 143점이다.
> 정 : 내 점수는 140점이다.
> 무 : 내 점수는 139점이다.
> 이들 중 한 명만 참말을 하고 있다.

① 갑   ② 을
③ 병   ④ 정

 승·무·패를 따지면 가능한 점수는 140점이다.

승	무	패	총점
30	0	0	$30 \times 5 = 150$
29	1	0	$(29 \times 5) + 1 = 146$
29	0	1	$(29 \times 5) - 1 = 144$
28	2	0	$(28 \times 5) + (1 \times 2) = 142$
28	1	1	$(28 \times 5) + 1 - 1 = 140$
28	0	2	$(28 \times 5) - (1 \times 2) = 138$

27 A, B, C, D, E 5명이 한 명씩 차례로 면접을 보려고 한다. 다음의 내용을 모두 고려하였을 때 D 바로 다음에 면접을 보게 되는 사람은 누구인가?

> • E는 C보다 늦게 면접을 본다.
> • B는 A보다 늦게, D보다는 빨리 면접을 본다.
> • C는 A보다 늦게 면접을 본다.
> • B와 D 사이에 면접을 보는 사람은 없다.
> • B는 C보다 먼저 면접을 본다.

① A   ② B
③ C   ④ E

조건에 맞추어 정리해 보면 A→B→D→C→E가 된다.
그러므로 D 바로 다음에는 C가 면접을 보게 된다.

28 S기관은 업무처리시 오류 발생을 줄이기 위해 2016년부터 오류 점수를 계산하여 인사고과에 반영한다고 한다. 이를 위해 매월 직원별로 오류 건수를 조사하여 오류 점수를 다음과 같이 계산한다고 할 때, 가장 높은 오류 점수를 받은 사람은 누구인가?

〈오류 점수 계산 방식〉

• 일반 오류는 1건당 10점, 중대 오류는 1건당 20점씩 오류 점수를 부과하여 이를 합산한다.
• 전월 우수사원으로 선정된 경우, 합산한 오류 점수에서 80점을 차감하여 월별 최종 오류 점수를 계산한다.

〈S기관 벌점 산정 기초자료〉

직원	오류 건수(건)		전월 우수사원 선정 여부
	일반 오류	중대 오류	
A	5	20	미선정
B	10	20	미선정
C	15	15	선정
D	20	10	미선정

① A
② B
③ C
④ D

	총점
A	$(5 \times 10) + (20 \times 20) = 450$
B	$(10 \times 10) + (20 \times 20) = 500$
C	$(\times 10) + (\times 20) - 80 = 370$
D	$(20 \times 10) + (10 \times 20) = 400$

Answer → 26.④ 27.③ 28.②

29 갑, 을, 병, 정, 무 다섯 명이 자유형, 배영, 접영, 평영을 한 번씩 사용하여 400m를 수영하려
한다. 레인은 1번부터 5번 레인을 사용하며 100m마다 다른 수영 방식을 사용한다. 단, 각 레인
마다 1명씩 배정이 되며, 이웃한 레인에 있는 사람들은 같은 구간에서 동일한 수영 방식을 사용
할 수 없다. 다음 중 4번 레인을 사용하는 사람의 구간별 수영 방식을 순서대로 바르게 나열한
것은?

> ⊙ 2번과 4번 레인을 사용하는 사람들은 첫 번째 구간에서 같은 수영 방식을 사용
> 하되, 자유형은 사용할 수 없다.
> ⓛ 을, 정은 네 번째 구간에서만 같은 수영 방식을 사용한다.
> ⓒ 갑은 3번 레인을 사용하고 두 번째 구간에서 자유형을 한다.
> ⓔ 을은 네 번째 구간에서 배영을 하고, 세 번째 구간에서는 갑과 같은 수영방식을
> 사용한다.
> ⓜ 무는 5번 레인을 사용하고, 첫 번째 구간에서는 평영, 네 번째 구간에서는 자유
> 형을 한다.

① 접영 - 평영 - 배영 - 자유형
② 배영 - 접영 - 평영 - 자유형
③ 배영 - 평영 - 자유형 - 접영
④ 접영 - 평영 - 자유형 - 배영

(Tip) ⓒⓜ에 따라 정리하면,

	1번 레인	2번 레인	3번 레인	4번 레인	5번 레인
			갑		무
1구간					평영
2구간			자유형		
3구간					
4구간					자유형

ⓔ에 따르면,
3구간에서 '을'은 '갑'과 같은 수영방식을 사용하려면 갑과 이웃된 자리가 아니어야 한다. 따
라서 1, 5번 레인이 가능하고, 5번 레인은 '무'의 자리이므로 1번이 '을'의 자리이다.

	1번 레인	2번 레인	3번 레인	4번 레인	5번 레인
	을		갑		무
1구간					평영
2구간			자유형		
3구간					
4구간	배영				자유형

ⓛ에 따르면,
'을'과 '정'은 4구간에서 같은 수영 방식을 사용하므로, '정'의 자리는 '을'과 이웃하지 않는다.
따라서 남는 자리 중 4번이 '정'의 자리이고, 2번 자리는 자동으로 '병'의 자리가 된다.

	1번 레인	2번 레인	3번 레인	4번 레인	5번 레인
	을	병	갑	정	무
1구간					평영
2구간			자유형		
3구간					
4구간	배영			배영	자유형

㉠에 따르면,

2번, 4번 레인은 1구간에서 같은 수영 방식을 사용하고, 자유형은 불가능하다. 4번 레인은 5번 레인과 이웃하므로 1구간은 평영이 불가하고, 4구간이 배영이므로 남는 수영 방식은 접영만 가능하다. 따라서 2번, 4번 레인의 1구간 수영방식은 접영이 된다.

	1번 레인	2번 레인	3번 레인	4번 레인	5번 레인
	을	병	갑	정	무
1구간		접영		접영	평영
2구간			자유형		
3구간					
4구간	배영			배영	자유형

또한 '정'은 '갑'과 이웃되므로 2구간은 자유형이 불가능하고 접영, 배영은 이미 사용하고 있기 때문에 평영만 가능하다. 따라서 3구간은 자동으로 자유형이 된다.

	1번 레인	2번 레인	3번 레인	4번 레인	5번 레인
	을	병	갑	정	무
1구간		접영		접영	평영
2구간			자유형	평영	
3구간				자유형	
4구간	배영			배영	자유형

30 다음 글과 상황을 근거로 판단할 때, A국 각 지역에 설치될 것으로 예상되는 풍력발전기 모델명을 바르게 짝지은 것은?

풍력발전기는 회전축의 방향에 따라 수평축 풍력발전기와 수직축 풍력발전기로 구분된다. 수평축 풍력발전기는 구조가 간단하고 설치가 용이하며 에너지 변환효율이 우수하다. 하지만 바람의 방향에 영향을 많이 받기 때문에 바람의 방향이 일정한 지역에만 설치가 가능하다. 수직축 풍력발전기는 바람의 방향에 영향을 받지 않아 바람의 방향이 일정하지 않은 지역에도 설치가 가능하며, 이로 인해 사막이나 평원에도 설치가 가능하다. 하지만 부품이 비싸고 수평축 풍력발전기에 비해 에너지 변환효율이 떨어진다는 단점이 있다. B사는 현재 4가지 모델의 풍력발전기를 생산하고 있다. 각 풍력발전기는 정격 풍속이 최대 발전량에 도달하며, 가동이 시작되면 최소 발전량 이상의 전기를 생산한다. 각 발전기의 특성은 아래와 같다.

모델명	U-50	U-57	U-88	U-93
시간당 최대 발전량(kW)	100	100	750	2,000
시간당 최소 발전량(kW)	20	20	150	400
발전기 높이(m)	50	68	80	84.7
회전축 방향	수직	수평	수직	수평

〈상황〉

A국은 B사의 풍력발전기를 X, Y, Z지역에 각 1기씩 설치할 계획이다. X지역은 산악지대로 바람의 방향이 일정하며, 최소 150kW 이상의 시간당 발전량이 필요하다. Y지역은 평원지대로 바람의 방향이 일정하지 않으며, 철새보호를 위해 발전기 높이는 70m 이하가 되어야 한다. Z지역은 사막지대로 바람의 방향이 일정하지 않으며, 주민 편의를 위해 정격 풍속에서 600kW 이상의 시간당 발전량이 필요하다. 복수의 모델이 각 지역의 조건을 충족할 경우, 에너지 변환효율을 높이기 위해 수평축 모델을 설치하기로 한다.

	X지역	Y지역	Z지역			X지역	Y지역	Z지역
①	U-88	U-50	U-88		②	U-88	U-57	U-93
③	U-93	U-50	U-88		④	U-93	U-50	U-93

㉠ X지역 : 바람의 방향이 일정하므로 수직·수평축 모두 사용할 수 있고, 최소 150kW 이상의 시간당 발전량이 필요하므로 U-88과 U-93 중 하나를 설치해야 한다. 에너지 변환효율을 높이기 위해 수평축 모델인 U-93을 설치한다.

㉡ Y지역 : 수직축 모델만 사용 가능하며, 높이가 70m 이하인 U-50만 설치 가능하다.

㉢ Z지역 : 수직축 모델만 사용 가능하며, 정격 풍속이 600kW 이상의 시간당 발전량을 갖는 U-88만 설치 가능하다.

31 다음 제시문을 읽고 바르게 추론한 것을 〈보기〉에서 모두 고른 것은?

> A회사에서는 1,500명의 소속직원들이 마실 생수를 구입하기로 하였다. 모든 조건이 동일한 두 개의 생수회사가 최종 경쟁을 하게 되었다. 구입 담당자는 직원들에게 시음하게 하여 직원들이 가장 좋아하는 생수를 선정하고자 하였다. 다음과 같은 절차를 통하여 구입 담당자가 시음회를 주관하였다.
> • 직원들로부터 더 많이 선택 받은 생수회사를 최종적으로 선정한다.
> • 생수 시음회 참여를 원하는 직원을 대상으로 신청자를 접수하고 그 중 남자 15명과 여자 15명을 무작위로 선정하였다.
> • 두 개의 컵을 마련하여 하나는 1로 표기하고 다른 하나는 2로 표기하여 회사이름을 가렸다.
> • 참가직원들은 1번 컵의 생수를 마신 후 2번 컵의 생수를 마시고 둘 중 어느 쪽을 선호하는지 표시하였다.

> 〈보기〉
> ㉠ 참가자들이 특정 번호를 선호할 가능성을 고려하지 못하였다.
> ㉡ 참가자가 무작위로 선정되었으므로 전체 직원에 대한 대표성이 확보되었다.
> ㉢ 참가자의 절반은 2번 컵을 먼저 마시고 1번 컵을 나중에 마시도록 했어야 한다.
> ㉣ 우리나라의 남녀 비율이 50대 50이므로 남자직원과 여자직원을 동수로 뽑은 것은 적절하였다.

① ㉠㉡ 　　　　　　　　② ㉠㉢
③ ㉡㉢ 　　　　　　　　④ ㉡㉣

　　㉡ 참가자는 무작위로 선정한 것이 아니라 시음회의 참여를 원하는 직원을 대상으로 선정하였기 때문에 전체 직원에 대한 대표성이 확보되었다고 보기는 어렵다.
　　㉣ 대표성을 확보하기 위해서는 우리나라의 남녀 비율이 아닌 A회사의 남녀 비율을 고려하여 선정하는 것이 더 적절하다.

Answer ➔ 30.③ 31.②

32 다음 조건에 따를 때, 선정이의 병명은 무엇인가?

　　소윤, 홍미, 효진, 선정이가 처방전을 가지고 약국을 방문하였는데, 처방전을 받아 A~D의 약을 조제한 약사는 처방전을 잃어버리고 말았다.
- 약국을 방문한 4명의 병명은 감기, 배탈, 치통, 위염이었다.
- 홍미의 처방전은 B에 해당하는 것이었고, 그녀는 감기나 배탈 환자가 아니었다.
- A는 배탈 환자에 사용되는 약이 아니다.
- D는 위염에 사용되는 약이 포함되어 있다.
- 소윤이는 임신을 한 상태이고, A와 D에는 임산부가 먹으면 안 되는 약이 포함되어 있다.
- 효진이는 감기 환자가 아니었다.

① 감기　　　　　　　　　　② 배탈
③ 치통　　　　　　　　　　④ 위염

	소윤	홍미	효진	선정
감기(A)	×	×	×	○
배탈(C)	○	×	×	×
치통(B)	×	○	×	×
위염(D)	×	×	○	×

33 전무, 상무, 부장, 차장, 과장, 대리 6명은 다음 주부터 6주의 기간 동안 모두 휴가를 다녀와야 한다. 각자의 휴가기간은 연속하여 2주이며, 휴가를 가지 않는 사람은 없다. 다음에 제시된 내용을 모두 고려하였을 때, 항상 거짓인 것은?

> • 상무가 휴가를 다녀온 후에 전무가 휴가를 떠난다.
> • 차장이 휴가를 다녀오면 6주의 휴가 기간이 모두 끝난다.
> • 전무는 1주차와 6주차에는 휴가를 갈 수 없다.
> • 과장과 대리는 휴가를 동시에 시작하며 전무, 상무와 휴가 기간이 1주씩 겹친다.

① 아무도 휴가를 안 가는 주는 없다.

② 휴가 중인 인원이 가장 많은 주는 3주차이다.

③ 차장과 대리의 휴가가 겹치는 주가 있다.

④ 상무는 2주차에 휴가 중이다.

 제시된 내용에 따라 정리를 해 보면 다음과 같음을 알 수 있다.

	1주	2주	3주	4주	5주	6주
전무	×		휴가			×
상무		휴가				
부장						
차장					휴가	
과장		휴가				
대리		휴가				

① 아무도 휴가는 안 가는 주는 없다. → 참

② 휴가 중인 인원이 가장 많은 주는 3주차이다. → 참

③ 차장과 대리의 휴가가 겹치는 주가 있다. → 거짓

④ 상무는 2주차에 휴가 중이다. → 참

■34~35■ 다음 상황과 자료를 보고 물음에 답하시오.

> 도서출판 서원각에 근무하는 K씨는 고객으로부터 9급 건축직 공무원 추천도서를 요청받았다. K씨는 도서를 추천하기 위해 다음과 같은 9급 건축직 발행도서의 종류와 특성을 참고하였다.

K씨 : 감사합니다. 도서출판 서원각입니다.
고객 : 9급 공무원 건축직 관련 도서 추천을 좀 받고 싶습니다.
K씨 : 네, 어떤 종류의 도서를 원하십니까?
고객 : 저는 기본적으로 이론은 대학에서 전공을 했습니다. 그래서 많은 예상문제를 풀 수 있는 것이 좋습니다.
K씨 : 아. 문제가 많은 것이라면 딱 잘라서 말씀드리기가 어렵습니다.
고객 : 알아요. 그래도 적당히 가격도 그리 높지 않고 예상문제가 많이 들어 있는 것이면 됩니다.
K씨 : 네. 알겠습니다. 많은 예상문제풀이가 가능한 것 외에는 다른 필요한 사항은 없으십니까?
고객 : 가급적이면 20,000원 이하가 좋을 듯 합니다.

도서명	예상문제 문항 수	기출문제 수	이론 유무	가격
실력평가모의고사	400	120	무	18,000
전공문제집	500	160	유	25,000
문제완성	600	40	무	20,000
합격선언	300	200	유	24,000

34 다음 중 K씨가 고객의 요구에 맞는 도서를 추천해 주기 위해 가장 우선적으로 고려해야 하는 특성은 무엇인가?

① 기출문제 수
② 이론 유무
③ 가격
④ 예상문제 문항 수

 고객은 많은 문제를 풀어보기를 원하므로 우선적으로 예상문제의 수가 많은 것을 찾아야 한다.

35 고객의 요구를 종합적으로 반영하였을 때 많은 문제와 가격을 맞춘 가장 적당한 도서는?

① 실력평가모의고사
② 전공문제집
③ 문제완성
④ 합격선언

 고객의 요구인 20,000원 가격선과 예상문제의 수가 많은 도서는 문제완성이 된다.

36 서원각에서 중요한 팀 프로젝트를 진행하기 위해 6명(김 과장, 이 과장, 정 과장, 경 대리, 신 대리, 최 대리)의 후보를 선출하고, 이들 중 다음의 조건에 맞춰 4명의 팀원을 선택하려고 한다. 후보군은 총 몇 개인가?

> ㉠ 김 과장 또는 이 과장은 반드시 참여해야 하지만, 둘이 함께 참여할 수는 없다.
> ㉡ 경 대리와 신 대리 중 적어도 한 사람은 반드시 참여해야 하지만, 둘이 함께 참여할 수는 없다.
> ㉢ 이 과장이 참여할 수 없다면 최 대리도 참여할 수 없다.
> ㉣ 정 과장이 참여할 수 없다면 경 대리도 참여할 수 없다.

① 1개 ② 2개
③ 3개 ④ 4개

 조건을 정리해보면,
㉠ 김 과장과 이 과장 중 한 명은 반드시 참여하지만 동시에 참여할 수 없다.
㉡ 경 대리와 신 대리 중 한 명은 반드시 참여하지만 동시에 참여할 수 없다.
㉢ 이 과장이 참여할 수 없다면 최 대리도 참여할 수 없다.
  = 최 대리가 참여하면 이 과장도 참여한다.
㉣ 정 과장이 참여할 수 없다면 경 대리도 참여할 수 없다.
  = 경 대리가 참여하면 정 과장도 참여한다.
김 과장이 참여할 때와 이 과장이 참여할 때를 구분해보면,
• 김 과장이 참여하는 경우

	이 과장	경 대리	신 대리	정 과장	최 대리
후보군 1	×	○	×	○	×
후보군 2	×	×	○	○	×

따라서 김 과장을 포함한 4명의 팀원을 만들 수 없다.
• 이 과장이 참여하는 경우

	김 과장	경 대리	신 대리	정 과장	최 대리
후보군 1	×	○	×	○	○
후보군 2	×	×	○	○	○

따라서 이 과장을 포함한 [경 대리, 정 과장, 최 대리], [신 대리, 정 과장, 최 대리]가 팀원이 될 수 있다.

Answer ┌→ 34.④ 35.③ 36.②

37 다음에 주어진 사실을 통해 내릴 수 있는 결론으로, 옳지 않은 것은?

> ㉠ A는 B보다 두 살이 많다.
> ㉡ B는 C보다 세 살이 어리다.
> ㉢ D는 A보다 나이가 많지만, C보다 나이가 많지는 않다.
> ㉣ E는 제일 어리지도 않고, 제일 나이가 많지도 않다.

① C는 D보다 나이가 많다.

② E는 C보다 어리다.

③ B는 5명 중 가장 어리다.

④ A는 C보다 나이가 적다.

> (Tip) ① C와 D의 나이는 동일할 수도 있다.
> ㉠㉡㉢ C≥D>A>B
> ㉣ C>E>B

38 도서출판 서원각에 근무하는 최 대리는 이번 달에 접수된 총 7건의 고객 불만 사항에 대해 보고서를 작성하려고 한다. A, B, C, D, E, F, G 고객의 불만이 접수된 순서가 다음의 정보를 모두 만족할 때, 불만 사항이 가장 마지막으로 접수된 고객은?

> 〈정보〉
> ㉠ B고객의 불만은 가장 마지막에 접수되지 않았다.
> ㉡ G고객의 불만은 C고객의 불만보다 먼저 접수되었다.
> ㉢ A고객의 불만은 B고객의 불만보다 먼저 접수되었다.
> ㉣ B고객의 불만은 E고객의 불만보다 나중에 접수되었다.
> ㉤ D고객과 E고객의 불만은 연달아 접수되었다.
> ㉥ C고객의 불만은 다섯 번째로 접수되었다.
> ㉦ A고객과 B고객의 불만 접수 사이에 한 건의 불만이 접수되었다.

① B

② E

③ F

④ G

ⓗ C는 다섯 번째로 접수 (□ □ □ □ C □ □)

ⓛⓔⓜ을 통해 E, D, G는 B보다 먼저 접수했고, ⓢ을 통해 B보다 늦게 접수된 고객은 F만 가능하다. (□ □ □ A C B □)

39 모두 진실을 말한다고 할 때, 다음 중 두 번째로 도착한 사람은 누구인가?

> ㉠ A : 저는 B, D보다 늦게 도착했습니다.
>
> ㉡ B : 저는 가장 먼저 도착했습니다.
>
> ㉢ C : 저보다 세 명이 먼저 도착했습니다.
>
> ㉣ D : 저는 C보다 먼저 도착했습니다.
>
> ㉤ E : 제가 가장 마지막에 도착했습니다.

① A   ② B

③ C   ④ D

 명제를 종합해보면 B, D, A, C, E 순으로 도착했다.

40 인사팀에 근무하는 주영씨는 회사의 대규모 인사발령이 발생하면서 현재 인사배치 현황을 살펴보았다. 그런데 서울, 인천, 광주, 대구, 부산의 경우 직급과 사람을 가리키는 표현에 실수로 커피를 쏟아 제대로 보이지 않게 되었다. 이에 주영씨는 자신이 가지고 있는 정보를 가지고 직급과 사람의 관계를 정리하려고 한다. 다음의 정보에 따라 주영씨가 내릴 수 없는 판단은?

- 을은 서울에서 출근하거나 광주에서 출근한다.
- 병은 E직급이고, 대구에서 출근하지 않는다.
- 정은 D직급이 아니고, 부산에서 출근하지 않는다.
- 갑은 광주에서 출근하고, 정보다 아래 직급이다.
- 부산에는 A직급이 거주하고, 대구에는 그 바로 아래 직급이 거주한다.
- 직급은 A > B > C > D > E 순이다.
- 무는 A직급이다.
- 을은 갑보다 직급이 높다.
- 모든 직급별로 출발지는 다르다.

---

① 을은 C직급일 수 있다.

② 정은 대구에 산다.

③ 병은 인천에 산다.

④ 광주에서 출근하는 사람은 서울에서 출근하는 사람보다 직급이 높다.

(Tip) 표로 정리하면서 지워보면 다음과 같다.

	서울	인천	광주	대구	부산
갑	×		○	×	×
을	○		×	×	×
병(E직급)	×		×	×	×
정	×		×	B직급	×
무	×	×	×	×	A직급

위의 정보를 다시 정리하면

	서울	인천	광주	대구	부산
갑			D직급		
을	C직급				
병		E직급			
정				B직급	
무					A직급

41 다음 조건을 바탕으로 할 때, 김 교수의 연구실 위치한 건물과 오늘 갔던 서점이 위치한 건물을 순서대로 올바르게 짝지은 것은?

- 최 교수, 김 교수, 정 교수의 연구실은 경영관, 문학관, 홍보관 중 한 곳에 있으며 서로 같은 건물에 있지 않다.
- 이들은 오늘 각각 자신의 연구실이 있는 건물이 아닌 다른 건물에 있는 서점에 갔었으며, 서로 같은 건물의 서점에 가지 않았다.
- 정 교수는 홍보관에 연구실이 있으며, 최 교수와 김 교수는 오늘 문학관 서점에 가지 않았다.
- 김 교수는 정 교수가 오늘 갔던 서점이 있는 건물에 연구실이 있다.

---

① 문학관, 경영관
② 경영관, 경영관
③ 홍보관, 홍보관
④ 문학관, 홍보관

 첫 번째와 두 번째 조건을 정리해 보면, 세 사람은 모두 각기 다른 건물에 연구실이 있으며, 오늘 갔던 서점도 서로 겹치지 않는 건물에 있다.

세 번째 조건에서 최 교수와 김 교수는 오늘 문학관 서점에 가지 않았다고 하였으므로 정 교수가 문학관 서점에 간 것을 알 수 있다. 즉, 정 교수는 홍보관에 연구실이 있고 문학관 서점에 갔다.

네 번째 조건에서 김 교수는 정 교수가 오늘 갔던 서점이 있는 건물에 연구실이 있다고 하였으므로 김 교수의 연구실은 문학관에 있고, 따라서 최 교수는 경영관에 연구실이 있다.

두 번째 조건에서 자신의 연구실이 있는 건물이 아닌 다른 건물에 있는 서점에 갔었다고 했으므로, 김 교수가 경영관 서점을 갔고 최 교수가 홍보관 서점을 간 것이 된다. 이를 표로 나타내면 다음과 같다.

교수	정 교수	김 교수	최 교수
연구실	홍보관	문학관	경영관
서점	문학관	경영관	홍보관

42 빵, 케이크, 마카롱, 쿠키를 판매하고 있는 달콤 베이커리 프랜차이즈에서 최근 각 지점 제품을 섭취하고 복숭아 알레르기가 발생했다는 민원이 제기되었다. 해당 제품에는 모두 복숭아가 들어가지 않지만, 복숭아를 사용한 제품과 인접 시설에서 제조하고 있다. 아래의 사례를 참고할 때 다음 중 반드시 거짓인 경우는?

- 복숭아 알레르기 유발 원인이 된 제품은 빵, 케이크, 마카롱, 쿠키 중 하나이다.
- 각 지점에서 복숭아 알레르기가 있는 손님이 섭취한 제품과 알레르기 유무는 아래와 같다.

광화문점	빵과 케이크를 먹고 마카롱과 쿠키를 먹지 않은 경우, 알레르기가 발생했다.
종로점	빵과 마카롱을 먹고 케이크 와 쿠키를 먹지 않은 경우, 알레르기가 발생하지 않았다.
대학로점	빵과 쿠키를 먹고 케이크와 마카롱을 먹지 않은 경우 알레르기가 발생했다.
홍대점	케이크와 마카롱을 먹고 빵과 쿠키를 먹지 않은 경우 알레르기가 발생했다.
상암점	케이크와 쿠키를 먹고 빵 과 마카롱을 먹지 않은 경우 알레르기가 발생하지 않았다.
강남점	마카롱과 쿠키를 먹고 빵과 케이크를 먹지 않은 경우 알레르기가 발생하지 않았다.

---

① 광화문점, 종로점, 홍대점의 사례만을 고려하면 케이크가 알레르기의 원인이다.
② 광화문점, 대학로점, 상암점의 사례만을 고려하면, 빵이 알레르기의 원인이다.
③ 종로점, 홍대점, 강남점의 사례만을 고려하면, 케이크가 알레르기의 원인이다.
④ 대학로점, 홍대점, 강남점의 사례만을 고려하면, 마카롱이 알레르기의 원인이다.

Tip ④ 대학로점 손님은 마카롱을 먹지 않은 경우에도 알레르기가 발생했고, 강남점 손님은 마카롱을 먹고도 알레르기가 발생하지 않았다. 따라서 대학로점, 홍대점, 강남점의 사례만을 고려하면 마카롱이 알레르기 원인이라고 볼 수 없다.

43 R사는 공작기계를 생산하는 업체이다. 이번 주 R사에서 월요일~토요일까지 생산한 공작기계가 다음과 같을 때, 월요일에 생산한 공작기계의 수량이 될 수 있는 수를 모두 더하면 얼마인가? (단, 1대도 생산하지 않은 날은 없었다.)

> • 화요일에 생산된 공작기계는 금요일에 생산된 수량의 절반이다.
> • 이 공장의 최대 하루 생산 대수는 9대이고, 이번 주에는 요일별로 생산한 공작기계의 대수가 모두 달랐다.
> • 목요일부터 토요일까지 생산한 공작기계는 모두 15대이다.
> • 수요일에는 9대의 공작기계가 생산되었고, 목요일에는 이보다 1대가 적은 공작기계가 생산되었다.
> • 월요일과 토요일에 생산된 공작기계를 합하면 10대가 넘는다.

① 10
② 11
③ 12
④ 13

 네 번째 조건에서 수요일에 9대가 생산되었으므로 목요일에 생산된 공작기계는 8대가 된다.

월요일	화요일	수요일	목요일	금요일	토요일
		9대	8대		

첫 번째 조건에 따라 금요일에 생산된 공작기계 수는 화요일에 생산된 공작기계 수의 2배가 되는데, 두 번째 조건에서 요일별로 생산한 공작기계의 대수가 모두 달랐다고 하였으므로 금요일에 생산된 공작기계의 수는 6대, 4대, 2대의 세 가지 중 하나가 될 수 있다.

그런데 금요일의 생산 대수가 6대일 경우, 세 번째 조건에 따라 목~토요일의 합계 수량이 15대가 되어야 하므로 토요일은 1대를 생산한 것이 된다. 그러나 토요일에 1대를 생산하였다면 다섯 번째 조건인 월요일과 토요일에 생산된 공작기계의 합이 10대를 넘지 않는다. (∵ 하루 최대 생산 대수는 9대이고 요일별로 생산한 공작기계의 대수가 모두 다른 상황에서 수요일에 이미 9대를 생산하였으므로)

금요일에 4대를 생산하였을 경우에도 토요일의 생산 대수가 3대가 되므로 다섯 번째 조건에 따라 월요일은 7대보다 많은 수량을 생산한 것이 되어야 하므로 이 역시 성립할 수 없다. 즉, 세 가지 경우 중 금요일에 2대를 생산한 경우만 성립하며 화요일에는 1대, 토요일에는 5대를 생산한 것이 된다.

월요일	화요일	수요일	목요일	금요일	토요일
	1대	9대	8대	2대	5대

Answer → 42.④ 43.④

44 다음은 이야기 내용과 그에 관한 설명이다. 이야기에 관한 설명 중 이야기 내용과 일치하는 것은 모두 몇 개인가?

[이야기 내용] A국의 역사를 보면 갑, 을, 병, 정의 네 나라가 시대 순으로 연이어 존재했다. 네 나라의 수도는 각각 달랐는데 관주, 금주, 평주 한주 중 하나였다. 한주가 수도인 나라는 평주가 수도인 나라의 바로 전 시기에 있었고, 금주가 수도인 나라는 관주가 수도인 나라의 바로 다음 시기에 있었으나, 정보다는 이전 시기에 있었다. 병은 가장 먼저 있었던 나라는 아니지만, 갑보다 이전 시기에 있었다. 병과 정은 시대 순으로 볼 때 연이어 존재하지 않았다.

[이야기에 관한 설명]
1. 금주는 갑의 수도이다.
2. 관주는 병의 수도이다.
3. 평주는 정의 수도이다.
4. 을은 갑의 다음 시기에 존재하였다.
5. 평주는 가장 마지막에 존재한 나라의 수도이다.
6. 을과 병은 연이어 존재했다.

---

① 0개   ② 1개

③ 2개   ④ 3개

 한주가 수도인 나라는 평주가 수도인 나라의 바로 전 시기에 있었고, 금주가 수도인 나라는 관주가 수도인 나라 바로 다음 시기에 있었으나 정보다는 이전 시기에 있었으므로 수도는 관주 > 금주 > 한주 > 평주 순임을 알 수 있다. 병은 가장 먼저 있었던 나라는 아니지만, 갑보다 이전 시기에 있었으므로 두 번째나 세 번째가 되는데, 병과 정이 시대 순으로 볼 때 연이어 존재하지 않았으므로 을 > 병 > 갑 > 정이 되어야 한다. 따라서 나라와 수도를 연결해 보면, 을 – 관주, 병 – 금주, 갑 – 한주, 정 – 평주가 되며 [이야기 내용]과 일치하는 것은 3, 5, 6이다.

45 〈보기〉에 제시된 네 개의 명제가 모두 참일 때, 다음 중 거짓인 것은?

〈보기〉

ㄱ 甲 지역이 1급 상수원이면 乙 지역은 1급 상수원이 아니다.
ㄴ 丙 지역이 1급 상수원이면 乙 지역도 1급 상수원이다.
ㄷ 丁 지역이 1급 상수원이면 甲 지역도 1급 상수원이다.
ㄹ 丙 지역이 1급 상수원이 아니면 戊 지역도 1급 상수원이 아니다.

① 甲 지역이 1급 상수원이면 丙 지역도 1급 상수원이다.
② 丁 지역이 1급 상수원이면 丙 지역은 1급 상수원이 아니다.
③ 丙 지역이 1급 상수원이면 甲 지역은 1급 상수원이 아니다.
④ 戊 지역이 1급 상수원이면 丁 지역은 1급 상수원이 아니다.

 제시된 네 개의 명제의 대우명제를 정리하면 다음과 같다.
ㄱ→乙 지역이 1급 상수원이면 甲 지역은 1급 상수원이 아니다.
ㄴ→乙 지역이 1급 상수원이 아니면 丙 지역도 1급 상수원이 아니다.
ㄷ→甲 지역이 1급 상수원이 아니면 丁 지역도 1급 상수원이 아니다.
ㄹ→戊 지역이 1급 상수원이면 丙 지역은 1급 상수원이다.
戊 지역이 1급 상수원임을 기준으로 원래의 명제와 대우명제를 함께 정리하면 '戊 지역→
丙 지역→乙 지역→~甲 지역→~丁 지역'의 관계가 성립하게 되고, 이것의 대우인 '丁
지역→甲 지역→~乙 지역→~丙 지역→~戊 지역'도 성립한다. 따라서 甲 지역이 1급
상수원이면 丙 지역은 1급 상수원이 아니므로 ①은 거짓이다.

Answer → 44.④ 45.①

46 고 대리, 윤 대리, 염 사원, 서 사원 중 1명은 갑작스런 회사의 사정으로 인해 오늘 당직을 서야한다. 이들은 논의를 통해 당직자를 결정하였으나, 동료인 최 대리에게 다음 〈보기〉와 같이 말하였고, 이 중 1명만이 진실을 말하고, 3명은 거짓말을 하였다. 당직을 서게 될 사람과 진실을 말한 사람을 순서대로 알맞게 나열한 것은 어느 것인가?

〈보기〉
고 대리 : "윤 대리가 당직을 서겠다고 했어."
윤 대리 : "고 대리는 지금 거짓말을 하고 있어."
염 사원 : "저는 오늘 당직을 서지 않습니다, 최 대리님."
서 사원 : "당직을 서는 사람은 윤 대리님입니다."

---

① 고 대리, 서 사원
② 염 사원, 고 대리
③ 서 사원, 윤 대리
④ 염 사원, 윤 대리

 이런 유형은 문제에서 제시한 상황, 즉 1명이 당직을 서는 상황을 각각 설정하여 1명만 진실이 되고 3명은 거짓말이 되는 경우를 확인하는 방식의 풀이가 유용하다. 각각의 경우, 다음과 같은 논리가 성립한다.
고 대리가 당직을 선다면, 진실을 말한 사람은 윤 대리와 염 사원이 된다.
윤 대리가 당직을 선다면, 진실을 말한 사람은 고 대리, 염 사원, 서 사원이 된다.
염 사원이 당직을 선다면, 진실을 말한 사람은 윤 대리가 된다.
서 사원이 당직을 선다면, 진실을 말한 사람은 윤 대리와 염 사원이 된다.
따라서 진실을 말한 사람이 1명이 되는 경우는 염 사원이 당직을 서고 윤 대리가 진실을 말하는 경우가 된다.

[지역방송 채널 편성규칙]

- K시의 지역방송 채널은 채널1, 채널2, 채널3, 채널4 네 개이다.
- 오후 7시부터 12시까지는 다음을 제외한 모든 프로그램이 1시간 단위로만 방송된다.

시사정치	기획물	예능	영화 이야기	지역 홍보물
최소 2시간 이상	1시간 30분	40분	30분	20분

- 모든 채널은 오후 7시부터 12시까지 뉴스 프로그램이 반드시 포함되어 있다.

[오후 7시~12시 프로그램 편성내용]
- 채널1은 3개 프로그램이 방송되었으며, 9시 30분부터 시사정치를 방송하였다.
- 채널2는 시사정치와 지역 홍보물 방송이 없었으며, 기획물, 예능, 영화 이야기가 방송되었다.
- 채널3은 6시부터 시작한 시사정치 방송이 9시에 끝났으며, 바로 이어서 뉴스가 방송되었고 기획물도 방송되었다.
- 채널4에서는 예능 프로그램이 연속 2회 편성되었고, 예능을 포함한 4종류의 프로그램이 방송되었다.

---

47 다음 중 위의 자료를 참고할 때, 오후 7시~12시까지의 방송 프로그램에 대하여 바르게 설명하지 못한 것은? (단, 프로그램의 중간에 광고방송 시간은 고려하지 않는다.)

① 채널1에서 기획물이 방송되었다면 예능은 방송되지 않았다.

② 채널2는 정확히 12시에 프로그램이 끝나며 새로 시작되는 프로그램이 있을 수 없다.

③ 채널3에서 영화 이야기가 방송되었다면, 정확히 12시에 어떤 프로그램이 끝나게 된다.

④ 채널4에서 예능 프로그램이 연속 2회 방송되기 위해서는 반드시 뉴스보다 먼저 방송되어야 한다.

④ 예능 프로그램 2회 방송의 총 소요 시간은 1시간 20분으로 1시간짜리 뉴스와의 방송 순서는 총 방송 편성시간에 아무런 영향을 주지 않는다.
① 채널1은 3개의 프로그램이 방송되었는데 뉴스 프로그램을 반드시 포함해야 하므로, 기획물이 방송되었다면 뉴스, 기획물, 시사정치의 3개 프로그램이 방송되었다.
② 기획물, 예능, 영화 이야기에 뉴스를 더한 방송시간은 총 3시간 40분이 된다. 채널2는 시사정치와 지역 홍보물 방송이 없고 나머지 모든 프로그램은 1시간 단위로만 방송하므로 정확히 12시에 프로그램이 끝나고 새로 시작하는 편성 방법은 없다.
③ 9시에 끝난 시사정치 프로그램에 바로 이어진 뉴스가 끝나면 10시가 된다. 기획물의 방송시간은 1시간 30분이므로, 채널3에서 영화 이야기가 방송되었다면 정확히 12시에 기획물이나 영화 이야기 중 하나가 끝나게 된다.

Answer → 46.④ 47.④

48 다음 중 각 채널별로 정각 12시에 방송하던 프로그램을 마치기 위한 방법을 설명한 것으로 옳지 않은 것은? (단, 프로그램의 중간에 광고방송 시간은 고려하지 않는다.)

① 채널1에서 기획물을 방송한다면 시사정치를 2시간 반만 방송한다.

② 채널2에서 지역 홍보물 프로그램을 추가한다.

③ 채널3에서 영화 이야기 프로그램을 추가한다.

④ 채널2에서 영화 이야기 프로그램 편성을 취소한다.

 ④ 채널2에서 영화 이야기 프로그램 편성을 취소하면 3시간 10분의 방송 소요시간만 남게 되므로 정각 12시에 프로그램을 마칠 수 없다.
① 기획물 1시간 30분 + 뉴스 1시간 + 시사정치 2시간 30분 = 5시간으로 정각 12시에 마칠 수 있다.
② 뉴스 1시간 + 기획물 1시간 30분 + 예능 40분 + 영화 이야기 30분 + 지역 홍보물 20분 = 4시간이므로 1시간짜리 다른 프로그램을 추가하면 정각 12시에 마칠 수 있다.
③ 시사정치 2시간 + 뉴스 1시간 + 기획물 1시간 30분 + 영화 이야기 30분 = 5시간으로 정각 12시에 마칠 수 있다.

┃49~50┃ 다음은 블루투스 이어폰을 구매하기 위하여 전자제품 매장을 찾은 K씨가 제품 설명서를 보고 점원과 나눈 대화와 설명서 내용의 일부이다. 다음을 보고 이어지는 물음에 답하시오.

K씨 : "블루투스 이어폰을 좀 사려고 합니다."
점원 : "네 고객님, 어떤 조건을 원하시나요?"
K씨 : "제 것과 친구에게 선물할 것 두 개를 사려고 하는데요, 두 개 모두 가볍고 배터리 사용시간이 좀 길었으면 합니다. 무게는 42g까지가 적당할 거 같고요, 저는 충전 시간이 짧으면서도 통화시간이 긴 제품을 원해요. 선물하려는 제품은요, 일주일에 한 번만 충전해도 통화시간이 16시간은 되어야 하고, 음악은 운동하면서 매일 하루 1시간씩만 들을 수 있으면 돼요. 스피커는 고감도인 게 더 낫겠죠."
점원 : "그럼 고객님께는 (   )모델을, 친구 분께 드릴 선물로는 (   )모델을 추천해 드립니다."

〈제품 사양서〉

구분	무게	충전시간	통화시간	음악재생시간	스피커 감도
A모델	40.0g	2.2H	15H	17H	92db
B모델	43.5g	2.5H	12H	14H	96db
C모델	38.4g	3.0H	12H	15H	94db
D모델	42.0g	2.2H	13H	18H	85db

※ A, B모델 : 통화시간 1시간 감소 시 음악재생시간 30분 증가

※ C, D모델 : 음악재생시간 1시간 감소 시 통화시간 30분 증가

49 다음 중 위 네 가지 모델에 대한 설명으로 옳은 것을 〈보기〉에서 모두 고르면?

〈보기〉

㈎ 충전시간 당 통화시간이 긴 제품일수록 음악재생시간이 길다.

㈏ 충전시간 당 통화시간이 5시간 이상인 것은 A, D모델이다.

㈐ A모델은 통화에, C모델은 음악재생에 더 많은 배터리가 사용된다.

㈑ B모델의 통화시간을 10시간으로 제한하면 음악재생시간을 C모델과 동일하게 유지할 수 있다.

① ㈎, ㈏

② ㈏, ㈑

③ ㈐, ㈑

④ ㈎, ㈐

 ㈎ 충전시간 당 통화시간은 A모델 6.8H > D모델 5.9H > B모델 4.8H > C모델 4.0H 순이다. 음악재생시간은 D모델 > A모델 > C모델 > B모델 순으로 그 순위가 다르다. (X)

㈏ 충전시간 당 통화시간이 5시간 이상인 것은 A모델 6.8H과 D모델 5.9H이다. (O)

㈐ 통화 1시간을 감소하여 음악재생 30분의 증가 효과가 있다는 것은 음악재생에 더 많은 배터리가 사용된다는 것을 의미하므로 A모델은 음악재생에, C모델은 통화에 더 많은 배터리가 사용된다. (X)

㈑ B모델은 통화시간 1시간 감소 시 음악재생시간 30분이 증가한다. 현행 12시간에서 10시간으로 통화시간을 2시간 감소시키면 음악재생시간이 1시간 증가하여 15시간이 되므로 C모델과 동일하게 된다. (O)

Answer ↪ 48.④ 49.②

50 다음 중 점원이 K씨에게 추천한 빈칸의 제품이 순서대로 올바르게 짝지어진 것은 어느 것인가?

	K씨	선물
①	C모델	A모델
②	C모델	D모델
③	A모델	C모델
④	A모델	B모델

 두 개의 제품 모두 무게가 42g 이하여야 하므로 B모델은 제외된다. K씨는 충전시간이 짧고 통화시간이 길어야 한다는 조건만 제시되어 있으므로 나머지 세 모델 중 A모델이 가장 적절하다.

친구에게 선물할 제품은 통화시간이 16시간이어야 하므로 통화시간을 더 늘릴 수 없는 A모델은 제외되어야 한다. 나머지 C모델, D모델은 모두 음악재생시간을 조절하여 통화시간을 16시간으로 늘릴 수 있으며 이때 음악재생시간 감소는 C, D모델이 각각 8시간(통화시간 4시간 증가)과 6시간(통화시간 3시간 증가)이 된다. 따라서 두 모델의 음악재생 가능시간은 15 − 8 = 7시간, 18 − 6 = 12시간이 된다. 그런데 일주일 1회 충전하여 매일 1시간씩의 음악을 들을 수 있으면 된다고 하였으므로 7시간 이상의 음악재생시간이 필요하지는 않으며, 7시간만 충족될 경우 고감도 스피커 제품이 더 낫다고 요청하고 있다. 따라서 D모델보다 C모델이 더 적절하다는 것을 알 수 있다.

03 수리능력

1 직장생활과 수리능력

(1) 기초직업능력으로서의 수리능력

① **개념** … 직장생활에서 요구되는 사칙연산과 기초적인 통계를 이해하고 도표의 의미를 파악하거나 도표를 이용해서 결과를 효과적으로 제시하는 능력을 말한다.

② 수리능력은 크게 기초연산능력, 기초통계능력, 도표분석능력, 도표작성능력으로 구성된다.
   - ㉠ **기초연산능력** : 직장생활에서 필요한 기초적인 사칙연산과 계산방법을 이해하고 활용할 수 있는 능력
   - ㉡ **기초통계능력** : 평균, 합계, 빈도 등 직장생활에서 자주 사용되는 기초적인 통계기법을 활용하여 자료의 특성과 경향성을 파악하는 능력
   - ㉢ **도표분석능력** : 그래프, 그림 등 도표의 의미를 파악하고 필요한 정보를 해석하는 능력
   - ㉣ **도표작성능력** : 도표를 이용하여 결과를 효과적으로 제시하는 능력

(2) 업무수행에서 수리능력이 활용되는 경우

① 업무상 계산을 수행하고 결과를 정리하는 경우

② 업무비용을 측정하는 경우

③ 고객과 소비자의 정보를 조사하고 결과를 종합하는 경우

④ 조직의 예산안을 작성하는 경우

⑤ 업무수행 경비를 제시해야 하는 경우

⑥ 다른 상품과 가격비교를 하는 경우

⑦ 연간 상품 판매실적을 제시하는 경우

⑧ 업무비용을 다른 조직과 비교해야 하는 경우

⑨ 상품판매를 위한 지역조사를 실시해야 하는 경우

⑩ 업무수행과정에서 도표로 주어진 자료를 해석하는 경우

⑪ 도표로 제시된 업무비용을 측정하는 경우

예제 1

다음 자료를 보고 주어진 상황에 대한 물음에 답하시오.

〈근로소득에 대한 간이 세액표〉

월 급여액(천 원) [비과세 및 학자금 제외]		공제대상 가족 수				
이상	미만	1	2	3	4	5
2,500	2,520	38,960	29,280	16,940	13,570	10,190
2,520	2,540	40,670	29,960	17,360	13,990	10,610
2,540	2,560	42,380	30,640	17,790	14,410	11,040
2,560	2,580	44,090	31,330	18,210	14,840	11,460
2,580	2,600	45,800	32,680	18,640	15,260	11,890
2,600	2,620	47,520	34,390	19,240	15,680	12,310
2,620	2,640	49,230	36,100	19,900	16,110	12,730
2,640	2,660	50,940	37,810	20,560	16,530	13,160
2,660	2,680	52,650	39,530	21,220	16,960	13,580
2,680	2,700	54,360	41,240	21,880	17,380	14,010
2,700	2,720	56,070	42,950	22,540	17,800	14,430
2,720	2,740	57,780	44,660	23,200	18,230	14,850
2,740	2,760	59,500	46,370	23,860	18,650	15,280

※ 갑근세는 제시되어 있는 간이 세액표에 따름
※ 주민세＝갑근세의 10%
※ 국민연금＝급여액의 4.50%
※ 고용보험＝국민연금의 10%
※ 건강보험＝급여액의 2.90%
※ 교육지원금＝분기별 100,000원(매 분기별 첫 달에 지급)

박○○ 사원의 5월 급여내역이 다음과 같고 전월과 동일하게 근무하였으나 특별수당은 없고 차량지원금으로 100,000원을 받게 된다면, 6월에 받게 되는 급여는 얼마인가? (단, 원 단위 절삭)

(주) 서원플랜테크 5월 급여내역			
성명	박○○	지급일	5월 12일
기본급여	2,240,000	갑근세	39,530
직무수당	400,000	주민세	3,950
명절 상여금		고용보험	11,970
특별수당	20,000	국민연금	119,700
차량지원금		건강보험	77,140
교육지원		기타	
급여계	2,660,000	공제합계	252,290
		지급총액	2,407,710

① 2,443,910
② 2,453,910
③ 2,463,910
④ 2,473,910

[출제의도]
업무상 계산을 수행하거나 결과를 정리하고 업무비용을 측정하는 능력을 평가하기 위한 문제로서, 주어진 자료에서 문제를 해결하는 데에 필요한 부분을 빠르고 정확하게 찾아내는 것이 중요하다.

[해설]

기본 급여	2,240,000	갑근세	46,370
직무 수당	400,000	주민세	4,630
명절 상여금		고용 보험	12,330
특별 수당		국민 연금	123,300
차량 지원금	100,000	건강 보험	79,460
교육 지원		기타	
급여계	2,740,000	공제 합계	266,090
		지급 총액	2,473,910

답 ④

(3) 수리능력의 중요성

① 수학적 사고를 통한 문제해결

② 직업세계의 변화에의 적응

③ 실용적 가치의 구현

(4) 단위환산표

구분	단위환산
길이	$1cm = 10mm$, $1m = 100cm$, $1km = 1,000m$
넓이	$1cm^2 = 100mm^2$, $1m^2 = 10,000cm^2$, $1km^2 = 1,000,000m^2$
부피	$1cm^3 = 1,000mm^3$, $1m^3 = 1,000,000cm^3$, $1km^3 = 1,000,000,000m^3$
들이	$1m\ell = 1cm^3$, $1d\ell = 100cm^3$, $1L = 1,000cm^3 = 10d\ell$
무게	$1kg = 1,000g$, $1t = 1,000kg = 1,000,000g$
시간	1분 = 60초, 1시간 = 60분 = 3,600초
할푼리	1푼 = 0.1할, 1리 = 0.01할, 1모 = 0.001할

예제 2

둘레의 길이가 4.4km인 정사각형 모양의 공원이 있다. 이 공원의 넓이는 몇 a인가?

① 12,100a

② 1,210a

③ 121a

④ 12.1a

[출제의도]

길이, 넓이, 부피, 들이, 무게, 시간, 속도 등 단위에 대한 기본적인 환산 능력을 평가하는 문제로서, 소수점 계산이 필요하며, 자릿수를 읽고 구분할 줄 알아야 한다.

[해설]

공원의 한 변의 길이는

$4.4 \div 4 = 1.1(km)$ 이고

$1km^2 = 10,000a$ 이므로

공원의 넓이는

$1.1km \times 1.1km = 1.21km^2$
$\qquad\qquad\qquad = 12,100a$

답 ①

2 수리능력을 구성하는 하위능력

(1) 기초연산능력

① **사칙연산** … 수에 관한 덧셈, 뺄셈, 곱셈, 나눗셈의 네 종류의 계산법으로 업무를 원활하게 수행하기 위해서는 기본적인 사칙연산뿐만 아니라 다단계의 복잡한 사칙연산까지도 수행할 수 있어야 한다.

② **검산** … 연산의 결과를 확인하는 과정으로 대표적인 검산방법으로 역연산과 구거법이 있다.
  - ㉠ **역연산** : 덧셈은 뺄셈으로, 뺄셈은 덧셈으로, 곱셈은 나눗셈으로, 나눗셈은 곱셈으로 확인하는 방법이다.
  - ㉡ **구거법** : 원래의 수와 각 자리 수의 합이 9로 나눈 나머지가 같다는 원리를 이용한 것으로 9를 버리고 남은 수로 계산하는 것이다.

■ 예제 3

다음 식을 바르게 계산한 것은?

$$1 + \frac{2}{3} + \frac{1}{2} - \frac{3}{4}$$

① $\dfrac{13}{12}$ ② $\dfrac{15}{12}$

③ $\dfrac{17}{12}$ ④ $\dfrac{19}{12}$

[출제의도]
직장생활에서 필요한 기초적인 사칙연산과 계산방법을 이해하고 활용할 수 있는 능력을 평가하는 문제로서, 분수의 계산과 통분에 대한 기본적인 이해가 필요하다.
[해설]
$$\frac{12}{12} + \frac{8}{12} + \frac{6}{12} - \frac{9}{12} = \frac{17}{12}$$

답 ③

---

(2) 기초통계능력

① **업무수행과 통계**
  - ㉠ **통계의 의미** : 통계란 집단현상에 대한 구체적인 양적 기술을 반영하는 숫자이다.
  - ㉡ **업무수행에 통계를 활용함으로써 얻을 수 있는 이점**
    - 많은 수량적 자료를 처리가능하고 쉽게 이해할 수 있는 형태로 축소
    - 표본을 통해 연구대상 집단의 특성을 유추
    - 의사결정의 보조수단
    - 관찰 가능한 자료를 통해 논리적으로 결론을 추출 · 검증

© 기본적인 통계치

- 빈도와 빈도분포 : 빈도란 어떤 사건이 일어나거나 증상이 나타나는 정도를 의미하며, 빈도분포란 빈도를 표나 그래프로 종합적으로 표시하는 것이다.
- 평균 : 모든 사례의 수치를 합한 후 총 사례 수로 나눈 값이다.
- 백분율 : 전체의 수량을 100으로 하여 생각하는 수량이 그중 몇이 되는가를 퍼센트로 나타낸 것이다.

② 통계기법

㉠ 범위와 평균

- 범위 : 분포의 흩어진 정도를 가장 간단히 알아보는 방법으로 최곳값에서 최젓값을 뺀 값을 의미한다.
- 평균 : 집단의 특성을 요약하기 위해 가장 자주 활용하는 값으로 모든 사례의 수치를 합한 후 총 사례 수로 나눈 값이다.
- 관찰값이 1, 3, 5, 7, 9일 경우 범위는 $9 - 1 = 8$이 되고, 평균은 $\dfrac{1+3+5+7+9}{5}$ $= 5$가 된다.

㉡ 분산과 표준편차

- 분산 : 관찰값의 흩어진 정도로, 각 관찰값과 평균값의 차의 제곱의 평균이다.
- 표준편차 : 평균으로부터 얼마나 떨어져 있는가를 나타내는 개념으로 분산값의 제곱근 값이다.
- 관찰값이 1, 2, 3이고 평균이 2인 집단의 분산은 $\dfrac{(1-2)^2 + (2-2)^2 + (3-2)^2}{3} = \dfrac{2}{3}$ 이고 표준편차는 분산값의 제곱근 값인 $\sqrt{\dfrac{2}{3}}$ 이다.

③ 통계자료의 해석

㉠ 다섯숫자요약

- 최솟값 : 원자료 중 값의 크기가 가장 작은 값
- 최댓값 : 원자료 중 값의 크기가 가장 큰 값
- 중앙값 : 최솟값부터 최댓값까지 크기에 의하여 배열했을 때 중앙에 위치하는 사례의 값
- 하위 25%값 · 상위 25%값 : 원자료를 크기 순으로 배열하여 4등분한 값

㉡ **평균값과 중앙값** : 평균값과 중앙값은 그 개념이 다르기 때문에 명확하게 제시해야 한다.

예제 4

인터넷 쇼핑몰에서 회원가입을 하고 디지털캠코더를 구매하려고 한다. 다음은 구입하고자 하는 모델에 대하여 인터넷 쇼핑몰 세 곳의 가격과 조건을 제시한 표이다. 표에 있는 모든 혜택을 적용하였을 때 디지털캠코더의 배송비를 포함한 실제 구매가격을 바르게 비교한 것은?

구분	A 쇼핑몰	B 쇼핑몰	C 쇼핑몰
정상가격	129,000원	131,000원	130,000원
회원혜택	7,000원 할인	3,500원 할인	7% 할인
할인쿠폰	5% 쿠폰	3% 쿠폰	5,000원
중복할인여부	불가	가능	불가
배송비	2,000원	무료	2,500원

① A<B<C
② B<C<A
③ C<A<B
④ C<B<A

[출제의도]
직장생활에서 자주 사용되는 기초적인 통계기법을 활용하여 자료의 특성과 경향성을 파악하는 능력이 요구되는 문제이다.

[해설]
㉠ A 쇼핑몰
• 회원혜택을 선택한 경우 : $129,000 - 7,000 + 2,000 = 124,000$(원)
• 5% 할인쿠폰을 선택한 경우 : $129,000 \times 0.95 + 2,000 = 124,550$
㉡ B 쇼핑몰 :
$131,000 \times 0.97 - 3,500 = 123,570$
㉢ C 쇼핑몰
• 회원혜택을 선택한 경우 : $130,000 \times 0.93 + 2,500 = 123,400$
• 5,000원 할인쿠폰을 선택한 경우 : $130,000 - 5,000 + 2,500 = 127,500$
∴ C<B<A

답 ④

---

(3) 도표분석능력

① 도표의 종류

  ㉠ **목적별** : 관리(계획 및 통제), 해설(분석), 보고

  ㉡ **용도별** : 경과 그래프, 내역 그래프, 비교 그래프, 분포 그래프, 상관 그래프, 계산 그래프

  ㉢ **형상별** : 선 그래프, 막대 그래프, 원 그래프, 점 그래프, 층별 그래프, 레이더 차트

② 도표의 활용

  ㉠ 선 그래프

  • 주로 시간의 경과에 따라 수량에 의한 변화 상황(시계열 변화)을 절선의 기울기로 나타내는 그래프이다.

  • 경과, 비교, 분포를 비롯하여 상관관계 등을 나타낼 때 쓰인다.

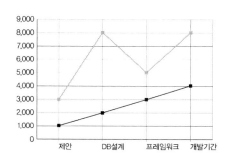

ⓛ 막대 그래프

• 비교하고자 하는 수량을 막대 길이로 표시하고 그 길이를 통해 수량 간의 대소관계를 나타내는 그래프이다.

• 내역, 비교, 경과, 도수 등을 표시하는 용도로 쓰인다.

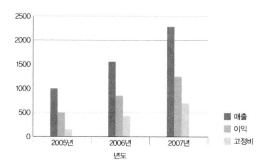

ⓒ 원 그래프

• 내역이나 내용의 구성비를 원을 분할하여 나타낸 그래프이다.

• 전체에 대해 부분이 차지하는 비율을 표시하는 용도로 쓰인다.

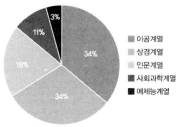

ⓔ 점 그래프
- 종축과 횡축에 2요소를 두고 보고자 하는 것이 어떤 위치에 있는가를 나타내는 그래프이다.
- 지역분포를 비롯하여 도시, 기방, 기업, 상품 등의 평가나 위치 · 성격을 표시하는데 쓰인다.

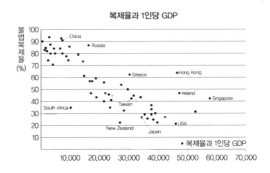

ⓜ 층별 그래프
- 선 그래프의 변형으로 연속내역 봉 그래프라고 할 수 있다. 선과 선 사이의 크기로 데이터 변화를 나타낸다.
- 합계와 부분의 크기를 백분율로 나타내고 시간적 변화를 보고자 할 때나 합계와 각 부분의 크기를 실수로 나타내고 시간적 변화를 보고자 할 때 쓰인다.

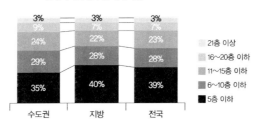

ⓗ 레이더 차트(거미줄 그래프)
- 원 그래프의 일종으로 비교하는 수량을 직경, 또는 반경으로 나누어 원의 중심에서의 거리에 따라 각 수량의 관계를 나타내는 그래프이다.
- 비교하거나 경과를 나타내는 용도로 쓰인다.

③ 도표 해석상의 유의사항

   ⊙ 요구되는 지식의 수준을 넓힌다.

   ⓒ 도표에 제시된 자료의 의미를 정확히 숙지한다.

   ⓒ 도표로부터 알 수 있는 것과 없는 것을 구별한다.

   ② 총량의 증가와 비율의 증가를 구분한다.

   ⑩ 백분위수와 사분위수를 정확히 이해하고 있어야 한다.

▌ 예제 5

다음 표는 2009 ~ 2010년 지역별 직장인들의 자기개발에 관해 조사한 내용을 정리한 것이다. 이에 대한 분석으로 옳은 것은?

(단위 : %)

연도 지역 \ 구분	2009				2010			
	자기 개발 하고 있음	자기개발 비용 부담 주체			자기 개발 하고 있음	자기개발 비용 부담 주체		
		직장 100%	본인 100%	직장50%+ 본인50%		직장 100%	본인 100%	직장50%+ 본인50%
충청도	36.8	8.5	88.5	3.1	45.9	9.0	65.5	24.5
제주도	57.4	8.3	89.1	2.9	68.5	7.9	68.3	23.8
경기도	58.2	12	86.3	2.6	71.0	7.5	74.0	18.5
서울시	60.6	13.4	84.2	2.4	72.7	11.0	73.7	15.3
경상도	40.5	10.7	86.1	3.2	51.0	13.6	74.9	11.6

① 2009년과 2010년 모두 자기개발 비용을 본인이 100% 부담하는 사람의 수는 응답자의 절반 이상이다.

② 자기개발을 하고 있다고 응답한 사람의 수는 2009년과 2010년 모두 서울시가 가장 많다.

③ 자기개발 비용을 직장과 본인이 각각 절반씩 부담하는 사람의 비율은 2009년과 2010년 모두 서울시가 가장 높다.

④ 2009년과 2010년 모두 자기개발을 하고 있다고 응답한 비율이 가장 높은 지역에서 자기개발비용을 직장이 100% 부담한다고 응답한 사람의 비율이 가장 높다.

[출제의도]

그래프, 그림, 도표 등 주어진 자료를 이해하고 의미를 파악하여 필요한 정보를 해석하는 능력을 평가하는 문제이다.

[해설]

② 지역별 인원수가 제시되어 있지 않으므로, 각 지역별 응답자 수는 알 수 없다.

③ 2009년에는 경상도에서, 2010년에는 충청도에서 가장 높은 비율을 보인다.

④ 2009년과 2010년 모두 '자기개발을 하고 있다'고 응답한 비율이 가장 높은 지역은 서울시이며, 2010년의 경우 자기개발 비용을 직장이 100% 부담한다고 응답한 사람의 비율이 가장 높은 지역은 경상도이다.

답 ①

(4) 도표작성능력

① 도표작성 절차

　㉠ 어떠한 도표로 작성할 것인지를 결정

　㉡ 가로축과 세로축에 나타낼 것을 결정

　㉢ 한 눈금의 크기를 결정

　㉣ 자료의 내용을 가로축과 세로축이 만나는 곳에 표현

　㉤ 표현한 점들을 선분으로 연결

　㉥ 도표의 제목을 표기

② 도표작성 시 유의사항

　㉠ 선 그래프 작성 시 유의점

　　• 세로축에 수량, 가로축에 명칭구분을 제시한다.

　　• 선의 높이에 따라 수치를 파악하는 경우가 많으므로 세로축의 눈금을 가로축보다 크게 하는 것이 효과적이다.

　　• 선이 두 종류 이상일 경우 반드시 그 명칭을 기입한다.

　㉡ 막대 그래프 작성 시 유의점

　　• 막대 수가 많을 경우에는 눈금선을 기입하는 것이 알아보기 쉽다.

　　• 막대의 폭은 모두 같게 하여야 한다.

　㉢ 원 그래프 작성 시 유의점

　　• 정각 12시의 선을 기점으로 오른쪽으로 그리는 것이 보통이다.

　　• 분할선은 구성비율이 큰 순서로 그린다.

　㉣ 층별 그래프 작성 시 유의점

　　• 눈금은 선 그래프나 막대 그래프보다 적게 하고 눈금선은 넣지 않는다.

　　• 층별로 색이나 모양이 완전히 다른 것이어야 한다.

　　• 같은 항목은 옆에 있는 층과 선으로 연결하여 보기 쉽도록 한다.

출제예상문제

1 다음은 기차가 터널을 지날 때, 각 구간을 무작위로 선정하여 통과하는 시간을 나타낸 자료이다. 기차가 터널을 완전히 통과하는데 60초가 걸렸을 때, 터널의 길이가 2,350m라면 기차의 길이는 몇 m인가?

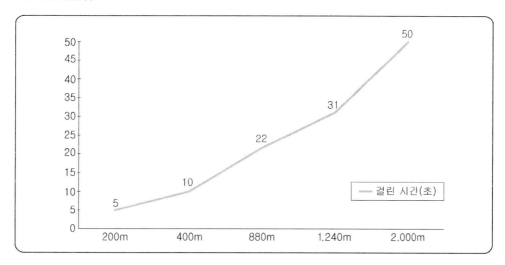

① 40
② 50
③ 60
④ 70

	200m	400m	880m	1,240m	2,000m
걸린 시간	5초	10초	22초	31초	50초

㉠ 각 구간의 속력은 $\dfrac{거리}{시간}=40m/초$이므로,

기차는 동일한 속력으로 달리고 있다는 것을 알 수 있다.

㉡ 기차의 속력은 $40m/초$이므로,

터널을 통과하는데 지나간 거리는 $40 \times 60 = 2,400m$이다.

㉢ 터널의 길이가 $2,350m$인데 기차는 $2,400m$를 달려 터널을 통과했으므로,

기차의 길이는 $2400 - 2350 = 50m$이다.

Answer ┌→ 1.②

|2~3| 다음은 세 종류의 소금물에 대한 자료이다. 물음에 답하시오.

〈소금물의 소금과 농도〉

(단위 : g, %)

	A	B	C
소금물	120	㉠	㉢
소금		㉡	㉣
농도	30	40	34

2 소금물 A와 B를 섞어 C를 만들었다면, ㉠의 값으로 적절한 것은?

① 60
② 70
③ 80
④ 90

 • A의 소금의 양은 $120 \times 0.3 = 36g$

• B의 소금물의 양을 x라 할 때, 들어있는 소금의 양은 $x \times 0.4 = 0.4x$

• A와 B를 섞었을 때의 농도는 $\dfrac{36 + 0.4x}{120 + x} \times 100 = 34\%$, ∴ $x = 80$

따라서 B의 소금물의 양 ㉠은 $80g$이다.

3 다음 중 ㉡+㉣의 값으로 적절한 것은?

① 100
② 110
③ 120
④ 130

 • ㉡=㉠$\times 0.4 = 80 \times 0.4 = 32$

• ㉣=㉢$\times 0.34 = ($소금물A$+$소금물B$) \times 0.34 = (120 + 80) \times 0.34 = 68$

따라서 $32 + 68 = 100$

4 다음은 2010 ~ 2017년 서원기업의 콘텐츠 유형별 매출액에 관한 자료이다. 이에 대한 설명으로 옳지 않은 것은?

(단위 : 백만 원)

연도 \ 유형	게임	음원	영화	SNS	전체
2010	235	108	371	30	744
2011	144	175	355	45	719
2012	178	186	391	42	797
2013	269	184	508	59	1,020
2014	485	199	758	58	1,500
2015	470	302	1,031	308	2,111
2016	603	411	1,148	104	2,266
2017	689	419	1,510	341	2,959

① 2012년 이후 매출액이 매년 증가한 콘텐츠 유형은 영화뿐이다.

② 2017년에 전년대비 매출액 증가율이 가장 큰 콘텐츠 유형은 SNS이다.

③ 영화 매출액은 매년 전체 매출액의 40% 이상이다.

④ 2014 ~ 2017년 동안 매년 게임 매출액은 음원 매출액의 2배 이상이다.

 2014 ~ 2017년 동안 게임 매출액이 음원 매출액의 2배 이상인 경우는 2014년 한 번 뿐이며, 그 외의 기간 동안에는 모두 2배에 미치지 못하고 있다.

① 게임은 2015년에. 음원은 2013년에, SNS는 2014년과 2016년에 각각 전년대비 매출액이 감소한 반면, 영화는 유일하게 매년 매출액이 증가하고 있다.

② 2017년 SNS 매출액은 341백만 원으로 전년도의 104백만 원의 3배 이상이나 되는 반면, 다른 콘텐츠의 매출액은 전년도의 2배에도 미치지 못하고 있으므로 SNS의 전년대비 매출액 증가율이 가장 크다.

③ 영화 매출액의 비중을 일일이 계산하지 않더라도 매년 영화 매출액은 전체 매출액의 절반에 육박하고 있다는 점을 확인한다면 전체의 40% 이상을 차지한다는 것도 쉽게 알 수 있다.

Answer 2.③ 3.① 4.④

5 다음은 2008 ~ 2017년 5개 자연재해 유형별 피해금액에 관한 자료이다. 이에 대한 설명으로 옳은 것만을 모두 고른 것은?

〈5개 자연재해 유형별 피해금액〉

(단위 : 억 원)

유형＼연도	2008	2009	2010	2011	2012	2013	2014	2015	2016	2017
태풍	3,416	1,385	118	1,609	9	0	1,725	2,183	8,765	17
호우	2,150	3,520	19,063	435	581	2,549	1,808	5,276	384	1,581
대설	6,739	5,500	52	74	36	128	663	480	204	113
강풍	0	93	140	69	11	70	2	0	267	9
풍랑	0	0	57	331	0	241	70	3	0	0
전체	12,305	10,498	19,430	2,518	637	2,988	4,268	7,942	9,620	1,720

㉠ 2008 ~ 2017년 강풍 피해금액 합계는 풍랑 피해금액 합계보다 적다.

㉡ 2016년 태풍 피해금액은 2016년 5개 자연재해 유형 전체 피해금액의 90% 이상이다.

㉢ 피해금액이 매년 10억 원보다 큰 자연재해 유형은 호우 뿐이다.

㉣ 피해금액이 큰 자연재해 유형부터 순서대로 나열하면 2014년과 2015년의 순서는 동일하다.

① ㉠㉡
② ㉠㉢
③ ㉢㉣
④ ㉠㉡㉣

 ㉠ 주어진 기간 동안 강풍 피해금액과 풍랑 피해금액의 합계를 각각 계산하여 비교하기 보다는 소거법을 이용하여 비교하는 것이 좋다. 비슷한 크기의 값들을 서로 비교하여 소거한 뒤 남은 값들의 크기를 비교해주는 것으로 2013년 강풍과 2014년 풍랑 피해금액이 70억 원으로 동일하고 2009, 2010, 2012년 강풍 피해금액의 합 244억 원과 2013년 풍랑 피해금액 241억 원이 비슷하다. 또한 2011, 2016년 강풍 피해금액의 합 336억 원과 2011년 풍랑 피해금액 331억 원이 비슷하다. 이 값들을 소거한 뒤 남은 값들을 비교해보면 강풍 피해금액의 합계가 풍랑 피해금액의 합계보다 더 작다는 것을 알 수 있다.

㉡ 2016년 태풍 피해금액이 2016년 5개 자연재해 유형 전체 피해금액의 90% 이상이라는 것은 즉, 태풍을 제외한 나머지 4개 유형 피해금액의 합이 전체 피해금액의 10% 미만이라는 것을 의미한다. 2016년 태풍을 제외한 나머지 4개 유형 피해금액의 합을 계산하면 전체 피해금액의 10% 밖에 미치지 못함을 알 수 있다.

㉢ 피해금액이 매년 10억 원보다 큰 자연재해 유형은 호우, 대설이 있다.

㉣ 피해금액이 큰 자연재해 유형부터 순서대로 나열하면 2014년 호우, 태풍, 대설, 풍랑, 강풍이며 이 순서는 2015년의 순서와 동일하다.

6 다음은 ○○발전회사의 연도별 발전량 및 신재생에너지 공급현황에 대한 자료이다. 이에 대한 설명으로 옳은 것만을 바르게 짝지은 것은?

〈○○발전회사의 연도별 발전량 및 신재생에너지 공급 현황〉

구분	연도	2015	2016	2017
발전량(GWh)		55,000	51,000	52,000
신재생에너지	공급의무율(%)	1.4	2.0	3.0
	자체공급량(GWh)	75	380	690
	인증서구입량(GWh)	15	70	160

※ 공급의무율 $= \dfrac{공급의무량}{발전량} \times 100$

※ 이행량(GWh)=자체공급량+인증서구입량

ⓙ 공급의무량은 매년 증가한다.

ⓛ 2015년 대비 2017년 자체공급량의 증가율은 2015년 대비 2017년 인증서구입량의 증가율보다 작다.

ⓒ 공급의무량과 이행량의 차이는 매년 증가한다.

ⓡ 이행량에서 자체공급량이 차지하는 비중은 매년 감소한다.

---

① ⓙⓛ

② ⓙⓒ

③ ⓒⓡ

④ ⓙⓛⓡ

ⓙ 2016년부터 2017년에는 발전량과 공급의무율 모두 증가하였으므로 공급의무량 역시 증가하였을 것이다. 2015년과 2016년만 비교해보면 2015년의 공급의무량은 770이고 2016년의 공급의무량은 1,020이므로 2016년의 공급의무량이 더 많다.

ⓛ 인증서구입량은 2015년 15GWh에서 2017년에 160GWh로 10배 넘었지만, 같은 기간 자체공급량은 75GWh에서 690GWh로 10배를 넘지 못하였다. 따라서, 자체공급량의 증가율이 인증서구입량의 증가율보다 작다.

ⓒ 각 연도별로 공급의무량과 이행량 및 이 둘의 차이를 계산하면
- 공급의무량=공급의무율×발전량
  - 2015년 = 55,000×0.014 = 770
  - 2016년 = 51,000×0.02 = 1,020
  - 2017년 = 52,000×0.03 = 1,560
- 이행량=자체공급량+인증서구입량
  - 2015년 = 75+15 = 90
  - 2016년 = 380+70 = 450
  - 2017년 = 690+160 = 850

Answer 5.④ 6.①

• 공급의무량과 이행량의 차이

　－2015년＝770－90＝680

　－2016년＝1,020－450＝570

　－2017년＝1,560－850＝710

2016년의 경우 전년에 비하여 공급의무량과 이행량의 차이가 감소한다.

ⓒ 이행량은 자체공급량과 인증서구입량의 합으로 구하므로 이행량에서 자체공급량이 차지하는 비중 대신에 인증서구입량 대비 자체공급량의 배율로 바꾸어 생각해보면

2015년＝$\frac{75}{15}$＝5, 2016년＝$\frac{380}{70}$＝5.4, 2017년＝$\frac{690}{160}$＝4.3

2016년에는 값이 5를 초과하지만 2017년에는 5 미만이 된다. 그러므로 2016년에서 2017년으로 갈 때 이행량에서 자체공급량이 차지하는 비중은 2016년에는 증가, 2017에는 감소하였다.

7 다음은 학생들의 시험성적에 관한 자료이다. 순위산정방식을 이용하여 순위를 산정할 경우 옳은 설명만으로 바르게 짝지어진 것은?

〈학생들의 시험성적〉

(단위 : 점)

학생 ＼ 과목	국어	영어	수학	과학
미연	75	85	90	97
수정	82	83	79	81
대현	95	75	75	85
상민	89	70	91	90

〈순위산정방식〉

• A방식 : 4개 과목의 총점이 높은 학생부터 순서대로 1, 2, 3, 4위로 하되, 4개 과목의 총점이 동일한 학생의 경우 국어 성적이 높은 학생을 높은 순위로 한다.

• B방식 : 과목별 등수의 합이 작은 학생부터 순서대로 1, 2, 3, 4위로 하되, 과목별 등수의 합이 동일한 학생의 경우 A방식에 따라 산정한 순위가 높은 학생을 높은 순위로 한다.

• C방식 : 80점 이상인 과목의 수가 많은 학생부터 순서대로 1, 2, 3, 4위로 하되, 80점 이상인 과목의 수가 동일한 학생의 경우 A방식에 따라 산정한 순위가 높은 학생은 높은 순위로 한다.

⊙ A방식과 B방식으로 산정한 대현의 순위는 동일하다.

⊙ C방식으로 산정한 상민의 순위는 2위이다.

⊙ 상민의 과학점수만 95점으로 변경된다면, B방식으로 산정한 미연의 순위는 2위가 된다.

① ㉠　　　　　　　　　　　　　② ㉡

③ ㉢　　　　　　　　　　　　　④ ㉠㉡

 A방식

구분	미연	수정	대현	상민
총점	347	325	330	340
순위	1	4	3	2

B방식

구분	미연	수정	대현	상민
등수의 합	8	12	11	9
순위	1	4	3	2

C방식

구분	미연	수정	대현	상민
80점 이상 과목 수	3	3	2	3
순위	1	3	4	2

Answer ⌐→ 7.④

8 서원이는 2017년 1월 전액 현금으로만 다음 표와 같이 지출하였다. 만약 서원이가 2017년 1월에 A ~ C 신용카드 중 하나만을 발급받아 할인 전 금액이 표와 동일하도록 그 카드로만 지출하였다면 신용카드별 할인혜택에 근거한 할인 후 예상청구액이 가장 적은 카드부터 순서대로 바르게 나열한 것은?

〈표〉 2017년 1월 지출내역

(단위 : 만 원)

분류	세부항목		금액	합계
교통비	버스 · 지하철 요금		8	20
	택시 요금		2	
	KTX 요금		10	
식비	외식비	평일	10	30
		주말	5	
	카페 지출액		5	
	식료품 구입비	대형마트	5	
		재래시장	5	
의류구입비	온라인		15	30
	오프라인		15	
여가 및 자기계발비	영화관람료(1만 원/회×2회)		2	30
	도서구입비 (2만 원/권×1권, 1만5천 원/권×2권, 1만 원/권×3권)		8	
	학원 수강료		20	

〈신용카드별 할인혜택〉

○ A 신용카드
• 버스, 지하철, KTX 요금 20% 할인(단, 할인액의 한도는 월 2만 원)
• 외식비 주말 결제액 5% 할인
• 학원 수강료 15% 할인
• 최대 총 할인한도액은 없음
• 연회비 1만 5천 원이 발급 시 부과되어 합산됨

○ B 신용카드
- 버스, 지하철, KTX 요금 10% 할인(단, 할인액의 한도는 월 1만 원)
- 온라인 의류구입비 10% 할인
- 도서구입비 권당 3천 원 할인(단, 권당 가격이 1만 2천 원 이상인 경우에만 적용)
- 최대 총 할인한도액은 월 3만 원
- 연회비 없음
○ C 신용카드
- 버스, 지하철, 택시 요금 10% 할인(단, 할인액의 한도는 월 1만 원)
- 카페 지출액 10% 할인
- 재래시장 식료품 구입비 10% 할인
- 영화관람료 회당 2천 원 할인(월 최대 2회)
- 최대 총 할인한도액은 월 4만 원
- 연회비 없음

※ 할부나 부분청구는 없으며, A∼C 신용카드는 매달 1일부터 말일까지의 사용분에 대하여 익월 청구됨

① A - B - C
② A - C - B
③ B - A - C
④ B - C - A

 (Tip) 신용카드별 할인내역 및 예상청구액

	할인내역	예상청구액
A 신용카드	• 교통비 : 200,000×0.2=40,000(월 한도 20,000원) • 외식비 : 50,000×0.05=2,500 • 학원수강료 : 200,000×0.15=30,000 ∴ 할인 합계 : 20,000+2,500+30,000=52,500 * 연회비는 지불해야하는 비용이므로, ∴ 최종 할인 합계 : 52,500-15,000=37,500원	1,100,000-37,500 =1,062,500원
B 신용카드	• 교통비 : 200,000×0.1=20,000(월 한도 10,000원) • 온라인 의류구입비 : 150,000×0.1=15,000 • 도서구입비 : 3×3,000=9,000 ∴ 할인 합계 : 10,000+15,000+9,000=34,000 　(월 한도 30,000원)	1,100,000-30,000 =1,070,000원
C 신용카드	• 교통비 : 200,000×0.1=20,000(월 한도 10,000원) • 카페 지출액 : 50,000×0.1=5,000 • 재래시장 식료품 구입비 : 50,000×0.1=5,000 • 영화관람료 : 2×2,000=4,000 ∴ 할인 합계 : 10,000+5,000+5,000+4,000=24,000원	1,100,000-24,000 =1,076,000원

Answer 8.①

9 다음은 'A'국의 4대 유통업태의 성별, 연령대별, 구매액 비중에 관한 자료이다. 이에 대한 설명으로 옳은 것들로만 바르게 짝지어진 것은?

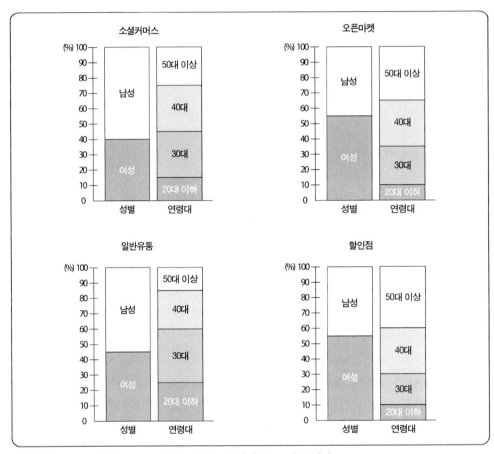

※ 유통업태는 소셜커머스, 오픈마켓, 일반유통, 할인점으로만 구성됨

ㄱ 유통업태별 전체 구매액 중 50대 이상 연령대의 구매액 비중이 가장 큰 유통업태는 할인점이다.

ㄴ 유통업태별 전체 구매액 중 여성의 구매액 비중이 남성보다 큰 유통업태 각각에서는 40세 이상의 구매액 비중이 60% 이상이다.

ㄷ 4대 유통업태 각각에서 50대 이상 연령대의 구매액 비중은 20대 이하보다 크다.

ㄹ 유통업태별 전체 구매액 중 40세 미만의 구매액 비중이 50% 미만인 유통업태에서는 여성의 구매액 비중이 남성보다 크다.

---

① ㄱㄴ

② ㄱㄷ

③ ㄴㄷ

④ ㄱㄴㄹ

㉠ 연령대 그래프 길이를 비교하면 할인점의 50대 이상이 약 40%로 다른 유통업태에 비교 했을 때 가장 길다.

㉡ 여성의 비중이 남성보다 많은 유통업태는 오픈마켓과 할인점으로 40대 이상의 비중은 둘 다 약 70%이다.

㉢ 일반유통의 경우 20대 이하의 구매액 비중이 50대 이상의 비중보다 크다.

㉣ 40대 미만의 구매액 비중이 50% 미만인 유통업태는 소셜커머스, 오픈마켓, 할인점이다. 이들의 여성 구매액 비중을 보면 소셜커머스에서 남성의 비중이 여성의 비중보다 크다.

10 야산 한 쪽에 태양광 설비 설치를 위해 필요한 부품을 트럭에서 내려 설치 장소까지 리어카를 이용하여 시속 4km로 이동한 K씨는 설치 후 트럭이 있는 곳까지 시속 8km의 속도로 다시 돌아왔다. 처음 트럭을 출발하여 작업을 마치고 다시 트럭의 위치로 돌아오니 총 4시간이 걸렸다. 작업에 소요된 시간이 1시간 30분이라면, 트럭에서 태양광 설치 장소까지의 거리는 얼마인가? (거리는 반올림하여 소수 둘째 자리까지 표시함)

① 약 4.37km

② 약 4.95km

③ 약 5.33km

④ 약 6.67km

 '거리=시간×속력'을 이용하여 계산할 수 있다.

총 4시간의 소요 시간 중 작업 시간 1시간 30분을 빼면, 왕복 이동한 시간은 2시간 30분이 된다. 트럭에서 태양광 설치 장소까지의 거리를 x km라고 하면, 시속 4km로 이동한 거리 와 시속 8km로 되돌아 온 거리 모두 x km가 된다.

따라서 거리=시간×속력 → 시간=거리÷속력 공식을 이용하여, 2시간 30분은 2.5시간이므 로 2.5=(x÷4)+(x÷8)이 성립하게 된다.

이것을 풀면, 2.5=x/4+x/8 → 2.5=3/8x → x=2.5×8/3=6.666... → 약 6.67km가 된다.

11 다음은 '갑'국의 2004 ~ 2017년 알코올 관련 질환 사망자 수에 대한 자료이다. 이에 대한 설명으로 옳은 것은?

(단위 : 명)

연도 \ 구분	남성		여성		전체	
	사망자 수	인구 10만 명당 사망자 수	사망자 수	인구 10만 명당 사망자 수	사망자 수	인구 10만 명당 사망자 수
2004	2,542	10.7	156	0.7	2,698	5.9
2005	2,870	11.9	199	0.8	3,069	6.3
2006	3,807	15.8	299	1.2	4,106	8.4
2007	4,400	18.2	340	1.4	4,740	9.8
2008	4,674	19.2	374	1.5	5,048	10.2
2009	4,289	17.6	387	1.6	4,676	9.6
2010	4,107	16.8	383	1.6	4,490	9.3
2011	4,305	17.5	396	1.6	4,701	9.5
2012	4,243	17.1	400	1.6	4,643	9.3
2013	4,010	16.1	420	1.7	4,430	8.9
2014	4,111	16.5	424	1.7	( )	9.1
2015	3,996	15.9	497	2.0	4,493	9.0
2016	4,075	16.2	474	1.9	( )	9.1
2017	3,955	15.6	521	2.1	4,476	8.9

※ 인구 10만 명당 사망자 수는 소수점 아래 둘째 자리에서 반올림한 값이다.

① 2014년과 2016년의 전체 사망자 수는 같다.

② 여성 사망자 수는 매년 증가한다.

③ 매년 남성 인구 10만 명당 사망자 수는 여성 인구 10만 명당 사망자 수의 8배 이상이다.

④ 남성 인구 10만 명당 사망자 수가 가장 많은 해의 전년대비 남성 사망자 수 증가율은 5% 이상이다.

 ① 2014년 전체 사망자 수는 4,111+424＝4,535명이고, 2016년 전체 사망자 수는 4,075+474 ＝4,549명이다.

② 2010년과 2016년에는 전년대비 감소하였다.

③ 2015년과 2017년에는 각각 7.95배, 7.43배 차이가 난다.

④ 남성 인구 10만 명당 사망자 수가 가장 많은 해는 2008년으로 전년대비 사망자 수 증가율은 6.2%이다.

※ 전년대비 증가율＝(후년÷전년−1)×100(%)

┃12~13┃ 다음은 윤주네 가족 관계에 대한 자료이다. 물음에 답하시오.

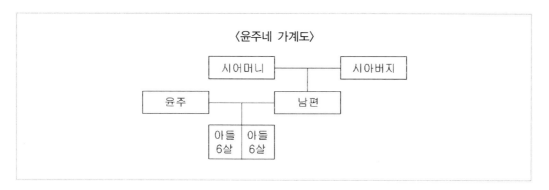

〈윤주네 가계도〉

12 다음 조건에 따를 때, 윤주와 시아버지의 나이 차이는?

> ㉠ 2년 전 쌍둥이 아들 나이의 합은 현재 윤주 나이의 1/3에 해당한다.
> ㉡ 시아버지의 나이는 손자 나이의 10배에 해당한다.

① 33　　　　　　　　　　　② 34

③ 35　　　　　　　　　　　④ 36

 ㉠ 2년 전 쌍둥이 아들 나이의 합은 4+4=8이므로,
현재 윤주 나이는 8×3=24살
㉡ 시아버지의 나이는 6×10=60살
따라서 둘의 나이 차이는 60−24=36

13 다음 조건에 따를 때, 시어머니의 나이는?

> ㉠ 5년 후 남편의 나이는 시아버지와 30년 차이가 난다.
> ㉡ 시어머니의 나이는 윤주와 남편의 나이의 합보다 4살이 적다.

① 45　　　　　　　　　　　② 50

③ 55　　　　　　　　　　　④ 60

 ㉠ 남편의 나이는 60−30=30살
㉡ 시어머니의 나이는 24+30−4=50살

Answer ↱ 11.④　12.④　13.②

|14~15| 다음은 진법에 대한 자료이다. 물음에 답하시오.

〈10진법〉

10진법은 수의 자리가 왼쪽으로 하나씩 올라감에 따라 자리의 값이 10배씩 커지는 수의 표시법이다. 십진법의 수를 10의 거듭제곱을 써서 십진법의 전개식으로 나타내면 자세한 수의 구성을 이해할 수 있다.

[예 : $5424 = 5 \times 10^3 + 4 \times 10^2 + 2 \times 10^1 + 4 \times 10^0$]

〈5진법〉

수의 자리가 왼쪽으로 하나씩 올라감에 따라 자리의 값이 5배씩 커지는 수의 표시법으로 오진법의 수는 0, 1, 2, 3, 4의 다섯 개의 숫자를 사용하여 나타낸다.

[예 : $312_{(5)} = 3 \times 5^2 + 1 \times 5^1 + 2 \times 5^0$]

〈2진법〉

2진법은 수의 자리가 왼쪽으로 하나씩 올라감에 따라 자리의 값이 2배씩 커지는 수의 표시법을 이진법이라고 한다. 이진법의 수에서는 0, 1의 두 개의 숫자만을 사용하기 때문에 매우 쉽게 수를 나타낼 수 있다.

[예 : $1001_{(2)} = 1 \times 2^3 + 0 \times 2^2 + 0 \times 2^1 + 1 \times 2^0$]

14 다음 주어진 값의 실제 수의 곱은?

| • $10001_{(2)}$ | • $1220_{(5)}$ |

① 1154　　　　　　　　　　② 2451

③ 3145　　　　　　　　　　④ 4532

　㉠ $1 \times 2^4 + 0 \times 2^3 + 0 \times 2^2 + 0 \times 2^1 + 1 \times 2^0 = 17$
　㉡ $1 \times 5^3 + 2 \times 5^2 + 2 \times 5^1 + 0 \times 5^0 = 185$
　∴ $17 \times 185 = 3145$

15 다음 주어진 값의 실제 수의 차이는?

> • $11100_{(2)}$ • $2211_{(5)}$

① 258 ② 268

③ 278 ④ 288

> • $1 \times 2^4 + 1 \times 2^3 + 1 \times 2^2 + 0 \times 2^1 + 0 \times 2^0 = 28$
> • $2 \times 5^3 + 2 \times 5^2 + 1 \times 5^1 + 1 \times 5^0 = 306$
> ∴ $306 - 28 = 278$

16 다음 〈표〉는 A은행 ○○지점 직원들의 지난 달 상품 신규 가입 실적 현황을 나타낸 자료이다. 이에 대한 설명 중 옳은 것을 모두 고르면?

〈표〉 A은행 ○○지점 직원별 상품 신규 가입 실적 현황

구분＼직원	A	B	C	D	E	F
성별	남	남	여	남	여	남
실적(건)	0	2	6	4	8	10

> ㉠ 직원들의 평균 실적은 5건이다.
> ㉡ 남자면서 실적이 5건 이상인 직원 수는 전체 남자 직원 수의 50% 이상이다.
> ㉢ 실적이 2건 이상인 남자 직원의 수는 실적이 4건 이상인 여자 직원의 수의 2배 이상이다.
> ㉣ 여자 직원이거나 실적이 7건 이상인 직원 수는 전체 직원 수의 50% 이상이다.

① ㉠, ㉡ ② ㉠, ㉢

③ ㉠, ㉣ ④ ㉡, ㉢

> ㉠ 직원들의 평균 실적은 $\frac{2+6+4+8+10}{6} = 5$건이다.
> ㉣ 여자 직원이거나 실적이 7건 이상인 직원은 C, E, F로 전체 직원 수의 50%이다.
> ㉡ 남자이면서 실적이 5건 이상인 직원은 F뿐이므로 전체 남자 직원 수의 25%이다.
> ㉢ 실적이 2건 이상인 남자 직원은 B, D, F이고, 실적이 4건 이상인 여자 직원은 C, E이다.

Answer ↪ 14.③ 15.③ 16.③

17 다음은 최근 10년 동안 우리나라의 칠레산 농축산물 수입액 추이를 나타낸 표이다. 2008년 대비 2013년의 임산물 수입액의 증가율은?

(단위 : 천 달러, %)

구분	2003년	2008년	2012년	2013년
농산물	21,825(0.4)	109,052(0.8)	222,161(1.2)	268,655(1.4)
포도	13,656(35.1)	64,185(58.2)	117,935(60.3)	167,016(71.1)
키위	1,758(7.8)	3,964(6.9)	12,391(18.5)	11,998(27.6)
축산물	30,530(1.4)	92,492(2.8)	135,707(2.9)	114,442(2.4)
돼지고기	30,237(15.4)	89,508(10.2)	125,860(10.4)	102,477(11.2)
임산물	16,909(0.9)	37,518(1.3)	355,332(5.9)	398,595(6.1)
합계	69,264(0.7)	239,062(1.2)	713,200(2.4)	781,692(2.6)

※ 괄호 안의 숫자는 우리나라 총 수입에서 칠레산이 차지하는 비율이다.

① 약 914%

② 약 962%

③ 약 1031%

④ 약 1097%

 (Tip) $\dfrac{398595 - 37518}{37518} \times 100 ≒ 962\%$

18 다음 자료를 참고할 때, 산림율이 가장 큰 국가부터 순서대로 알맞게 나열된 것은 어느 것인가? (모든 수치는 반올림하여 소수 첫째 자리까지 표시함)

(단위: 만 명, 명/km^2)

국가	인구수	인구밀도	산림 인구밀도
갑	1,200	24	65
을	1,400	36	55
병	2,400	22	30
정	3,500	40	85

* 인구밀도=인구수÷국토 면적

* 산림 인구밀도=인구수÷산림 면적

* 산림율=산림 면적÷국토 면적×100

① 병 – 을 – 정 – 갑

② 을 – 병 – 정 – 갑

③ 병 – 을 – 갑 – 정

④ 병 – 정 – 을 – 갑

(Tip) 주어진 산식에 의하여 국토 면적, 산림 면적, 산림율을 확인해 보면 다음 표와 같다.

(단위: 만 명, 명/km^2)

국가	인구수	인구밀도	산림 인구밀도	국토 면적	산림 면적	산림율
갑	1,200	24	65	1,200÷24=50	1,200÷65=18.5	18.5÷50×100=37%
을	1,400	36	55	1,400÷36=38.9	1,400÷55=25.5	25.5÷38.9×100=65.6%
병	2,400	22	30	2,400÷22=109.1	2,400÷30=80	80÷109.1×100=73.3%
정	3,500	40	85	3,500÷40=87.5	3,500÷85=41.2	41.2÷87.5×100=47.1%

따라서 산림율이 가장 큰 국가는 병 – 을 – 정 – 갑국의 순이다.

Answer⤵ 17.② 18.①

■ 19~20 ■ 다음의 상품설명서를 읽고 물음에 답하시오.

<table>
<tbody>
<tr><td colspan="3" align="center">〈거래 조건〉</td></tr>
<tr><td colspan="2" align="center">구분</td><td align="center">금리</td></tr>
<tr><td rowspan="3">적용금리</td><td>모집기간 중</td><td>큰 만족 실세예금 1년 고시금리</td></tr>
<tr><td>계약기간 중 중도해지</td><td>없음</td></tr>
<tr><td>만기 후</td><td>원금의 연 0.10%</td></tr>
<tr><td rowspan="4">중도해지 수수료율
(원금기준)</td><td>예치기간 3개월 미만</td><td>개인 원금의 0.38%
법인 원금의 0.38%</td></tr>
<tr><td>예치기간 3개월 이상~6개월 미만</td><td>개인 원금의 0.29%
법인 원금의 0.30%</td></tr>
<tr><td>예치기간 6개월 이상~9개월 미만</td><td>개인 원금의 0.12%
법인 원금의 0.16%</td></tr>
<tr><td>예치기간 9개월 이상~12개월 미만</td><td>원금의 0.10%</td></tr>
<tr><td>이자지급방식</td><td colspan="2">만기일시지급식</td></tr>
<tr><td>계약의 해지</td><td colspan="2">영업점에서 해지 가능</td></tr>
</tbody>
</table>

〈유의사항〉
• 예금의 원금보장은 만기 해지 시에만 적용된다.
• 이 예금은 분할해지 할 수 없으며 중도해지 시 중도해지수수료 적용으로 원금손실이 발생할 수 있다. (중도해지수수료는 '가입금액×중도해지수수료율'에 의해 결정)
• 이 예금은 예금기간 중 지수가 목표지수변동률을 넘어서 지급금리가 확정되더라도 이자는 만기에만 지급한다.
• 지수상승에 따른 수익률(세전)은 실제 지수상승률에도 불구하고 연 4.67%를 최대로 한다.

19 석준이는 개인이름으로 최초 500만 원의 원금을 가지고 이 상품에 가입했다가 불가피한 사정으로 5개월 만에 중도해지를 했다. 이때 석준이의 중도해지 수수료는 얼마인가?

① 6,000원   ② 8,000원

③ 14,500원   ④ 15,000원

 5,000,000×0.0029=14,500원

20 상원이가 이 예금에 가입한 후 증시 호재로 인해 지수가 약 29% 상승하였다. 이 경우 상원이의 최대 수익률은 연 몇 %인가? (단, 수익률은 세전으로 한다)

① 연 1.35% ② 연 4.67%

③ 연 14.5% ④ 연 21%

 〈유의사항〉에 "지수상승에 따른 수익률(세전)은 실제 지수상승률에도 불구하고 연 4.67%를 최대로 한다."고 명시되어있다.

21 다음은 어느 캠핑 장비 업체에서 제공하는 렌탈 비용이다. 이에 대한 설명 중 옳지 않은 것은? (단, 연장은 30분 단위로만 가능하다.)

종류 ＼ 요금	기본 요금	연장 요금
A세트	1시간 15,000원	초과 30분당 1,000원
B세트	3시간 17,000원	초과 30분당 1,300원

① 렌트 시간이 5시간이라면, B세트가 A세트보다 더 저렴하다.

② 렌트 시간이 6시간을 초과한다면, B세트가 A세트보다 더 저렴하다.

③ 렌트 시간이 3시간 30분이라면, B세트가 A세트보다 더 저렴하다.

④ B세트의 연장 요금을 30분당 2,000원으로 인상한다면, 4시간 사용 시 A세트와 B세트의 요금은 동일하다.

 ② 6시간 30분 기준, A세트의 요금은 26,000원, B세트의 요금은 26,100원이다.
① 5시간 기준, A세트의 요금은 23,000원, B세트의 요금은 22,200원이다.
③ 3시간 30분 기준, A세트의 요금은 20,000원, B세트의 요금은 18,300원이다.
④ 4시간 기준, A세트의 요금은 21,000원, B세트의 요금은 21,000원이다.

22 다음은 A대학 졸업자 중 취업자의 고용형태별 직장유형에 대한 자료이다. 이에 대한 설명으로 옳지 않은 것은?

(단위 : %)

직장유형＼고용형태	전체	정규직	비정규직
대학	31.2	9.3	80.3
사기업	28.9	42.2	7.3
공기업	20.4	38.1	2.1
지자체	2.1	2.5	1.6
연구소	8.2	5.5	4.3
기타	9.2	2.4	4.4
계	100.0	100.0	100.0

① 사기업의 정규직 대비 비정규직 비율의 차이는 5배 이상이다.

② 연구소 취업자 중 성비는 여성이 더 높게 나타났다.

③ 지자체 취업자 비율은 상대적으로 낮은 편이다.

④ 비정규직 비율이 가장 높은 직장은 대학이다.

 ① 약 5.78배 차이 난다.
② 제시된 자료에 성비는 나타나있지 않다.
③ 지자체는 2.1%의 비율에 해당한다.
④ 대학은 비정규직 비율이 80.3%로 상대적으로 가장 높다.

23 다음은 어느 보험회사의 보험계약 현황에 관한 표이다. 이에 대한 설명으로 옳지 않은 것은?

(단위 : 건, 억 원)

구분	2015년		2014년	
	건수	금액	건수	금액
개인보험	5,852,844	1,288,847	5,868,027	1,225,968
생존보험	1,485,908	392,222	1,428,422	368,731
사망보험	3,204,140	604,558	3,241,308	561,046
생사혼합	1,162,792	292,068	1,198,297	296,191
단체보험	0	0	0	0
단체보장	0	0	0	0
단체저축	0	0	0	0
소계	5,852,844	1,288,847	5,868,027	1,225,968

※ 건수는 보유계약의 건수임

※ 금액은 주계약 및 특약의 보험가입금액임

① 2014년과 2015년에 단체보험 보유계약의 건수는 0건이다.

② 2015년은 2014년에 비해 개인보험 보유계약 건수가 감소하였다.

③ 2015년은 2014년에 비해 개인보험 보험가입금액은 증가하였다.

④ 2015년 개인보험 보험가입금액에서 생존보험 금액이 차지하는 비중은 30% 미만이다.

④ $\dfrac{392,222}{1,288,847} \times 100 ≒ 30.43\%$

따라서 30%를 초과한다.

Answer ⟶ 22.② 23.④

24 다음은 어느 재단의 연도별 재무 현황이다. 다음 중 자산부채비율이 가장 높은 해는?

(단위 : 억 원, %)

구분 연도	2009	2010	2011	2012
자산	31,303	56,898	77,823	91,464
부채	20,379	47,295	67,708	83,754
재단채	12,500	37,611	59,105	74,751
기타	7,879	9,684	8,603	9,003
자본	10,924	9,603	10,115	7,711

※ 자산부채비율(%) = $\dfrac{자산}{부채} \times 100$

① 2009년   ② 2010년

③ 2011년   ④ 2012년

 Tip

① 2009년 : $\dfrac{31,303}{20,379} \times 100 ≒ 153.6\%$

② 2010년 : $\dfrac{56,898}{47,295} \times 100 ≒ 120.3\%$

③ 2011년 : $\dfrac{77,823}{67,708} \times 100 ≒ 114.9\%$

④ 2012년 : $\dfrac{91,464}{83,754} \times 100 ≒ 109.2\%$

25 다음 〈표〉는 UN 전자정부발전지수의 주요국 순위에 대한 자료이다. 이에 대한 설명 중 옳지 않은 것은?

국가	2010년	2008년	2005년	2004년	2003년	2001년
한국	1	6	5	5	13	15
미국	2	4	1	1	1	1
캐나다	3	7	8	7	6	6
영국	4	10	4	3	5	7
네덜란드	5	5	12	11	11	8
노르웨이	6	3	10	10	7	5
덴마크	7	2	2	2	4	9
호주	8	8	6	6	3	2
스페인	9	20	39	34	29	16
프랑스	10	9	23	24	19	14
싱가포르	11	23	7	8	12	4
스웨덴	12	1	3	4	2	11
독일	15	22	11	12	9	10
핀란드	19	15	9	9	10	13

① 한국은 2010년 1위로 2001년에 비하여 14순위 상승하였다.

② 미국은 2001년부터 4년 연속 1위를 차지했다.

③ 2008년에 비해 2010년에 가장 많이 순위가 상승한 국가는 싱가포르이다.

④ 미국, 캐나다, 덴마크, 호주는 6차례 평가에서 모두 10위 이내로 평가되었다.

 ② 연도가 2001년, 2003년, 2004년, 2005년으로 2002년이 빠져있다. 미국이 2002년에 몇 위를 차지했는지 알 수 없기 때문에 4년 연속 1위를 차지했다는 것은 옳지 않은 해석이다.

26 다음 자료는 동일한 산업에 속한 각 기업의 경영현황에 관한 것이다. A~D 기업 중에서 자기자본 대비 자산비율이 가장 큰 기업은?

(단위 : 억 원)

기업	자기자본	자산	매출액	순이익
A	500	1,200	1,200	48
B	400	600	800	80
C	1,200	2,400	1,800	72
D	600	1,200	1,000	36

① A

② B

③ C

④ D

(Tip)

① A : $\dfrac{1,200}{500} = 2.4$

② B : $\dfrac{600}{400} = 1.5$

③ C : $\dfrac{2,400}{1,200} = 2$

④ D : $\dfrac{1,200}{600} = 2$

27 5곳의 커피 프랜차이즈에 대한 한국 소비자의 선호도를 조사하고 정리하였다. 조사는 541명의 동일 소비자를 대상으로 1차 방문과 2차 방문을 통하여 이루어졌다. 이 자료에 대한 설명으로 옳은 것을 〈보기〉에서 모두 고르면?

〈표〉 커피 프랜차이즈에 대한 소비자 선호도 조사

| 1차 방문 | 2차 방문 | | | | | 총계 |
	이디○	엔제리○○	스타벅○	탐앤탐○	할리○	(명)
이디○	93	17	44	7	10	171
엔제리○○	9	46	11	0	9	75
스타벅○	17	11	155	9	12	204
탐앤탐○	6	4	9	15	2	36
할리○	10	4	12	2	27	55
총계	135	82	231	33	60	541

〈보기〉
ㄱ 대부분의 소비자들은 그들의 취향에 맞는 커피 프랜차이즈를 꾸준하게 선택하고 있다.
ㄴ 1차 방문에서 이디○를 방문한 소비자가 2차 방문에서 스타벅○를 방문하는 경우가 그 반대의 경우보다 더 적다.
ㄷ 전체적으로 스타벅○를 방문하는 소비자가 제일 많다.

① ㄱ
② ㄱㄴ
③ ㄱㄷ
④ ㄴㄷ

ㄱ 2차 방문 시 1차에서 방문한 동일한 커피 프랜차이즈를 방문하는 사람들이 다른 프랜차이즈를 방문하는 사람들보다 최소한 2배 이상 높은 것으로 나타났다.
ㄷ 1차 방문에서 스타벅○를 방문한 사람들은 전체 방문자(541명) 중 37.7%(204명)로 가장 높았고, 2차 방문에서 스타벅○ 방문한 사람들은 전체 방문자 중 42.7%(231명)로 가장 높았다.
ㄴ 1차 방문에서 이디○를 방문한 뒤 2차 방문에서 스타벅○를 방문한 사람들은 44명이며, 반대로 1차 방문에서 스타벅○를 방문한 뒤 2차 방문에서 이디○를 방문한 사람들은 17명으로 전자의 경우가 더 많은 것으로 나타났다.

28 다음 자료는 럭키 전자의 TV 광고모델 후보 4명에 대한 것이다. 제시된 〈조건〉을 바탕으로 광고모델을 선정할 때 총 광고효과가 가장 큰 모델은?

〈표〉 모델별 1년 계약금 및 광고 1회당 광고 효과

(단위 : 만 원)

모델	계약금	1회당 광고효과	
		수익 증대	브랜드 가치 증대
수지	1,000	100	100
태희	600	60	100
지현	700	60	110
민아	800	50	140

〈조건〉

• 광고효과는 수익 증대 효과와 브랜드 가치 증대 효과로만 구성된다.

  총 광고효과 = 1회당 광고효과 × 1년 광고횟수

  1회당 광고효과 = 1회당 수익 증대 효과 + 1회당 브랜드 가치 증대 효과

• 1회당 광고비는 20만 원으로 고정되어 있다.

  $$1년 광고횟수 = \frac{1년\ 광고비}{1회당\ 광고비}$$

• 1년 광고비는 3,000만 원(고정값)에서 1년 계약금을 뺀 금액이다.

  1년 광고비 = 3,000만 원 – 1년 계약금

※ 광고는 TV를 통해서만 1년 내에 모두 방송됨

① 수지　　　　　　　　　　② 태희

③ 지현　　　　　　　　　　④ 민아

 제시된 〈조건〉에 따르면 총 광고효과는

(1회당 수익 증대 효과 + 1회당 브랜드 가치 증대 효과) × (3,000−1년 계약금) / 20이다.

① 수지 : (100 + 100) × 2,000 / 20 = 20,000(만 원)

② 태희 : (60 + 100) × 2,400 / 20 = 19,200(만 원)

③ 지현 : (60 + 110) × 2,300 / 20 = 19,550(만 원)

④ 민아 : (50 + 140) × 2,200 / 20 = 20,900(만 원)

따라서 총 광고 효과가 가장 큰 모델은 '민아'이다.

29 다음 〈표〉는 2008~2010년 동안 어느 지역의 용도별 물 사용량 현황을 나타낸 자료이다. 다음 표에 대한 설명으로 옳지 않은 것은?

(단위 : m^3, %, 명)

용도 \ 연도 \ 구분	2008 사용량	2008 비율	2009 사용량	2009 비율	2010 사용량	2010 비율
생활용수	136,762	56.2	162,790	56.2	182,490	56.1
가정용수	65,100	26.8	72,400	25.0	84,400	26.0
영업용수	11,000	4.5	19,930	6.9	23,100	7.1
업무용수	39,662	16.3	45,220	15.6	47,250	14.5
욕탕용수	21,000	8.6	25,240	8.7	27,740	8.5
농업용수	45,000	18.5	49,050	16.9	52,230	16.1
공업용수	61,500	25.3	77,900	26.9	90,300	27.8
총 사용량	243,262	100.0	289,740	100.0	325,020	100.0
사용인구	379,300		430,400		531,250	

※ 1명당 생활용수 사용량(m^3/명) $= \dfrac{생활용수\ 총\ 사용량}{사용인구}$

① 생활용수의 사용량은 계속 증가하고 있다.

② 2009년에는 생활용수의 사용량은 증가했지만 비율은 2008년과 같다.

③ 매년 생활용수 중 가장 비중이 높은 것은 가정용수이다.

④ 욕탕용수의 비율은 매년 증가하고 있다.

 ④ 욕탕용수의 비율은 2010년에 하락했다.

30 다음은 예식장 사업형태에 대한 자료이다. 자료에 대한 설명으로 옳지 않은 것은?

구분	개인경영	회사법인	회사 이외의 법인	비법인 단체	합계
사업체수(개)	1,160	50	91	9	1,310
매출(백 만)	238,000	43,000	10,000	800	291,800
비용(백 만)	124,000	26,000	5,500	400	155,900
면적(km^2)	1,253,000	155,000	54,000	3,500	1,465,500

① 예식장 사업비용은 매출액의 50% 이상이다.

② 예식장 사업은 대부분 개인경영의 형태로 이루어지고 있다.

③ 사업체당 매출액이 평균적으로 제일 큰 것은 회사법인 예식장이다.

④ 사업체당 면적의 크기는 회사법인보다 회사 이외의 법인이 더 크다.

 회사법인의 사업체당 면적의 크기 : $\frac{155,000}{50} = 3,100$

회사 이외의 법인의 사업체당 면적의 크기 : $\frac{54,000}{91} ≒ 593.406$

따라서 사업체당 면적의 크기는 회사법인이 더 크다.

31 다음은 화재발생 현황에 관한 자료이다. 자료에 대한 설명으로 옳은 것은?

(단위 : 건, 명, 백만 원)

		2007	2008	2009	2010	2011	2012	2013
발생건수		47,882	49,631	47,318	41,863	43,875	43,249	40,932
인명피해	소계	2,459	2,716	2,441	1,892	1,862	2,223	2,184
	사망	424	468	409	304	263	267	307
	부상	2,035	2,248	2,032	1,588	1,599	1,956	1,877
재산피해		248,432	383,141	251,853	266,776	256,548	289,526	434,462

① 화재발생 건수가 가장 많았던 해에 재산피해 액수도 가장 많았다.

② 화재발생으로 인한 인명피해는 해마다 증가하고 있다.

③ 2009년 인명피해자 중에서 부상자가 차지하는 비중은 80% 이상이다.

④ 2007년의 화재발생 사망자 수는 2011년 사망자 수의 1.5배 미만이다.

① 화재발생 건수가 가장 많았던 해는 2008년이나, 재산피해 액수가 가장 많았던 해는 2013년이다.

② 인명피해는 2008년에 증가하였으나 2009년, 2010년, 2011년에 감소하였으며 2012년에 증가하였다가 2013년에 다시 감소하였다.

④ 2007년의 화재발생 사망자 수는 2011년 사망자 수의 1.5배 이상이다.

32 다음은 우리나라 출판, 음악, 영화, 방송 산업의 수출현황을 나타낸 자료이다. 이에 대한 설명으로 옳지 않은 것은?

(단위 : 천 달러)

국가 산업	중국	일본	인도	미국	합
출판	21,489	24,858	24,533	90,870	161,750
음악	1,665	9,431	2,061	306	13,463
영화	824	5,189	2,759	8,767	17,539
방송	7,328	68,494	26,594	1,324	103,740

① 출판산업의 수출액이 가장 큰 순서는 미국, 일본, 인도, 중국이다.

② 출판산업의 총 수출액에서 미국 수출액이 차지하는 비중은 50% 이하이다.

③ 음악산업과 방송산업 수출액의 합은 중국, 인도, 미국을 모두 합친 것보다 일본이 크다.

④ 미국의 영화산업의 수출액은 방송산업의 수출액의 6배 이상이다.

② $\frac{90,870}{161,750} \times 100 ≒ 56.18\%$

33 A ~ N까지 14곳의 경제 관련 기관 전문가들에게 2015년 경제 전망(향후 1년) 10가지에 대하여 질문한 뒤 그 결과를 YES(1), NO(0) 이진수 자료로 정리하였다. 이 자료에 대한 설명으로 적절하지 않은 것은?

〈자료1〉 2015년 경제 전망 항목

(1) 성장률이 8.5% 이상이 될 것이다.
(2) GNP는 1,950달러 이상이 될 것이다.
(3) 수출은 700억 달러 이상이 될 것이다.
(4) 수입은 630억 달러 이하가 될 것이다.
(5) 국제흑자는 100억 달러 목표를 달성할 것이다.
(6) 연말외채는 280억 달러 이하가 될 것이다.
(7) 연말 환율은 1달러당 630원으로 안정적일 것이다.
(8) 실업률은 3.0% 이하일 것이다.
(9) 소비자 물가의 상승률은 6.0% 이하일 것이다.
(10) 임금 상승률은 12.5% 이하일 것이다.

〈자료2〉 2015년 경제 전망 항목에 대한 응답

항목 / 기관	(1)	(2)	(3)	(4)	(5)	(6)	(7)	(8)	(9)	(10)
A	0	1	0	0	0	1	1	1	1	1
B	1	1	1	1	1	1	1	1	1	1
C	1	1	0	1	1	0	1	1	1	1
D	0	0	0	0	0	1	0	1	0	0
E	1	0	1	0	0	0	0	1	1	1
F	1	1	1	1	0	1	0	0	1	1
G	1	0	1	1	1	1	0	0	1	0
H	0	0	1	0	1	1	1	1	1	1
I	1	1	1	1	1	0	1	1	0	1
J	0	0	0	0	0	1	0	1	0	0
K	1	1	1	1	1	1	1	1	0	0
L	1	1	0	1	0	0	1	1	1	1
M	1	0	1	0	1	1	0	0	0	0
N	1	0	1	1	0	1	0	0	1	0

① A기관은 경제 전망 항목 중 6가지를 긍정적으로 평가하였다.

② 경제를 가장 부정적으로 전망하는 기관은 D이다.

③ 소비자물가 상승률이 높을 것이라 평가한 기관은 5곳이다.

④ 성장률과 GNP에 대한 전망을 동시에 좋게 보는 기관은 8곳이다.

 ④ (1)성장률과 (2)GNP에 대하여 동시에 긍정적으로 평가한 기관은 6곳(B, C, F, I, K, L)이다.

① A기관은 6가지 항목[(2), (6), (7), (8), (9), (10)]을 긍정적으로 평가하였다.

② D기관은 10가지 항목 중 2가지[(6), (8)] 항목에만 긍정적으로 평가하여, J기관과 함께 그 항목 수가 조사 기관 가운데 가장 적었다.

③ 소비자 물가상승률이 6.0% 미만일 것이라는 전망[(9)]에 대하여 부정적으로 평가한 기관은 5곳(D, I, J, K, M)이다.

34 다음 제시된 〈표〉는 D○○ PIZZA의 피자 1판 주문 시 구매방식별 할인혜택과 비용을 나타낸 것이다. 이를 바탕으로 할 때 정가 12,500원의 포테이토 피자 1판을 가장 저렴하게 살 수 있는 구매방식은? (단, 구매방식은 한 가지만 선택함)

〈표〉 D○○ PIZZA의 구매방식별 할인혜택 및 비용

구매방식	할인혜택과 비용
스마트폰 앱	정가의 25% 할인
전화주문	정가에서 1,000원 할인 후 할인된 가격의 10% 추가 할인
회원 카드와 쿠폰	회원 카드로 정가의 10% 할인 후 할인된 가격의 15%를 쿠폰으로 추가 할인
포장 방문	정가의 30% 할인, 교통비용 1,000원 발생

① 스마트폰 앱   ② 전화주문

③ 회원 카드와 쿠폰   ④ 포장 방문

 ① $12,500 - (12,500 \times 0.25) = 9,375$(원)

② $12,500 - 1,000 = 11,500$
$11,500 - (11,500 \times 0.1) = 10,350$(원)

③ $12,500 - (12,500 \times 0.1) = 11,250$(원)
$11,250 - (11,250 \times 0.15) = 9,562.5$(원)

④ $12,500 - (12,500 \times 0.3) + 1,000 = 9,750$(원)

따라서 D○○ PIZZA에서 포테이토 피자 1판을 가장 저렴하게 살 수 있는 구매방식은 스마트폰 앱을 이용하는 방식이다.

Answer 33.④ 34.①

┃35~36┃ 다음은 2015년 8, 9월 '가'세대 관리비의 상세 부과내역이다. 물음에 답하시오.

(단위 : 원)

항목	8월	9월
전기료	93,618	52,409
수도료	17,595	27,866
일반관리비	33,831	36,187
경비비	30,760	33,467
장기수선충당금	20,502	20,502
급탕비	15,816	50,337
청소비	11,485	12,220
기타	18,413	17,472
합계	242,020	250,460

35 위의 표에 대한 설명으로 옳지 않은 것은?

① 9월의 급탕비는 8월의 급탕비의 세배 이상이다.

② 9월 관리비 전체에서 기타비가 차지하는 비중은 8월보다 감소했다.

③ 8월과 9월의 장기수선충당금은 같다.

④ 8월 관리비 전체에서 전기료가 차지하는 비중은 40% 이상이다.

 ④ $\dfrac{93,618}{242,020} \times 100 ≒ 38.7\%$

따라서 40% 이하이다.

36 위의 표에서 '가'와 같은 세대가 아파트에 56세대가 살고 있다면 그 아파트의 9월 총 전체 관리비는 얼마인가?

① 12,523,000 원 ② 14,025,760 원

③ 14,276,220 원 ④ 15,027,600 원

 250,460×56=14,025,760

|37~38| 다음 자료는 Y지역에서 판매된 가정용 의료기기의 품목별 판매량에 관한 것이다. 다음을 보고 물음에 답하시오.

(단위 : 천 개)

판매량 순위	품목	판매량	국내산	국외산
1	체온계	271	228	43
2	부항기	128	118	10
3	혈압계	100	(㉠)	(㉡)
4	혈당계	84	61	23
5	개인용 전기자극기	59	55	4
	6위 이하	261	220	41
	전체	(㉢)	(㉣)	144

37 위의 괄호에 알맞은 수치로 옳지 않은 것은?

① ㉠ – 77

② ㉡ – 23

③ ㉢ – 905

④ ㉣ – 759

 ㉢에 들어갈 수치는 903이다.

38 위의 표에 대한 설명으로 옳지 않은 것은?

① 전체 가정용 의료기기 판매량 중 국내산 혈당계가 차지하는 비중은 6% 미만이다.

② 국내산 가정용 의료기기 판매량 중 체온계가 차지하는 비중은 30% 이상이다.

③ 부항기는 국내산 판매량이 국외산의 11배 이상이다.

④ 전체 가정용 의료기기 판매량 중 1~5위까지의 판매량이 전체의 70% 이상을 차지한다.

 ① 국내산 혈당계가 차지하는 비중 : $\frac{61}{903} \times 100 ≒ 6.76\%$

┃39~40┃ 다음 표는 2009년과 2010년 정부창업금 신청자를 대상으로 직업과 창업단계를 조사한 자료이다. 물음에 답하시오.

〈표1〉 정부창업지원금 신청자의 직업 구성

(단위 : 명, %)

직업	2009년		2010년		합계	
	인원	비율	인원	비율	인원	비율
교수	34	4.2	183	12.5	217	9.6
연구원	73	9.1	118	8.1	191	8.4
대학생	17	2.1	74	5.1	91	4.0
대학원생	31	3.9	93	6.4	124	5.5
회사원	297	37.0	567	38.8	864	38.2
기타	350	43.6	425	(㉠)	775	34.3
계	802	100.0	1,460	100.0	2,262	100.0

〈표2〉 정부창업지원금 신청자의 창업단계

(단위 : 명, %)

창업단계	2009년		2010년		합계	
	인원	비중	인원	비중	인원	비중
예비창업단계	79	9.9	158	10.8	237	10.5
기술개발단계	291	36.3	668	45.8	959	42.4
시제품 제작단계	140	17.5	209	14.3	349	15.4
시장진입단계	292	36.4	425	29.1	717	31.7
계	802	100.0	1,460	100.0	2,262	100.0

39 위의 표에 대한 설명으로 옳지 않은 것은?

① '기타'를 제외하고 2009년 정부창업지원금 신청자의 직업이 가장 높은 비율을 차지하는 것은 회사원이다.

② 〈표2〉에서 2009년에 비해 2010년에 인원은 늘어났으나 비중이 감소한 단계는 시제품 제작단계 뿐이다.

③ 2010년에는 기술개발단계에 있는 신청자의 인원수가 가장 많았다.

④ 2009년에 정부창업지원금 신청자의 인원수는 교수가 대학생의 두 배이다.

 ② 2010년에 인원은 늘어났으나 비중이 감소한 단계는 시제품 제작단계와 시장진입단계이다.

40 복수응답과 무응답이 없다고 할 때, ㉠에 알맞은 것은?

① 25.1 ② 29.1

③ 34.1 ④ 39.1

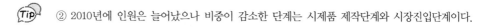 $100 - 12.5 - 8.1 - 5.1 - 6.4 - 38.8 = 29.1$

Answer ▸ 39.② 40.②

41 제시된 자료를 참조하여, 2013년부터 2015년의 건강수명 비교에 대한 설명으로 옳은 것은?

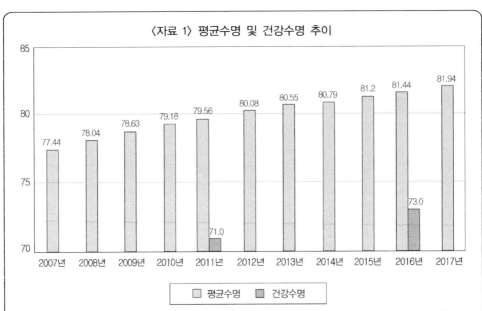

〈자료 1〉 평균수명 및 건강수명 추이

□ 평균수명   ■ 건강수명

※ 평균수명 : 0세의 출생자가 향후 생존할 것으로 기대되는 평균생존연수 '0세의 기대여명' 을 나타냄

※ 건강수명 : 평균수명에서 질병이나 부상으로 인하여 활동하지 못한 기간을 뺀 기간을 나타냄

※ 2017년은 예상 수치임

〈자료 2〉 건강수명 예상치 추정 정보

• 건강수명 예상치의 범위는 평균수명의 90%에서 ±1% 수준이다.

• 건강수명 예상치는 환경 개선 정도에 영향을 받는다고 가정한다.

연도	2012년	2013년	2014년	2015년
환경 개선	보통	양호	불량	불량

– 해당 연도 환경 개선 정도가 '양호'이면 최대치(+1%)로 계산된다.

– 해당 연도 환경 개선 정도가 '보통'이면 중간치(±0%)로 계산된다.

– 해당 연도 환경 개선 정도가 '불량'이면 최소치(−1%)로 계산된다.

① 2013년 건강수명이 2014년 건강수명보다 짧다.

② 2014년 건강수명이 2015년 건강수명보다 짧다.

③ 2013년 건강수명이 2015년 건강수명 보다 짧다.

④ 2014년 환경 개선 정도가 보통일 경우 2013년 건강수명이 2014년 건강수명보다 짧다.

② 〈자료 1〉에 따르면 건강수명은 평균수명에서 질병이나 부상으로 인하여 활동하지 못한 기간을 **뺀** 기간이다. 〈자료 2〉에서 건강수명 예상치의 범위는 평균수명의 90%에서 ±1% 수준이고, 해당 연도 환경 개선 정도에 따라 계산한다고 기준을 제시하고 있으므로 이를 통해 2014년과 2015년의 건강수명을 구할 수 있다.

• 2014년 건강수명 = 80.79세(평균수명) × 89%(환경 개선 불량) = 71.9031세
• 2015년 건강수명 = 81.2세(평균수명) × 89%(환경 개선 불량) = 72.268세
따라서 2014년 건강수명이 2015년 건강수명보다 짧다.

①③ 2013년의 건강수명 = 80.55세(평균수명) × 91%(환경 개선 양호) = 73.3005세로 2014 년의 건강수명인 71.9031세 또는 2015년의 건강수명인 72.268세보다 길다.

④ 2014년 환경 개선 정도가 보통일 경우 건강수명 = 80.79세 × 90% = 72.711세이다. 2013년의 건강수명은 73.3005세이므로 2013년 건강수명이 2014년 건강수명보다 길다.

42 다음은 국민연금 보험료를 산정하기 위한 소득월액 산정 방법에 대한 설명이다. 다음 설명을 참고할 때, 김갑동 씨의 신고 소득월액은 얼마인가?

> 소득월액은 입사(복직) 시점에 따른 근로자간 신고 소득월액 차등이 발생하지 않도록 입사(복직) 당시 약정되어 있는 급여 항목에 대한 1년치 소득총액에 대하여 30일로 환산하여 결정하며, 다음과 같은 계산 방식을 적용한다.
>
> > 소득월액 = 입사(복직) 당시 지급이 약정된 각 급여 항목에 대한 1년간 소득총액 ÷ 365 × 30

〈김갑동 씨의 급여 내역〉

• 기본급 : 1,000,000원
• 교통비 : 월 100,000원
• 고정 시간외 수당 : 월 200,000원
• 분기별 상여금(1, 4, 7, 10월 지급) : 기본급의 100%
• 하계휴가비(매년 7월 지급) : 500,000원

---

① 1,645,660원   ② 1,652,055원

③ 1,668,900원   ④ 1,727,050원

 주어진 조건에 의해 다음과 같이 계산할 수 있다.
{(1,000,000 + 100,000 + 200,000) × 12 + (1,000,000 × 4) + 500,000} ÷ 365 × 30 = 1,652,055원
따라서 소득월액은 1,652,055원이 된다.

Answer ↱→ 41.②   42.②

43 다음은 2018년 한국인 사망 원인 '5대 암'과 관련된 자료이다. 2018년 총 인구를 5,100만 명이라고 할 때, 치명률을 구하는 공식으로 옳은 것을 고르면?

종류	환자수	완치자수	후유장애자수	사망자수	치명률
폐암	101,600명	3,270명	4,408명	2,190명	2.16%
간암	120,860명	1,196명	3,802명	1,845명	1.53%
대장암	157,200명	3,180명	2,417명	1,624명	1.03%
위암	184,520명	2,492명	3,557명	1,950명	1.06%
췌장암	162,050명	3,178명	2,549명	2,765명	1.71%

※ 환자수란 현재 해당 암을 앓고 있는 사람 수를 말한다.

※ 완치자수란 과거에 해당 암을 앓있던 사람으로 일상생활에 문제가 되는 장애가 남지 않고 5년 이내 재발이 없는 경우를 말한다.

※ 후유장애자수란 과거에 해당 암을 앓았던 사람으로 암으로 인하여 일상생활에 문제가 되는 영구적인 장애가 남은 경우를 말한다.

※ 사망자수란 해당 암으로 사망한 사람 수를 말한다.

① 치명률 $= \dfrac{완치자수}{환자수} \times 100$

② 치명률 $= \dfrac{후유장애자수}{환자수} \times 100$

③ 치명률 $= \dfrac{사망자수}{환자수} \times 100$

④ 치명률 $= \dfrac{사망자수 + 후유장애자수}{인구수} \times 100$

 자료에 제시된 각 암별 치명률이 나올 수 있는 공식은 보기 중 ③이다. 참고적으로 치명률은 어떤 질환에 의한 사망자수를 그 질환의 환자수로 나눈 것으로 보통 백분율로 나타내며, 치사율이라고도 한다.

44 제시된 자료는 ○○기관 직원의 교육비 지원에 대한 내용이다. 다음 중 A~D 직원 4명의 총 교육비 지원 금액은 얼마인가?

교육비 지원 기준

- 임직원 본인의 대학 및 대학원 학비 : 100% 지원
- 임직원 가족의 대학 및 대학원 학비
- 임직원의 직계 존 · 비속 : 90% 지원
- 임직원의 형제 및 자매 : 80% 지원(단, 직계 존 · 비속 지원이 우선되며, 해당 신청이 없을 경우에 한하여 지급함)
- 교육비 지원 신청은 본인을 포함 최대 3인에 한한다.

교육비 신청 내역

A 직원	본인 대학원 학비 3백만 원, 동생 대학 학비 2백만 원
B 직원	딸 대학 학비 2백만 원
C 직원	본인 대학 학비 3백만 원, 아들 대학 학비 4백만 원
D 직원	본인 대학 학비 2백만 원, 딸 대학 학비 2백만 원, 아들 대학원 학비 2백만 원

① 15,200,000원 ② 17,000,000원
③ 18,600,000원 ④ 26,200,000원

 교육비 지원 기준에 따라 각 직원이 지원 받을 수 있는 내역을 정리하면 다음과 같다.

A	• 본인 대학원 학비 3백만 원(100% 지원) • 동생 대학 학비 2백만 원(형제 및 자매→80% 지원) = 160만 원	총 460만 원
B	딸 대학 학비 2백만 원(직계 비속→90% 지원) = 180만 원	총 180만 원
C	본인 대학 학비 3백만 원(100% 지원) 아들 대학 학비 4백만 원(직계 비속→90% 지원) = 360만 원	총 660만 원
D	본인 대학 학비 2백만 원(100% 지원) 딸 대학 학비 2백만 원(90% 지원) = 180만 원 아들 대학원 학비 2백만 원(90% 지원) = 180만 원	총 560만 원

따라서 A~D 직원 4명의 총 교육비 지원 금액은 1,860만 원이고, 이를 원단위로 표현하면 18,600,000원이다.

Answer 43.③ 44.③

45 다음은 건설업과 관련된 주요 지표이다. 이에 대한 설명으로 옳은 것은?

〈건설업 주요 지표〉

(단위 : 개, 천 명, 조 원, %)

구분	2016년	2017년	전년대비	
			증감	증감률
기업체수	69,508	72,376	2,868	4.1
종사자수	1,573	1,670	97	6.1
건설공사 매출액	356.6	392.0	35.4	9.9
국내 매출액	313.1	354.0	40.9	13.1
해외 매출액	43.5	38.0	−5.5	−12.6
건설비용	343.2	374.3	31.1	9.1
건설 부가가치	13.4	17.7	4.3	32.1

〈연도별 건설업체수 및 매출 증감률〉

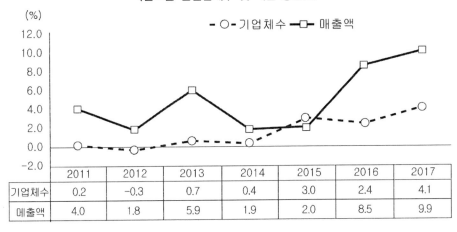

	2011	2012	2013	2014	2015	2016	2017
기업체수	0.2	−0.3	0.7	0.4	3.0	2.4	4.1
매출액	4.0	1.8	5.9	1.9	2.0	8.5	9.9

① 2012년의 기업체 수는 65,000개 이하이다.

② 건설공사 매출액 중 국내 매출액의 비중은 2017년보다 2016년이 더 크다.

③ 해외 매출액의 증감은 건설 부가가치의 증감에 영향을 미친다.

④ 건설업 주요 지표별 증감 추이는 모든 항목이 동일하다.

③ 표를 통해 건설 부가가치는 '건설공사 매출액 – 건설비용'의 산식이 적용됨을 알 수 있다. 건설공사 매출액은 국내와 해외 매출액의 합산이므로 해외 매출액의 증감은 건설 부가가치에 직접적인 영향을 미친다.

① 제시된 기업체 수 증가율을 통하여 연도별 기업체 수를 확인할 수 있으며, 2012년도에는 기업체 수가 약 65,183개로 65,000개 이상이 된다.

② 2016년은 313.3 ÷ 356.6 × 100 = 약 87.9%이며, 2017년은 354.0 ÷ 392.0 × 100 = 약 90.3%이다.

④ 다른 항목은 2017년에 모두 증가하였지만, 건설공사 매출액 중 해외 매출액 지표는 감소하였다.

Answer↲ 45.③

46 다음은 차량 A, B, C의 연료 및 경제속도 연비, 연료별 리터당 가격에 대한 자료이다. 제시된 〈조건〉을 적용하였을 때, 두 번째로 높은 연료비가 소요되는 차량과 해당 차량의 연료비를 바르게 나열한 것은?

〈A, B, C 차량의 연료 및 경제속도 연비〉

구분 차량	연료	경제속도 연비(km/L)
A	LPG	10
B	휘발유	16
C	경유	20

※ 차량 경제속도는 60km/h 이상 90km/h 미만임

〈연료별 리터당 가격〉

연료	LPG	휘발유	경유
리터당 가격(원/L)	1,000	2,000	1,600

〈조건〉

1. A, B, C 차량은 모두 아래와 같이 각 구간을 한 번씩 주행하고, 각 구간별 주행속도 범위 내에서만 주행한다.

구간	1구간	2구간	3구간
주행거리(km)	100	40	60
주행속도(km/h)	30 이상 60 미만	60 이상 90 미만	90 이상 120 미만

2. A, B, C 차량의 주행속도별 연비적용률은 다음과 같다.

차량	주행속도(km/h)	연비적용률(%)
A	30 이상 60 미만	50.0
	60 이상 90 미만	100.0
	90 이상 120 미만	80.0
B	30 이상 60 미만	62.5
	60 이상 90 미만	100.0
	90 이상 120 미만	75.0
C	30 이상 60 미만	50.0
	60 이상 90 미만	100.0
	90 이상 120 미만	75.0

※ 연비적용률이란 경제속도 연비 대비 주행속도 연비를 백분율로 나타낸 것임

① A, 31,500원

② B, 24,500원

③ B, 35,000원

④ C, 25,600원

 주행속도에 따른 연비와 구간별 소요되는 연료량을 계산하면 다음과 같다.

차량	주행속도(km/h)	연비(km/L)	구간별 소요되는 연료량(L)		
A (LPG)	30 이상 60 미만	10 × 50.0% = 5	1구간	20	총 31.5
	60 이상 90 미만	10 × 100.0% = 10	2구간	4	
	90 이상 120 미만	10 × 80.0% = 8	3구간	7.5	
B (휘발유)	30 이상 60 미만	16 × 62.5% = 10	1구간	10	총 17.5
	60 이상 90 미만	16 × 100.0% = 16	2구간	2.5	
	90 이상 120 미만	16 × 75.0% = 12	3구간	5	
C (경유)	30 이상 60 미만	20 × 50.0% = 10	1구간	10	총 16
	60 이상 90 미만	20 × 100.0% = 20	2구간	2	
	90 이상 120 미만	20 × 75.0% = 15	3구간	4	

따라서 조건에 따른 주행을 완료하는 데 소요되는 연료비는 A 차량은 31.5 × 1,000 = 31,500원, B 차량은 17.5 × 2,000 = 35,000원, C 차량은 16 × 1,600 = 25,600원으로, 두 번째로 높은 연료비가 소요되는 차량은 A며 31,500원의 연료비가 든다.

Answer → 46.①

47. 신입사원 甲은 각 부서별 소모품 구매업무를 맡게 되었다. 아래 자료를 참고할 때, 가장 저렴한 가격에 소모품을 구입할 수 있는 곳은 어디인가?

〈소모품별 1회 구매수량 및 구매 제한가격〉

구분	A 물품	B 물품	C 물품	D 물품	E 물품
1회 구매수량	2 묶음	3 묶음	2 묶음	2 묶음	2 묶음
구매 제한가격	25,000원	5,000원	5,000원	3,000원	23,000원

※ 물품 신청 시 1회 구매수량은 부서에 상관없이 매달 일정하다. 예를 들어, A 물품은 2 묶음, B 물품은 3 묶음 단위이다.

※ 물품은 제한된 가격 내에서 구매해야 하며, 구매 제한가격을 넘는 경우에는 구매할 수 없다. 단, 총 구매 가격에는 제한이 없다.

〈소모품 구매 신청서〉

구분	A 물품	B 물품	C 물품	D 물품	E 물품
부서 1	○		○		○
부서 2		○	○	○	
부서 3	○		○	○	○
부서 4		○	○		○
부서 5	○		○	○	○

〈업체별 물품 단가〉

구분	A 물품	B 물품	C 물품	D 물품	E 물품
가 업체	12,400	1,600	2,400	1,400	11,000
나 업체	12,200	1,600	2,450	1,400	11,200
다 업체	12,400	1,500	2,550	1,500	11,500
라 업체	12,500	1,500	2,400	1,300	11,300

(물품 단가는 한 묶음당 가격)

① 가 업체
② 나 업체
③ 다 업체
④ 라 업체

구매 제한가격에 따라 다 업체에서는 C 물품을 구매할 수 없다. 나머지 가, 나, 라 업체의 소모품 구매 가격을 정리하면 다음과 같다.

구분	구매 가격
가 업체	$(12,400 \times 2) + (1,600 \times 3) + (2,400 \times 2) + (1,400 \times 2) + (11,000 \times 2) = 59,200$원
나 업체	$(12,200 \times 2) + (1,600 \times 3) + (2,450 \times 2) + (1,400 \times 2) + (11,200 \times 2) = 59,300$원
라 업체	$(12,500 \times 2) + (1,500 \times 3) + (2,400 \times 2) + (1,300 \times 2) + (11,300 \times 2) = 59,500$원

따라서 가장 저렴한 가격에 소모품을 구입할 수 있는 곳은 가 업체로 구매 가격은 59,200 원이다.

48 다음은 이 대리가 휴가 기간 중 할 수 있는 활동 내역을 정리한 표이다. 집을 출발한 이 대리가 활동을 마치고 다시 집으로 돌아올 경우 전체 소요시간이 가장 짧은 것은 어느 것인가?

활동	이동수단	거리	속력	목적지 체류시간
당구장	전철	12km	120km/h	3시간
한강공원 라이딩	자전거	30km	15km/h	–
파워워킹	도보	5.4km	3km/h	–
북카페 방문	자가용	15km	50km/h	2시간

① 당구장
② 한강공원 라이딩
③ 파워워킹
④ 북카페 방문

 '거리 = 속력 × 시간'을 이용하여 체류시간을 감안한 총 소요 시간을 다음과 같이 정리해 볼 수 있다. 시간은 왕복이므로 2번 계산한다.

활동	이동 수단	거리	속력 (시속)	목적지 체류시간	총 소요시간
당구장	전철	12km	120km	3시간	3시간 + 0.1시간 × 2 = 3시간 12분
한강공원 라이딩	자전거	30km	15km	–	2시간 × 2 = 4시간
파워워킹	도보	5.4km	3km	–	1.8시간 × 2 = 3시간 36분
북카페 방문	자가용	15km	50km	2시간	2시간 + 0.3시간 × 2 = 2시간 36분

따라서 북카페를 방문하고 돌아오는 것이 2시간 36분으로 가장 짧은 소요시간이 걸린다.

Answer 47.① 48.④

49 다음은 지역별, 소득계층별, 점유형태별 최저주거기준 미달가구 비율에 대한 자료이다. 해당 자료를 바르게 분석하지 못한 것은?

〈지역별, 소득계층별, 점유형태별 최저주거기준 미달가구 비율〉

(단위 : %)

구분		최저주거기준 미달	면적기준 미달	시설기준 미달	침실기준 미달
지역	수도권	51.7	66.8	37.9	60.8
	광역시	18.5	15.5	22.9	11.2
	도지역	29.8	17.7	39.2	28.0
	계	100.0	100.0	100.0	100.0
소득계층	저소득층	65.4	52.0	89.1	33.4
	중소득층	28.2	38.9	9.4	45.6
	고소득층	6.4	9.1	1.5	21.0
	계	100.0	100.0	100.0	100.0
점유형태	자가	22.8	14.2	27.2	23.3
	전세	12.0	15.3	6.3	12.5
	월세(보증금 有)	37.5	47.7	21.8	49.7
	월세(보증금 無)	22.4	19.5	37.3	9.2
	무상	5.3	3.3	7.4	5.3
	계	100.0	100.0	100.0	100.0

① 점유형태가 무상인 경우의 미달가구 비율은 네 가지 항목 모두에서 가장 낮다.

② 침실기준 미달 비율은 수도권, 도지역, 광역시 순으로 높다.

③ 지역과 소득계층 면에서는 광역시에 거주하는 고소득층의 면적기준 미달 비율이 가장 낮다.

④ 저소득층은 중소득층보다 침실기준 미달 비율이 더 낮다. 다면 최저주거기준 미달 가구는 수도권이 나머지 지역의 합보다 많다.

> (Tip) ① 점유 형태가 무상인 경우의 미달가구 비율은 시설기준 면에서 전세가 더 낮음을 알 수 있다.
> ② 각각 60.8%, 28.0%, 11.2%이다.
> ③ 15.5%와 9.1%로 가장 낮은 비율을 보이고 있다.
> ④ 33.4%로 45.6%보다 더 낮다.

50 다음 운송비 표를 참고할 때, 박스의 규격이 28 × 10 × 10(inch)인 실제 무게 18파운드짜리 솜 인형을 배송할 경우, A배송사에서 적용하는 운송비는 얼마인가? (1inch = 2.54cm이며, 물품의 무게는 반올림하여 정수로 표시한다. 물품의 무게 이외의 다른 사항은 고려하지 않는다.)

> 항공 배송의 경우, 비행기 안에 많은 공간을 차지하게 되는 물품은 그렇지 않은 물품을 적재할 때보다 비용 면에서 항공사 측에 손해가 발생하게 된다. 비행기 안에 스티로폼 200박스를 적재하는 것과 스마트폰 2,000개를 적재하는 것을 생각해 보면 쉽게 이해할 수 있다. 이 경우 항공사 측에서는 당연히 스마트폰 2,000개를 적재하는 것이 더 경제적일 것이다. 이와 같은 문제로 거의 모든 항공 배송사에선 제품의 무게에 비해 부피가 큰 제품들은 '부피무게'를 따로 정해서 운송비를 계산하게 된다. 이때 사용하는 부피무게 측정 방식은 다음과 같다.
>
> | 부피무게(파운드) = 가로(inch) × 세로(inch) × 높이(inch) ÷ 166 |
>
> A배송사는 물건의 무게에 다음과 같은 규정을 적용하여 운송비를 결정한다.
> 1. 실제 무게 < 부피무게 → 부피무게
> 2. 실제 무게 > 부피무게이지만 박스의 어느 한 변의 길이가 50cm 이상인 경우 → (실제 무게 + 부피무게) × 60%
>
> | | | | |
> |---|---|---|---|
> | 17파운드 미만 | 14,000원 | 19~20파운드 미만 | 17,000원 |
> | 17~18파운드 미만 | 15,000원 | 20~21파운드 미만 | 18,000원 |
> | 18~19파운드 미만 | 16,000원 | 21~22파운드 미만 | 19,000원 |

① 17,500원
② 18,000원
③ 18,500원
④ 19,000원

 솜 인형의 실제 무게는 18파운드이며, 주어진 산식으로 부피무게를 계산해 보아야 한다. 부 피무게는 28 × 10 × 10 ÷ 166 = 17파운드가 되어 실제 무게보다 가볍다. 그러나 28inch는 28 × 2.54 = 약 71cm가 되어 한 변의 길이가 50cm 이상이므로, A배송사에서는 (18 + 17) × 0.6 = 21파운드의 무게를 적용하게 된다. 따라서 솜 인형의 운송비는 19,000원이다.

PART III

상식

01 일반상식(공통)

1 정치·법률

1 다음 중 CVID(Complete, Verifiable, Irreversible Dismantlement)에 대한 설명으로 옳지 않은 것은?

① 조지 부시 행정부 1기 때 수립된 북핵 해결의 원칙이다.

② 완전하고 검증가능하며 돌이킬 수 없는 핵 폐기를 뜻한다.

③ 마이크 폼페이오 미 국무장관의 3차 방북(2018년 7월)을 앞두고 미 국무부에서 제시하였다.

④ 북한은 미국의 CVID라는 용어 사용에 대해 "패전국에나 강요하는 굴욕적인 것"이라며 강하게 반발해 왔다.

 ③ FFVD(Final, Fully Verified Denuclearization : 최종적이고 충분히 검증된 비핵화)에 대한 설명이다.

※ CVID(Complete, Verifiable, Irreversible Dismantlement)는 완전하고 검증가능하며 돌이킬 수 없는 핵 폐기를 뜻한다. 미국이 북한에 대해 유지하고 있는 비핵화 원칙으로 과거 조지 W 부시 대통령 집권 1기 때 수립되었다. 당시 미국은 북한을 '악의 축'으로 지목하며 초강경 노선을 펼친 바 있다.

2 다음 빈칸에 공통적으로 들어갈 용어로 적절한 것은?

> _____은(는) 고위공직자들의 범죄행위를 상시적으로 수사·기소할 수 있는 독립기관을 뜻한다. 수사 대상은 주로 국회의원 및 장차관, 판사, 검사 등 고위직 공무원이다. _____법은 검찰이 독점하고 있는 수사권 및 기소권 일부를 _____로 분산해 검찰의 정치 권력화를 막고자 하는 취지로 도입이 추진 중이다.

① 감사원   ② 공수처

③ 헌법재판소   ④ 중앙선거관리위원회

① 행정기관과 공무원의 직무에 대한 감찰을 목적으로 설립된 대통령 직속의 국가 최고 감사기관
③ 한 국가 내에서 최고의 실정법 규범인 헌법에 관한 분쟁이나 의의를 사법적 절차에 따라 해결하는 특별재판소
④ 선거와 국민투표의 공정한 관리 및 정당에 관한 사무를 관장하는 헌법기관

3 다음 중 공소시효에 대한 설명으로 옳은 것은?

① 사형에 해당하는 범죄는 공소시효 30년에 해당한다.

② 무기징역에 해당하는 범죄는 공소시효 20년에 해당한다.

③ 살인죄는 공소시효 폐지로 언제든지 공소제기를 할 수 있다.

④ 공소시효가 지나도 검사는 공소를 제기할 수 있다.

① 사형에 해당하는 범죄는 공소시효 25년에 해당한다.
② 무기징역 또는 무기금고에 관한 범죄는 공소시효 15년에 해당한다.
④ 범죄를 저지른 후 공소시효가 지나면 검사의 공소권은 사라지게 된다.

4 1992년 5월 9일 채택된 이것은 기후체계로 인한 인류생존에 대한 위협을 방지할 수 있는 수준으로 대기 중 온실가스를 안정화시키려는 목적을 가지고 있다. 이 협약(협정)은 무엇인가?

① 기후변화협약   ② 국제환경협약

③ 교토의정서   ④ 우루과이 라운드

② **국제환경협약** : 환경을 보호하기 위해 체결되는 양자간·다자간 국제협약으로 주로 지구적 차원의 환경을 보전하기 위한 국가별 의무 또는 노력을 규정하고 있다. 현재 170여 개의 국제환경협약이 체결되어 있으며 주요 협약으로 기후변화협약, 멸종위기에 처한 동식물보호협약(CITES), 바젤협약, 몬트리올의정서, 생물다양성협약 등이 있다.
③ **교토의정서** : 기후변화협약에 따라 온실가스 감축 목표치를 정한 의정서로 교토프로토콜이라고도 한다. 1997년 12월 일본 교토에서 열린 기후변화협약 제3차 당사국 총회에서 채택되었다. 교토의정서는 온실가스를 효과적이고 경제적으로 줄이기 위해 공동이행, 청정개발체제, 배출권거래 등의 제도를 도입하였다.
④ **우루과이 라운드** : 1986년 9월부터 1993년 12월까지 진행되었던 관세 및 무역에 관한 협정의 8번째 다자간 무역협상이다.

Answer 1.③ 2.② 3.③ 4.①

5   2014년 10월 한미 양국 국방장관은 한반도 전쟁 발발 시 한국군의 작전을 통제할 수 있는 한미 전시작전통제권의 이양 시기를 당초보다 늦추기로 합의함으로써 사회적 이슈를 낳았다. 다음 중 전작권의 한국군 이양 시기로 옳은 것은?

① 2017년대 중반 이후   ② 2018년대 후반 이후

③ 2019년대 초반 이후   ④ 2020년대 중반 이후

 당초 전시작전통제권의 한국군 이양 시기는 2015년 12월이었지만 2014년 10월 23일 미국에서 열린 제46차 한미 안보협의회에서 양국 국방장관들은 전작권의 한국군 이양 시기를 구체적으로 정하지 않고 다만 <u>2020년대 중반 이후</u>로 연기하였다. 그러면서 북한의 핵과 미사일의 위협에 대한 한국군의 필수 능력 3대 조건이 모두 충족될 경우 이양할 수 있다고 결론지었다.

※ 북한의 핵과 미사일의 위협에 대한 한국군의 필수 능력 3대 조건
• 전시작전통제권 전환 후 한미 연합 방위를 주도할 수 있는 한국군의 핵심 군사 능력 구비
• 국지 도발 및 전면전 초기 단계에서 북의 핵과 미사일 위협에 대응할 한국군의 필수 능력
• 북핵 문제 등 안정적 전시작전통제권 전환을 위한 한반도 및 역내 안보 환경

6   다음 중 공무원의 종류가 다른 하나는 무엇인가?

① 감사원 원장   ② 법관

③ 국정원 직원   ④ 검사

 ① 정무직 공무원에 속한다.
②③④ 특정직 공무원에 속한다.

※ 특정직 공무원 … 법관 · 검사 · 국가정보원 직원 이 외에도 군무원 · 외무공무원 · 소방공무원 · 교육공무원 · 경찰공무원 · 군인공무원 · 특수 분야의 업무를 담당하는 공무원이 있다.

7   다음 중 일반 국민들을 배심원으로 선정하여 유죄 및 무죄의 평결을 내리게 하는 한국형 배심원 재판제도를 일컫는 말은?

① 배심원제도   ② 추심원제도

③ 국민참여재판제도   ④ 전관예우제도

 국민참여재판제도 … 2008년 1월부터 시행된 배심원 재판제도로 만 20세 이상의 국민 가운데 무작위로 선정된 배심원들이 형사재판에 참여하여 유죄 · 무죄 평결을 내리지만 법적인 구속력은 없다.

8 다음 ( ) 안에 들어갈 알맞은 말은?

> 니콜라스 탈레브는 그의 책에서 ( )을/를 '과거의 경험으로 확인할 수 없는 기대 영역 바깥쪽의 관측 값으로, 극단적으로 예외적이고 알려지지 않아 발생가능성에 대한 예측이 거의 불가능하지만 일단 발생하면 엄청난 충격과 파장을 가져오고, 발생 후에야 적절한 설명을 시도하여 설명과 예견이 가능해지는 사건'이라고 정의하다. 이것의 예로 20세기 초에 미국에서 일어난 경제대공황이나 9 · 11 테러, 구글(Google)의 성공 같은 사건을 들수 있다. 전 세계를 강타한 미국 발 세계금융위기도 포함된다.

① 블랙스완 ② 화이트스완
③ 그레이스완 ④ 더블딥

② 끊임없이 반복되어 오는 위기임에도 명확한 해결책이 없는 현상을 말한다.
③ 예측은 되지만 마땅한 해결책이 존재하지 않는 현상을 말한다.
④ 경기침체 후 잠시 회복기를 보이다가 다시 침체에 빠지는 이중침체 현상을 말한다.

9 다음 중 인기를 위해 선심사업으로 정부예산을 확보하는 것을 뜻하는 용어는?

① 그리드락 ② 지대추구
③ 로그롤링 ④ 포크배럴

포크배럴(Pork Barrel) … 배럴(Barrel)이란 가축에게 먹이를 담아 주는 그릇으로 포크배럴은 돼지 먹이통을 의미한다. 포크배럴은 정치인들이 지역주민 인기를 얻고자 지역구 선심사업을 위해 중앙정부의 예산을 최대한 확보하기 위한 행태를 가리킨다. 정치인들의 이러한 모습이 마치 1870년 미국 남북전쟁 이전 흑인 노예들에게 백인 주인들이 돼지고기를 노예들에게 주던 모습과 흡사하다고 하여 붙여지게 되었다.
① **그리드락(Gridlock)** : 교차로에서 오도 가도 못하는 정체 상황에서 유래한 것으로 양측의 의견이 서로 팽팽히 맞서 업무 또는 정책이 추진되지 못하는 상황을 말한다.
② **지대추구(Rent Seeking)** : 경제 주체들이 자신의 이익을 위해 로비, 약탈, 방어 등 비생산적인 활동에 경쟁적으로 자원을 지나치게 소비하는 현상을 말한다.
③ **로그롤링(Log Rolling)** : 정치세력들이 투표거래나 투표담합을 통해서 상호지원을 하는 행위를 말한다.

Answer 5.④ 6.① 7.③ 8.① 9.④

1 다음에서 설명하고 있는 용어는 무엇인가?

> 문화적으로 연결이 강하다고 여겨지는 소비재에 관한 사회현상을 일컫는 말이다. 프랑스의 학자 드니 디드로의 저술에서 가장 먼저 사용됐으며 이후 소비 패턴을 연구하는 인류학자 그랜트 매크래켄이 1988년 '문화와 소비'에서 소개했다. 쉽게 말하면 하나의 물건을 갖게 되면 그것에 어울리는 다른 물건을 계속해서 사게 되는 현상을 뜻한다. 즉, 제품 간 조화를 추구하는 욕구가 소비에 소비를 불러 충동구매로 이어지는 것이다. 이런 현상이 일어나는 이유는 상품들 사이에 기능적 동질성이 아닌 정서적·심미적 동질성이 존재하기 때문이다.

① 에펠탑 효과   ② 베르테르 효과
③ 디드로 효과   ④ 파노플리 효과

① 처음에는 싫어하거나 무관심했지만 대상을 자주 접하다보면 거부감이 사라지고 호감으로 변하게 되는 현상
② 유명인이나 자신이 롤 모델로 삼고 있던 사람이 자살할 경우, 자신과 동일 시 해서 자살을 시도하는 현상
④ 소비자가 특정제품을 소비하면 유사한 급의 제품을 소비하는 소비자 집단과 같아진다는 환상을 갖게 되는 현상

2 60대의 자녀가 80~90대 부모를 돌보거나 노인 부부가 서로를 돌보는 상황을 가리키는 용어는?

① 슈카쓰   ② 빈집쇼크
③ 인구절벽   ④ 노노개호

① 인생을 마무리하고 죽음을 준비하는 활동
② 빈집이 기하급수적으로 늘어나 사회 문제로 번지는 것
③ 생산가능인구가 급격하게 줄어드는 현상
※ **노노개호(老老介護)** … 노인이 노인을 돌본다는 뜻으로 일본에서 처음 등장한 용어이다. 일본에서는 간병과 수발을 포함해 돌보는 일을 '개호(介護)'라고 한다. 여기에 노인을 뜻하는 늙을 노(老)를 두 번 겹쳐서 만들어졌다. 노노개호(老老介護)는 60대의 자녀가 80~90대 부모를 돌보거나 노인 부부가 서로를 돌보는 상황을 가리킨다.

3 다음에서 설명하고 있는 개념은 무엇인가?

> 불안정한 고용·노동 상황에 놓인 비정규직·파견직·실업자·노숙자들을 총칭한다. 신자유주의 경제체제에서 등장한 신노동자 계층을 말한다. 이탈리아에서 2003년 최초로 사용하기 시작해, 2005년 프랑스 최고고용계약법 관련 시위에서 쓰인 바 있다. 전 세계 적으로 우리나라의 '88만 원 세대', 일본의 '잃어버린 세대', 유럽의 '700유로 세대' 등 불안정 계층은 점차 젊은층으로 확산되고 있어 사회적으로 문제가 되고 있다.

① 프레카리아트　　　　　　　　　② 동맹파업
③ 워크셰어링　　　　　　　　　　④ 소호

　② 노동조합 및 기타 노동단체의 통제 하에 조합원이 집단적으로 노무제공을 거부하면서 그들의 주장을 관철시키려는 가장 순수하고 널리 행하여지는 쟁의행위
　③ 노동자 1인당 노동시간을 단축함으로써 전체고용자수를 유지·증대하려는 형태의 업무분담
　④ 사무실은 작아지고 집이 곧 사무실화하는 현대의 재택근무형 업무경향

4 1986년경 미국을 중심으로 나타난 새로운 가족 형태로 결혼은 하되 아이를 두지 않는 맞벌이 부부를 무엇이라고 하는가?

① 모모스족　　　　　　　　　　　② 딩크족
③ 노노스족　　　　　　　　　　　④ 딩펫족

　① **모모스족**: 체면치레를 위해 빚을 내서라도 명품을 사거나 가짜 유명 상표가 달린 짝퉁 상품이라도 소비해야 직성이 풀리는 사람들을 비꼬아 이르는 말
　③ **노노스족**: 일반인들에게는 생소한 상품의 로고와 디자인이 겉으로 드러나지 않은 제품을 즐기는 사람들을 일컫는 말
　④ **딩펫족**: 의도적으로 자녀를 낳지 않는 맞벌이 부부를 일컫는 딩크족과 애완동물을 뜻하는 펫의 합성어로 아이를 낳는 대신 애완동물을 키우며 사는 맞벌이 부부를 일컫는 말

Answer　1.③　2.④　3.①　4.②

5 대도시의 노동자가 지방 도시로 직장을 옮기는 형태의 노동력 이동을 무엇이라 하는가?

① 도넛현상   ② U턴현상

③ J턴현상   ④ 스프롤현상

 ① 대도시의 거주지역과 업무의 일부가 외곽지역으로 집중되어 도심에 상업기관·공공기관만 남게 되는 현상
② 대도시에서 고향으로 되돌아가는 노동력 이동 현상
④ 대도시의 교외가 무계획적으로 주택화되는 현상

6 다음 중 휴대전화가 없을 때 공포감을 느끼는 증상을 무엇이라 하는가?

① 노모포비아   ② 호모포비아

③ 차오포비아   ④ 테크노포비아

 ① **노모포비아** : no mobile-phone phobia의 줄임말로 휴대전화가 없을 때 공포감을 느끼는 증상을 말한다.
② **호모포비아** : 동성애 혹은 동성애자에 대한 무조건적인 혐오와 그로 인한 차별을 일컫는 말이다.
③ **차오포비아** : '차오'는 朝의 중국 발음으로 조선족 혐오현상을 말한다.
④ **테크노포비아** : '테크노스트레스 증후군'이라고도 하며 새로운 기술 유행에 따라가지 못해 심신이 거부 반응을 일으켜 우울증에 빠지는 증세를 말한다.

7 경기파동으로 인해 발생하는 일시적인 실업이 아니라 자본주의 경제구조의 특수성 및 모순에 의해 필연적으로 나타나는 실업을 무엇이라 하는가?

① 잠재적 실업   ② 비자발적 실업

③ 계절적 실업   ④ 구조적 실업

 ① **잠재적 실업** : 표면상 실업은 아니지만 한계생산이 없는 상태를 말한다.
② **비자발적 실업** : 노동을 제공할 의사와 능력을 가지고 있는 사람들 중 취업상태에 있지 않는 사람
③ **계절적 실업** : 어떠한 산업의 생산이 계절적으로 변동하기 때문에 일어나는 단기적인 실업

8 다음 현상을 설명하는 용어로 가장 적절한 것을 고르면?

> 결혼 후부터 남편 뒷바라지, 자녀양육으로 바쁜 일정을 보냈던 가정주부가 문득 남편도 자식도 모두 자신의 품 안에서 떠나버렸음을 깨닫고, 자신의 정체성(identity)에 대해 회의를 느끼는 심리적 현상

① 피터팬증후군   ② 공소증후군

③ 신데렐라증후군   ④ 모라토리엄증후군

 공소증후군(빈둥지증후군 ; empty nest syndrome) … 가정주부가 자신의 정체성에 회의를 느끼게 되는 현상으로 여성들의 사회참여가 활발하지 못한 사회에서 심각한 문제로 제기된다.

9 다음 보기에서 설명하는 용어로 가장 적절한 것을 고르면?

> 백화점의 식품매장이 지하에 있고 전문 식당가가 맨 꼭대기층에 있는 것은 백화점의 판매를 촉진시키기 위한 전략 중의 하나이다. 고객들은 식사만 하고 백화점을 나오지 않고 쇼핑까지 하게 되는 경우가 많은데 이처럼 백화점의 위층에 고객을 유인하려는 상품을 마련해 놓으면 고객이 자연스럽게 아래층으로 내려가며 다른 물건도 쇼핑을 하게 되기 때문이다.

① 낭떠러지효과   ② 폭포효과

③ 샤워효과   ④ 후광효과

 샤워효과 … 소비자들을 유인할 수 있는 상품을 배치해 위층의 고객 집객 효과가 아래층까지 영향을 미쳐 백화점 전체의 매출이 상승하는 효과를 말한다.
  ① **낭떠러지효과** : 자신이 정통한 분야에는 임무수행능력이 탁월하지만 조금이라도 그 분야를 벗어나면 일시에 모든 임무수행능력이 붕괴되는 현상
  ② **폭포효과** : 사회의 상위층을 공략하는 마케팅에 성공하면 전체 소비층에 그 효과가 빠르게 확산되는 현상
  ④ **후광효과** : 한 개인의 다양한 특성에 대한 평가가 그가 가진 하나의 뛰어난 특성에 의해 영향을 받는 현상

Answer ↳ 5.③   6.①   7.④   8.②   9.③

10 고령화사회와 고령사회를 구분하는 노인인구의 비율의 연결이 옳은 것은?

① 7% − 10%
② 7% − 14%
③ 14% − 21%
④ 20% − 25%

 총 인구에서 65세 이상 인구가 차지하는 비율이 7%를 넘어서면 고령화사회, 14%를 넘어서면 고령사회, 20% 이상이면 초고령사회라 한다.

3 과학 · 기술 · 정보통신

1 다음 설명 중 '언택트 기술'에 해당하는 것은?

① 분자나 원자 하나하나의 현상을 이해하고 이를 직접 조작하려는 기술이다.
② 통계적 이론, 전산기술들을 이용해 생물학 정보들을 저장 · 분석 · 해석하는 기술이다.
③ 유전자의 특정 염기서열을 인식해 원하는 부분을 자르는 기술이다.
④ 직원을 통하지 않고 상품이나 서비스를 구입할 수 있는 첨단 IT기술이다.

 ① 나노 테크놀로지
② 바이오인포매틱스
③ 유전자 가위
※ 언택트 기술 … 직원을 통하지 않고 상품이나 서비스를 구입할 수 있는 첨단 IT기술을 말한다. 접촉을 뜻하는 영단어 '컨택트(contact)'에 부정의 의미인 '언(un)'을 붙인 신조어로, '접촉하지 않는다'는 의미를 담고 있다. 언택트 기술은 개인주의 성향이 확산되면서 불편한 소통 대신 편한 단절을 원하는 사람들이 많아지면서 나타난 현상이다.

2 다음에서 설명하고 있는 개념은 무엇인가?

> 이 용어는 지난 2013년, 미국 FBI가 온라인 마약 거래 웹사이트 '실크로드'를 적발해 폐쇄하면서 알려졌다. 이것은 인터넷을 사용하지만, 접속을 위해서는 특정 프로그램을 사용해야 하는 웹을 가리킨다. 일반적인 방법으로 접속자나 서버를 확인할 수 없기 때문에 사이버상에서 범죄에 활용된다.

① P2P
② 다크 웹
③ 파밍
④ 스푸핑

① 인터넷상에서 개인과 개인이 직접 연결되어 파일을 공유하는 것
③ 해당 사이트가 공식적으로 운영 중인 도메인 자체를 중간에서 가로채거나 도메인 네임 시스템(DNS) 또는 프록시 서버의 주소 자체를 변경하여 사용자들로 하여금 공식 사이트로 오인하여 접속토록 유도한 뒤 개인정보를 빼내는 컴퓨터 범죄수법
④ 외부의 악의적 네트워크 침입자가 임의로 웹사이트를 구성하여 일반 사용자의 방문을 유도해 인터넷 프로토콜인 TCP/IP의 결함을 이용, 사용자의 시스템 권한을 확보한 뒤 정보를 빼가는 해킹수법

3 다음에서 설명하고 있는 용어로 적절한 것은?

Web 2.0의 차세대 버전이다. Web 1.0인 월드 와이드 웹(WWW)은 사용자가 신문이나 방송처럼 일방적으로 정보를 받는 것이었고, Web 2.0은 참여, 공유, 개방의 플랫폼 기반으로 정보를 함께 제작하고 공유하는 것이었다. 그러나 새로운 버전은 개인화, 지능화된 웹으로 진화하여 개인이 중심에서 모든 것을 판단하고 추론하는 방향으로 개발되고 활용될 것이다. 시맨틱 데이터를 이용하는 인텔리전트 소프트웨어와 같은 기술은 자료의 보다 효율적인 이용을 위해 채택하며, 소규모로 사용한다.

① Web 3.0   ② UCC
③ IPv6   ④ 아이핀

 ② 사용자가 직접 제작한 콘텐츠를 온라인상에 제공하는 비상업적 콘텐츠
③ IPv4에 이은, 주소체계 128비트의 차세대 인터넷 프로토콜 주소표현방식
④ 즉 인터넷상 주민번호를 대체하는 사이버 신원 확인번호

Answer ▸ 10.② / 1.④ 2.② 3.①

4 최초의 반사망원경을 제작하고 적외선을 발견한 인물로 우주가 별의 집단인 은하들이 수없이 많이 모여 이루어진다는 은하이론을 정립한 사람은 누구인가?

① 마이클 페러데이
② 윌리엄 허셜
③ 요제프 프라운 호퍼
④ 클레어 패터슨

 ② **윌리엄 허셜** : 허셜은 독일 출신의 작곡가이자 천문학자로 24개 교향곡과 7개의 바이올린 협주곡 등 수백 곡을 작곡하였으며 30대 중반 이후 천문학에 매진하여 최초의 반사망원경을 만들고 천왕성과 그 위성인 티타니아와 오베론을 발견했으며 후에는 토성의 두 위성인 미마스와 엔셀라두스를 발견하였다. 또한 은하이론을 정립하고 적외선을 발견, 현미경을 이용하여 산호가 동물의 특징을 지닌다는 것을 알아냈다.

5 2014년 11월 13일 혜성 탐사선 로제타호에서 인류 최초로 혜성 착륙에 성공한 혜성탐사 로봇이 이틀 만에 배터리 방전으로 대기모드 상태에 들어갔다. 이 탐사로봇의 이름은 무엇인가?

① 루노호트
② 필래
③ 캐나다암
④ 오퍼튜니티

 ② **필래** : 2014년 11월 13일 혜성 탐사선 로제타호에서 인류 최초로 혜성 착륙에 성공한 혜성탐사 로봇으로 당초 착륙지점에서 약 1km 떨어진 곳에 내리면서 이틀 만에 배터리가 방전되었고 혜성이 태양에 근접한 2015년 6월 13일부터 7월 9일까지 총 7차례에 걸쳐 다시 신호를 보내왔다. 하지만 이후 혜성의 환경이 불안정해지면서 완전히 교신이 단절되었다.
① **루노호트** : 1970년대 소련에서 개발된 달 탐사 로봇으로 최초로 외계 행성 표면을 이동한 로봇이다.
③ **캐나다암** : 캐나다가 완성한 자유유영 로봇의 시초로 우주정거장의 조립과 유지, 장비와 부속품의 전달 등을 돕기 위해 만들었다. 이 로봇은 우주선의 도킹을 지원하거나 위성 등 거대한 구조물을 나를 수 있도록 설계되었다.
④ **오퍼튜니티** : 2003년 7월 8일에 발사하여 이듬해인 2004년 1월 25일 화성에 착륙한 탐사로봇이다.

6 태양계의 해왕성 궤도보다 바깥에 위치해 있으며 황도면 부근에 천체가 도넛모양으로 밀집한 영역을 무엇이라 하는가?

① 카이퍼 벨트　　　　　　　　② 오르트 구름

③ 은하계　　　　　　　　　　　④ 소행성대

① **카이퍼 벨트** : 해왕성 바깥 궤도에 위치한 구역으로 된 원반 모양의 단주기 혜성들의 기원이자 얼음 핵을 가진 수많은 천체들이 있을 것이라 추정되는 곳이다. 카이퍼 벨트는 명왕성이 우리 태양계의 끝이라고 생각해왔던 것을 바꾸는 계기를 마련했으며 현재 수많은 천체들이 카이퍼 벨트에서 발견되고 있다.
② **오르트 구름** : 장주기 혜성의 기원으로 알려져 있으며 태양계를 껍질처럼 둘러싸고 있다고 생각되는 가상의 천체집단이다.
③ **은하계** : 우리 태양계를 포함한 약 1000억 개 이상의 별들로 이루어진 별의 집단으로 보통 우리은하라고 부른다. 하늘에 밝게 보이는 빛의 띠도 은하계의 한 부분으로 이를 은하수라고도 한다.
④ **소행성대** : 화성 궤도와 목성 궤도 사이에 위치한 소행성이 많이 있는 영역을 말한다.

7 네트워크에서 도메인이나 호스트 이름을 숫자로 된 IP주소로 해석해주는 TCP/IP 네트워크 서비스의 명칭으로 알맞은 것은?

① 라우터　　　　　　　　　　　② 모블로그

③ CGI　　　　　　　　　　　　④ DNS

① 둘 혹은 그 이상의 네트워크를 연결해 한 통신망에 서 다른 통신망으로 통신할 수 있도록 도와주는 장치이다.
② 휴대전화를 이용하여 컴퓨터상의 블로그에 글·사진 등의 콘텐츠를 올릴 수 있는 서비스이다.
③ 웹서버가 외부프로그램과 데이터를 주고받을 수 있도록 정의한 표준안이다.

Answer ➴ 4.② 5.② 6.① 7.④

8 다음에서 설명하는 용어는 무엇인가?

> 원자로의 노심(爐心)에서 발생하는 고속 중성자의 속도를 줄여서 열중성자로 바꾸기 위해 쓰이는 물질이다. 중성자는 원자핵반응에 중요한 역할을 맡고 있는데, 속도가 빠른 중성자는 원 자핵에 포착되기 어려워 원자핵 반응을 효율적으로 할 수 없다. 따라서 중성자의 속도를 줄이기 위해 적당한 원소의 원자핵과 충돌시켜야 하는데, 이때 쓰여지는 것을 말한다.

① 제어봉　　　　　　　　　　② 경수로
③ 감속재　　　　　　　　　　④ 냉각재

 ① 원자로의 제어(즉, 반응도의 조절)를 한 목적으로 원자로에 출입시키는 막대(또는 판)
② 원자력발전에 사용되는 원자로 중, 감속재로 물을 사용하는 경수형원자로
④ 원자력 발전소에 있는 원자로의 노심(爐心)을 냉각하는 물질

9 다음에서 설명하는 용어로 적절한 것은?

> 인터넷 사이트를 방문하는 사람들의 컴퓨터로부터 사용자 정보를 얻어내기 위해 사용되는 것으로, ID와 비밀번호 등 네티즌 정보를 담은 임시파일을 말한다. 암호화되어 있긴 하나 이를 통해 개인 신상정보가 노출될 위험을 가지고 있다.

① Proxy　　　　　　　　　　② Cookie
③ Cache　　　　　　　　　　④ KSS

 ① 인터넷 상에서 한 번 요청한 데이터를 대용량 디스크에 저장해두고, 반복하여 요청하는 경우 디스크에 저장된 데이터를 제공해 주는 서버
③ 컴퓨터의 성능을 향상시키기 위해 사용되는 소형고속 기억장치
④ 실시간으로 업데이트된 정보를 제공하는 기술이자 규약

10 다음 중 연결된 것이 서로 맞지 않는 것은?

① 원자설 – 달턴(Dalton)

② 전자의 발견 – 톰슨(Thomson)

③ 양성자의 발견 – 러더포드(Rutherford)

④ 중성자의 발견 – 게이 루삭(Gay Lussac)

 ④ 1932년 영국의 채드윅(J. Chadwick)은 베릴륨(Be)박판에 α선을 충돌시켜 전하가 없는 입자가 튀어나오는 것을 발견하여 전하를 띠지 않는 입자라는 뜻으로 중성자(Neutron)로 명명하였다. 게이 루삭은 기체의 압력은 온도에 비례한다는 법칙을 주장하였다.

---

4 지리 · 환경 · 보건

1 다음 중 콜드러시에 관한 설명으로 적절한 것은?

① 촬영 결과 및 효과를 보기 위해 촬영한 네가티브 필름을 그대로 현상한 편집 이전의 필름이다.

② 문자화된 기록물을 통해 지식과 정보를 획득하고 이해할 수 있는 능력을 말한다.

③ 녹색성장 관련 산업으로 사람과 돈이 몰려드는 것을 말한다.

④ 북극해의 자원을 확보하기 위하여 국가와 기업들이 북극해로 몰리는 현상을 말한다.

 ① 러시프린트
② 리터러시
③ 그린러시
※ 콜드러시(Cold Rush) … 북극해 자원을 확보하기 위해 세계 각국이 벌이는 치열한 경쟁을 뜻한다. 지구 표면의 6%를 차지하는 북극권은 연평균 기온이 7도 정도 올라 30년간 얼음 면적이 10% 감소했으며, 두께도 40%나 줄었다. 이로 인해 세계 각국은 북극 자원 개발과 선박 항로 개척이 쉬워졌다. 현재 미국, 러시아, 캐나다, 노르웨이, 덴마크 등 북극해 연안국뿐만 아니라 세계 각국이 북극의 엄청난 자원에 눈독을 들이고 있다.

Answer 8.③ 9.② 10.④ / 1.④

2 다음에서 설명하고 있는 개념으로 적절한 것은?

> 만성 신경정신 질환으로 언어발달 지연과 사회적응의 발달이 지연되는 것이 특징이다. 정확한 원인은 알려져 있지 않으며, 이 질환을 가진 환아들은 다른 사람들의 느낌을 이해하지 못하고, 고집이 비정상적으로 세다. 또한 의사소통을 잘하지 못하고, 사회적 신호에도 무감각하며, 특별히 관심 있는 것에만 강박적으로 빠져드는 경향을 보인다.

① 워너 증후군   ② 아스퍼거증후군
③ VDT 증후군   ④ 이코노미 클래스 증후군

 ① 우리말로는 조로증(早老症)으로 염색체 8번의 돌연변이에 의해 발생하는 열성유전 질환
③ 오랜 시간 컴퓨터를 사용하는 직장인들의 직업병으로 경견완(목·어깨·팔) 장애, 시력 저하 등의 증상
④ 비행기의 이코노미 클래스 같은 좁은 좌석에 장시간 계속 앉아 있을 경우 다리 정맥에 혈전·혈괴가 생겨 폐색전을 일으키는 질환

3 지하 암석이 용해되거나 기존에 있던 동굴이 붕괴되면서 생긴 움푹 파인 웅덩이는 무엇인가?

① 대륙붕   ② 모레인
③ 싱크홀   ④ 블로킹

 싱크홀(sink hole) … 장기간의 가뭄이나 과도한 지하수 개발로 지하수의 수면이 내려가 지반의 무게를 견디지 못해 붕괴되기 때문에 생기는 것으로 추정되며, 주로 깔때기 모양이나 원통 모양을 이룬다. 석회암과 같이 용해도가 높은 암석이 분포하는 지역에서 볼 수 있다.

4 다음 중 국제 적십자사의 창시자는 누구인가?

① 프레데리크 파시 ② 클라스 폰 투스 아르놀드손
③ 시어도어 루스벨트 ④ 장 앙리 뒤낭

 ④ 장 앙리 뒤낭 … 국제 적십자사의 창시자이자 제네바 협약의 제안자로 노벨평화상의 초대 수상자 중 한 명이다.
① 프레데리크 파시 : 국제 평화 연맹의 설립자이자 총재였으며 역시 노벨평화상 초대 수상자 중 한 명이다.
② 클라스 폰 투스 아르놀드손 : 스웨덴 평화중재연맹이 설립자로 노벨평화상 수상자이다.
③ 시어도어 루스벨트 : 미국의 대통령을 지냈고 러일 전쟁의 중재를 이끈 공로로 노벨평화상을 받았다.

5 국제협약에서 규제하는 물질과 목적을 잘못 연결한 것은?

① 염화불화탄소(CFC) – 엘니뇨 예방
② 이산화탄소(CO_2) – 온난화 방지
③ 유해산업폐기물 – 중금속 오염 방지
④ 변조동식물 – 생물종의 보존

 ① 염화불화탄소는 오존층 보호를 위해 규제되었다.

6 도시의 생물다양성을 높이기 위해 인공으로 조성하는 '소생물권'을 가리키는 용어는?

① 야생동물 이동통로 ② 생태공원
③ 비오토프 ④ 자연형 하천

 비오토프(biotope)…야생동물이 서식하고 이동하는 데 도움이 되는 숲, 가로수, 습지, 하천, 화단 등 도심에 존재하는 다양한 인공물이나 자연물로, 지역 생태계 향상에 기여하는 작은 생물서식공간이다.

Answer ↦ 2.② 3.③ 4.④ 5.① 6.③

7 다음 중 그린라운드(green round)에 대한 설명이 아닌 것은?

① 환경문제 다자간 협상을 지칭하는 것이다.

② 새로운 무역장벽의 문제로 부각될 것이다.

③ 환경기준을 국제적으로 합의한 것이다.

④ 지구온난화 방지를 위해 GATT에서 채택한 것이다.

 ④ 리우선언에 관한 설명이다.

그린라운드 … 국제적으로 합의된 환경기준을 설정하여 이것에 미달하는 무역상품은 관세부과 등 각종 제재를 가하기 위한 환경문제 다자간협상이다. 취지는 환경문제의 세계화에 따라 지구를 보호하자는 것이지만, 국가 간 환경기술의 격차 및 소득수준의 차이 등에 따라 환경보호기준이 달라 결국 선진국들의 무역장벽 역할을 수행할 수 있는 부정적인 면이 있다.

8 다음에서 설명하는 제도는 무엇인가?

> 먹을거리 안전에 대한 국민들의 관심이 높아짐에 따라 각종 농산물로부터 국민의 안전을 보호 할 목적으로 도입하여 2005년부터 모든 농산물에 적용하였다. 농산물 생산에 사용한 종자와 재배방법, 원산지, 농약 사용량, 유통 과정 등이 제품의 바코드에 기록되기 때문에 소비자들도 농산물의 생산에서 유통에 이르기까지 모든 이력을 쉽게 알 수 있다.

① 구빈제   ② 입호제

③ 고시제   ④ 이력추적제

 ① 자립할 능력이 없는 사회적 빈곤자에게 국가에서 원조를 주는 여러 제도

② 마을의 구성원이 되는 데 일정한 제한을 두는 제도

③ 공직의 임용을 위하여 국가가 실시하는 시험제도

9 오랜 시간 컴퓨터를 사용하는 직장인들에게 나타나는 직업병은?

① VDT 증후군 ② 대사증후군

③ TATT 증후군 ④ 외상 후 스트레스 장애

 Tip

① **VDT 증후군** : 오랜 시간 컴퓨터를 사용하는 직장인들의 직업병으로 경견완(목·어깨·팔) 장애, 시력 저하 등의 증상을 일으킨다. 1994년 7월 노동부 요양급여심의위원회에서는 이를 직업병으로 지정하였다.

② **대사증후군** : 혈액 속에 있는 포도당을 분해하여 간, 근육 등으로 보내는 역할을 하는 인슐린이 제 기능을 못해 여러 가지 성인병이 복합적으로 나타나는 증상을 일컫는다.

③ **TATT 증후군** : 신체적인 이상은 없는데 항상 피곤하다고 느끼는 증상을 말한다.

④ **외상 후 스트레스 장애** : 정신의학에서 일컫는 '불안장애'의 일종으로 신체적인 손상 및 생명을 위협하는 심각한 상황에 직면한 후 보이는 정신적인 장애가 1개월 이상 지속되는 것을 말한다.

10 다음 설명하는 질환에 대한 내용으로 옳은 것은?

> 어릴 때 수두를 앓고 나면 다 나은 후에도 이 바이러스가 몸속에서 완전히 사라지지 않는다. 체내에 남아 있는 수두 바이러스는 신경을 따라 이동하여 신경절에 잠복해 있다 성인이 되어 신체 면역력이 약해지면 수두 바이러스가 신경을 타고 다시 피부로 내려와 염증을 일으키는데 과로와 스트레스가 쌓인 2~30대 대상포진 환자들이 증가하는 추세이다.

① 수족구병 ② 아디스증후군

③ 지연성 바이러스성 질환 ④ 대상포진

 Tip

대상포진은 처음엔 몸의 한쪽 부위에 심한 통증이 온다. 보통 이렇게 몸에 통증이 오면 감기 몸살이라고 착각을 하는 경우가 많고, 병원에 방문해도 신경통이나 디스크, 오십견, 늑막염으로 오진을 받는 일도 있다. 이후 며칠이 지나 피부에 물집이 잡히고 대상포진이라는 것을 알 수 있다. 바이러스가 오른쪽 또는 왼쪽으로 한 가닥씩 나와 있는 신경 줄기를 따라 퍼지기 때문에 증상이 한 쪽으로만 나타나는 특징이 있다.

① **수족구병** : 여름과 가을철에 흔히 발생하며 입 안의 물집과 궤양, 손과 발의 수포성 발진을 특징으로 하는 질환이다.

② **아디스증후군** : 20~30대 여성에게 많은 질환으로, 동공에 이상을 일으킨다.

③ **지연성 바이러스성 질환** : 전염성 요인(바이러스나 프리온)에 의해 유발되는 진행성 병리학적 과정으로 몇 달에서 몇 년의 오랜 잠복기간 동안은 임상적으로 무증상이다가 진행성 임상 증상이 오랜 잠복 기간 후에 나타난다.

Answer 7.④ 8.④ 9.① 10.④

1 다음에서 설명하고 있는 용어는 무엇인가?

> 1만여 개 초·중·고·특수학교, 178개 교육지원청, 16개 시·도교육청 및 교육과학기술부가 모든 교육행정 정보를 전자적으로 연계 처리하며, 국민 편의 증진을 위해 행정안전부(G4C), 대법원 등 유관기관의 행정정보를 이용하는 종합 교육행정정보시스템이다.

① HACCP
② NEIS
③ GDLN
④ CAI

 ① 식품의 원료부터 제조, 가공 및 유통 단계를 거쳐 소비자에게 도달하기까지 모든 과정에서 위해물질이 해당 식품에 혼입되거나 오염되는 것을 사전에 방지하기 위한 식품관리 제도
③ 세계은행이 구축한 세계개발교육네트워크
④ 컴퓨터를 응용하는 자동교육시스템

2 자신의 이론을 분석심리학이라 명명한 인물로 '집단무의식', '원형', '아니마', '아니무스', '페르소나' 등의 개념을 사용한 학자는 누구인가?

① 매슬로우
② 스키너
③ 프로이드
④ 융

 칼 융 … 융은 그의 이론을 분석심리학으로 명명하였고 분석심리학의 핵심은 '개성화 과정'으로 즉 자아가 무의식의 여러 측면을 발견하고 통합하는 "무의식의 자기실현 과정"이다. '집단무의식', '원형', '아니마', '아니무스', '페르소나' 등의 개념은 그가 그의 이론에서 사용한 개념들이다.

3 과실상규는 향약의 4대 강목 중 하나이다. 다음 중 과실상규의 뜻으로 옳은 것은?

① 어려운 일은 서로 돕는다.
② 좋은 일은 서로 권한다.
③ 예의로 서로 사귄다.
④ 잘못은 서로 규제한다.

향약의 4대 강목
① 환난상휼
② 덕업상권
③ 예속상교
④ 과실상규

4 다음 중 칠정(七情)에 속하지 않는 것은?

① 희   ② 노

③ 애   ④ 락

 칠정(七情) … 희(喜, 기쁨)·노(怒, 노여움)·애(哀, 슬픔)·구(懼, 두려움)·애(愛,사랑하는 마음)·오(惡, 미워함)·욕(欲, 바라는 마음)을 말한다.

5 허무주의라고도 하며 종래 일반적으로 인정되어 온 생활상의 가치, 즉 이상이나 도덕규범이나 문화, 생활양식 등을 부정하는 견해를 무엇이라 하는가?

① 다다이즘   ② 매카시즘

③ 니힐리즘   ④ 쇼비니즘

 ① 다다이즘 : 1916년경 유럽을 중심으로 퍼져나가기 시작하여 1920년대 초반까지 이어졌던 문예운동이다.
② 매카시즘 : 1950년~1954년 미국을 휩쓴 일련의 반(反) 공산주의 선풍으로 미국 위스콘신 주 출신의 공화당 상원위원 J. R. 매카시의 이름에서 유래했다.
④ 쇼비니즘 : 조국의 이익을 위해서는 수단과 방법을 가리지 않으며 국제정의조차 부정하는 맹목적 애국주의를 말한다.

Answer 1.② 2.④ 3.④ 4.④ 5.③

6 철학자 베이컨이 강조한 지식은 무엇인가?

① 이성적 지식　　　　　　　　　② 전통적 지식

③ 과학적 지식　　　　　　　　　④ 경험적 지식

 프랜시스 베이컨(Francis Bacon)은 르네상스 이후의 영국 고전경험론의 창시자이다. 그는 학문을 역사·시학·철학으로 구분하고 다시 철학을 신학과 자연철학으로 나누었는데, 그의 최대의 관심은 자연철학 분야에 있었고 자연과학적 귀납법과 경험적 지식을 강조하였다.

7 송나라 시대 학자 왕안석이 실시한 신법(新法) 중 실업자 구제를 목적으로 한 것은?

① 청묘법　　　　　　　　　　　② 보마법

③ 모역법　　　　　　　　　　　④ 시역법

 ① **청묘법**(靑苗法) : 농민을 위한 정책으로 봄에 저리로 자금을 빌려주고 가을에 돈이나 현물로 반환하게 하였다.
② **보마법**(保馬法) : 말을 보갑조직이 사육토록 하여 평소에는 농사에 이용하고 전시에는 병마로 이용했다.
④ **시역법**(市易法) : 소상인을 위한 정책으로 구매력이 낮은 제품을 담보로 하여 저리로 자금을 빌려주었다.

8 다음 중 지식과 행동의 통일을 주창한 철학은?

① 주자학　　　　　　　　　　　② 성리학

③ 양명학　　　　　　　　　　　④ 실학

 ③ 유학의 실천성을 회복하고자 제창한 학문으로 심즉리(心卽理), 치양지(致良知), 지행합일(知行合一)을 주장하였다. 격물(格物)·치지(致知)·성의(誠意)·正心(정심) 등에 대한 새로운 해석을 바탕으로 하고 있다.
①② 성명(性命)과 이기(理氣)의 관계를 논한 유교철학으로, 공자의 학설과 불교와 도교의 사상을 섞어 인생의 원리, 인심과 천리와의 관계를 논한 학문이다.
④ 조선후기에 나타난 근대 지향적이고 실증적인 학문으로 성리학의 형이상학적 공리공론을 문제 삼고 유학 본래의 학문의 기능을 회복하려는 학문이다.

9 노자의 사상으로 옳은 것은?

① 물아일체

② 정혜쌍수

③ 극기복례

④ 무위자연

 노자(老子) … 중국 고대의 사상가이며 도가(道家)의 시조이다. 노자는 인의(仁義) 등과 같이 도덕이나 지혜에 의하여 인위적으로 만들어진 것을 버린 무위자연(無爲自然)의 상태를 이상 적이라고 보고 무위무욕(無爲無欲)의 삶을 추구하고자 한다.

① 물아일체(物我一體) : 외물(外物)과 자아 또는 물질계와 정신계가 어울려 하나가 되는 것을 이른다.

② 정혜쌍수(定慧雙修) : 조계종의 개창자인 지눌이 주장한 불교신앙의 개념으로, 선정(禪定) 의 상태인 '정'과 사물의 본질을 파악하는 지혜인 '혜'를 함께 닦아 수행하자는 의미이다.

③ 극기복례(克己復禮) : 이기심을 버리고 예(禮)를 따르는 것으로 극기는 개인의 사리사욕을 억제하고 소아주의(小我主義)를 지향하는 것이고, 복례는 사회규범을 따르고 대아주의 (大我主義)를 지향하는 것을 말한다.

10 인간의 순연한 본성이 곧 진리라는 뜻으로, 양명학의 핵심을 표현한 말은?

① 도참사상

② 심즉리

③ 격물치지

④ 음양오행설

 ② 심즉리(心卽理) : 성리학의 성즉리에 대응하여 양명학의 사상을 표현한 말로 육상산과 왕 양명이 공동으로 주장한 이론이다. '心'을 곧 '천리(天理)'와 동일시하는 것으로 인간의 순연한 본심이 진리라는 의미이다.

① 도참사상(圖讖思想) : 미래에 길흉에 관한 예언을 근거로 정치사상 등을 전개하고자 하는 믿음이다.

③ 격물치지(格物致知) : 주자(朱子)에 따르면 사물의 이치를 연구하여 후천적인 지식을 명 확히 할 것을 의미하며 왕양명(王陽明)의 관점에서는 사물에 존재하는 마음을 바로잡고 선천적인 양지(良知)를 갈고 닦음을 의미한다.

④ 음양오행설(陰陽五行說) : 우주나 인간 사회의 모든 현상을 음·양 두 원리의 소장(消長) 으로 설명하는 음양설과, 만물의 생성소멸(生成消滅)을 목(木)·화(火)·토(土)·금(金)· 수(水)의 변천으로 설명하는 오행설을 함께 일컫는다.

Answer → 6.④ 7.③ 8.③ 9.④ 10.②

1 다음에서 설명하고 있는 용어는 무엇인가?

> 재미(fun)와 기부(donation)의 합성어로, 흥미와 즐거움을 느끼며 기부활동을 하는 것을 이르는 말이다. 이는 단순히 기부가 필요한 사람이나 단체에 돈을 투자하는 것을 넘어서 일반 대중이 직접 기부에 참여할 수 있는 문화를 조성해야 한다는 사회적 필요성이 높아지면서 형성된 것으로, 얼마를 기부하느냐(금액)보다 어떻게 기부하는지(기부방법)에 대한 관심이 커진 것에서 발생됐다. 액수 중심의 틀에 박힌 기업의 기부활동보다 순수한 기부를 중요시하고, IT기술이 발전하면서 '재미'와 결합하게 된 것이다.

① 호몰로게이션 ② 페더레이션
③ 카테네이션 ④ 퍼네이션

① 양산(量産) 차량이 경기에 참가하기 위해 필요한 공인(公認)을 취득하는 것
② HLA(High Level Architecture)상에서 여러 개의 모델들을 통합하여 구성한 하나의 시뮬레이션
③ 2개 이상의 환상DNA가 서로 결합하는 반응 및 그 상태

2 유명인을 뜻하는 말로 트렌드를 이끄는 사람은 무엇인가?

① 셀럽 ② 인디
③ 컬트 ④ 팬덤

셀럽 … celebrity(유명인)의 줄임말로 누구나 따라하고 싶은 정도의 유명인사 또는 현재 유행을 이끄는 트렌드 등을 의미한다. 2010년대 들어 일반인을 대상으로 한 각종 리얼리티 방송프로그램, 오디션 프로그램이 인기를 끌면서, 가수나 배우와 같은 연예인은 아니지만 큰 인지도를 자산으로 살아가는 유명인, 즉 셀럽이 증가하고 있다.

3 다음 중 개인 SNS에 글을 쓰듯 영상으로 기록을 남기는 것은?

① BLOG ② JLOG
③ VLOG ④ SLOG

4 다음 빈칸에 들어갈 개념은 무엇인가?

> _____은(는) 정보과잉의 시대에 넘쳐나는 콘텐츠와 상품들로 쉽게 결단을 내리지 못하고 결정 장애를 앓고 있는 현대인을 빗대어 표현한 신조어다. '예, 아니요' 대신 '글쎄'라는 애매한 대답으로 결정을 못하는 사람들을 위해 소비자의 취향, 성격, 연령 등을 분석한 뒤 최적의 상품을 추천해 주는 '큐레이션' 서비스가 각광받고 있다.

① 햄릿증후군   ② 터너증후군

③ ADD증후군   ④ 쿠싱증후군

 ② 작은 키와 사춘기에 성적 발달이 결여되는 것이 특징인 여성의 성염색체 이상 증후군
③ 대규모 구조조정을 겪으면서 실직을 간신히 모면한 종업원들이 겪게 되는 심리적인 허탈과 공허감에서 표출되는 병리적 현상
④ 부신피질의호르몬 중 코르티솔의 과다로 인해 발생하는 임상증후군

5 다음 중 낭만파 음악을 대표하는 작곡가는 누구인가?

① 베토벤   ② 모차르트

③ 하이든   ④ 슈베르트

④ 오스트리아 출생의 작곡가로 낭만파 음악을 대표하는 작곡가이다. 약 600여곡의 가곡을 남겨 '가곡의 왕'이라 불린다.
①②③ 고전파 음악을 대표하는 작곡가들이다.

Answer ➡ 1.④   2.①   3.③   4.①   5.④

6 야상곡이라고도 하며 낭만적인 성격의 악곡의 일종을 무엇이라 하는가?

① 칸타타   ② 녹턴

③ 오페라   ④ 오라토리오

> (Tip) ① 칸타타 : 극적 요소를 포함한 독창 혹은 중창에 악기의 반주가 따르는 형식이다.
> ③ 오페라 : 각본이 있으며 음악의 비중이 큰 종합 무대 예술이다.
> ④ 오라토리오 : 오라토리엄이라고도 하는 성악의 일종으로 줄거리가 있는 곡의 모임이지만
> 배우의 연기는 없다. 주로 종교적인 내용을 담고 있다.

7 다음 중 베르디의 오페라 작품이 아닌 것은?

① 리골레토   ② 아이다

③ 피델리오   ④ 오셀로

> (Tip) ③ 피델리오 : 독일의 작곡가 루트비히 판 베토벤의 오페라 작품이다.

8 구매시점광고 · 판매시점광고라고도 하며 판매점 주변에 전개되는 광고와 디스플레이류 광고를
총칭하는 것은?

① 인포머티브 광고   ② POP 광고

③ 시리즈 광고   ④ 티저광고

> (Tip) POP 광고(point of purchase advertisement) … 디스플레이류(類) 광고와 판매점 주변에
> 전개되는 광고의 총칭
> ① 상품의 특징 · 사용법 등을 상세하게 설명하여 상품에 대한 구체적 지식을 제공하는 광
> 고방법이다.
> ③ 하나의 주제나 상품을 제재로 하여 전달 내용을 발전시켜 가면서 일정기간 연속하여 동
> 일 신문이나 잡지에 순차적으로 게재하는 광고이다.
> ④ 광고의 대상자에게 호기심을 제공하면서 광고 메시지에 관심을 높임과 동시에 후속광고
> 에 도입 구실도 하는 광고다.

9 저작재산권의 보호기간은 저작자 사후 몇 년까지인가?

① 10년 ② 30년
③ 50년 ④ 70년

 저작재산권은 특별한 규정이 있는 경우를 제외하고는 저작자가 생존하는 동안과 사망한 후 70년간 존속한다. 〈저작권법 제39조 제1항〉

10 기업이 문화예술이나 스포츠 등에 자금이나 시설을 지원뿐만 아니라 사회적, 인도적 차원에서 이루어지는 공익사업에 대한 지원활동을 일컫는 말은 무엇인가?

① 보보스(Bobos)
② 매칭그랜트(Matching Grant)
③ 스톡그랜트(Stock Grant)
④ 메세나(Mecenat)

 메세나(Mecenat)는 1967년 미국에서 기업예술후원회가 처음 이 용어를 사용했으며, 각국의 기업인들이 메세나협의회를 설립하면서 메세나는 기업인들의 각종지원 및 후원 활동을 통틀어 일컫는 말로 쓰인다.

02 경제 · 금융(UB부문)

1 다음에서 설명하고 있는 용어는 무엇인가?

> 국내 종합주가지수. 유가증권시장본부(증권거래소)에 상장된 종목들의 주식 가격을 종합적으로 표시한 수치이다. 시장전체의 주가 움직임을 측정하는 지표로 이용되며, 투자성과 측정, 다른 금융상품과의 수익률 비교척도, 경제상황 예측지표로도 이용된다. 증권거래소는 1964년 1월 4일을 기준시점으로 미국의 다우 존스식 주가평균을 지수화한 수정주가 평균지수를 산출하여 발표하였는데, 점차 시장규모가 확대되어 감에 따라 1972년 1월 4일부터는 지수의 채용종목을 늘리고 기준시점을 변경한 한국종합주가지수를 발표하였다.

① 코스닥
② 코스피
③ 양안지수
④ 인덱스펀드

 ① 코스닥위원회가 운영하는 장외거래 주식시장으로서 미국의 나스닥과 유사한 기능을 하는 중소, 벤처기업을 위한 증권시장
③ 상하이, 선전, 홍콩, 대만 등 4개 증권거래소의 동향을 반영하는 지수
④ 증권시장의 장기적 성장 추세를 전제로 하여 주가지표의 움직임에 연동되게 포트폴리오를 구성하여 운용함으로써 시장의 평균 수익을 실현하는 것을 목표로 하는 포트폴리오 운용기법

2 다음에서 설명하고 있는 재화로 적절한 것은?

> 대부분의 모든 소비재는 수요면에서나 공급면에서 다른 소비재와 관련을 가지고 있고 생산요소 간에도 또한 이러한 연관관계가 있다. 커피나 설탕, 설탕과 홍차와 같이 사용상 관련을 가지는 재화를 연관재(聯關財 : related goods)라고 할 때, 그렇지 않은 재화를 말한다.

① 대체재
② 정상재
③ 보완재
④ 독립재

④ 사용상 별다른 관련을 가지지 않고 독자적인 목적으로 사용되는 재화

① 재화 중 동일한 효용을 얻을 수 있는 재화

② 소득이 증가(감소)함에 따라 수요가 증가(감소)하는 재화

③ 두 재화를 동시에 소비할 때 효용이 증가하는 재화

3 다음 내용과 관련된 인물은 누구인가?

> '샤워실의 바보'는 경제현상이 복잡해지면서 중앙은행이 경제의 단면만을 보고 섣부르게 시장에 개입할 경우 오히려 물가 불안 또는 경기침체를 초래하거나, 더 심화시키는 상황을 빗댄 표현, 혹은 이를 경계하기 위해 사용하는 말이다. 때로는 경제 전반에서 어떤 정책을 시행한 후 그 정책의 효과가 나타나기도 전에 또 다른 정책을 시행하여 역효과가 생기는 상황을 가리키기도 한다.

① 밀턴 프리드먼(Milton Friedman)

② 폴 엘리엇 싱어(Paul Elliott Singer)

③ 조지프 퓰리처(Joseph Pulitzer)

④ 리카도(David Ricardo)

 제시된 내용은 밀턴 프리드먼의 '샤워실의 바보'이다.

② 헤지펀드 '엘리엇 매니지먼트'를 설립하였다.

③ 미국의 언론인이자 신문 발행가였으며 그의 유언에 따라 퓰리처상이 제정되었다.

④ 한 나라가 두 재화 생산 모두에 절대우위를 갖는 경우에도 양국이 어느 한 재화에 특화하는 것이 양국 모두의 후생을 증대시킨다는 점을 비교우위 개념을 통해 설명하였다.

Answer 1.② 2.④ 3.①

4   다음 중 무차별곡선에 대한 설명이 아닌 것은?

① 소비자에게 동일한 만족 또는 효용을 제공하는 재화의 묶음들을 연결한 곡선을 말한다.
② 재화의 조합을 나타내는 것으로 무차별곡선상의 어떤 조합을 선택하여도 총효용은 일정하다.
③ 한 재화의 가격과 한 소비자가 구매하고자 하는 해당 재화의 양과의 관계를 나타낸다.
④ 한 재화의 소비량을 증가시키면 다른 재화의 소비량은 감소하므로 무차별곡선은 우하향하는 모습을 띤다.

  ③ 개인수요곡선에 관한 설명이다.

5   다음의 가격탄력성 크기에 어울리는 개념으로 옳은 것은?

$$E_d = \infty$$

① 비탄력적   ② 단위탄력적
③ 완전비탄력적   ④ 완전탄력적

 가격탄력성의 구분

가격탄력성 크기	용어
$E_d = 0$	완전비탄력적
$0 < E_d < 1$	비탄력적
$E_d = 1$	단위탄력적
$1 < E_d < \infty$	탄력적
$E_d = \infty$	완전탄력적

6 웨어러블 기기 등 비교적 크기가 작고 사물인터넷을 구성하는 사물 간 교환하는 데이터의 양이 많지 않은 기기를 무엇이라 하는가?

① 소물   ② 폭스

③ 라인   ④ 로더

 웨어러블 기기 등 비교적 크기가 작고 사물인터넷을 구성하는 사물 간 교환하는 데이터의 양이 많지 않은 기기를 소물(Small Thing)이라고 한다.
※ 소물인터넷 … 소물에 적용되는 사물 인터넷 기술

7 불황 하에서 인플레이션이 수습이 안 되는 상황을 나타내는 것은?

① 슬럼플레이션   ② 스태그플레이션

③ 붐플레이션   ④ 디플레이션

 슬럼플레이션(slumpflation) : 불황을 의미하는 슬럼프(slump)와 인플레이션(inflation)의 합성어로 불황 하에서도 인플레이션 수습이 안 되는 것을 의미한다. 스태그플레이션에 비해서 경기의 침체가 더욱 심한 상태를 말한다.

8 다음 중 경제관련 체계 중 성격이 다른 하나는?

① FTA   ② EU

③ WTO   ④ NAFTA

 WTO는 다 국가를 상대로 공통적인 문제를 논하는 다자주의, 개방적인 성격의 조직인 반면 나머지는 관세철폐 등의 조약체결을 각 대상국씩 진행하며 지역주의적이고 폐쇄적이라고 볼 수 있다.

Answer 4.③   5.④   6.①   7.①   8.③

9 급격한 경기침체나 실업증가를 야기하지 않으면서 경제성장률을 낮추는 것을 의미하는 경제용어는?

① 양적완화   ② 리커노믹스

③ 아베노믹스   ④ 연착륙

 연착륙은 경제에서는 급격한 경기침체나 실업증가를 야기하지 않으면서 경제성장률을 낮추는 것을 의미한다. 즉 경기가 팽창(활황)에서 수축(불황)국면으로 접어들 때 기업은 매출이 줄고 투자심리가 위축돼 결국 감원으로 연결되고, 가계는 실질소득이 감소해 소비를 줄이고 저축을 꺼리게 되는데 연착륙은 이 같은 부작용을 최소화하자는 것이다.

10 디지털 플랫폼을 기반으로 상품 및 서비스의 공급자와 수요자가 거래하는 경제 활동을 무엇이라 하는가?

① 디지털 경제   ② 플랫폼 경제

③ 커머스 경제   ④ 쉐어링 경제

 플랫폼 경제 … 인터넷 기술의 발전으로 네트워크상에서 기업과 소비자를 연결하는 디지털 플랫폼이 출현하였다. 이러한 디지털 플랫폼을 기반으로 상품 및 서비스의 공급자와 수요자가 거래하는 경제 활동을 플랫폼 경제라고 한다.

2017년에는 정보통신기술의 융합을 기반으로 이루어지는 4차 산업혁명을 통해 경제 및 사회 전반적으로 더욱 다양한 변화가 가시화될 전망이다. 이에 따라 플랫폼 경제의 성장을 견인하는 디지털 플랫폼 기업들 역시 급속한 성장이 예상된다.

11 피구효과에 대한 설명으로 알맞은 것은?

① 소득이 높았을 때 굳어진 소비 성향이 소득이 낮아져도 변하지 않는 현상을 말한다

② 임금의 하락이 고용의 증대를 가져온다는 이론을 말한다.

③ 자신이 경제적, 사회적으로 우월하다는 것을 과시하려는 본능적 욕구에서 나오는 소비로 재화의 품질이나 용도보다는 상표에 집착하는 소비행위를 말한다.

④ 경기불황일 때 저가상품이 잘 팔리는 현상으로 저가 제품 선호추세라고도 한다.

Tip ① 톱니 효과, ③ 베블렌 효과, ④ 립스틱 효과

12 근로자와 자영업자, 농어민의 재산 형성을 지원하기 위해 2016년에 도입된 제도로 개인종합자산관리계좌라고도 하며 하나의 통장으로 예금이나 적금은 물론 주식·펀드·ELS등 파생상품 투자가 가능한 통합계좌를 무엇이라 하는가?

① ELD   ② ETF
③ ISA   ④ ELW

① 주가지수연동예금이라고도 하며 수익이 주가지수의 변동에 연계해서 결정되는 은행판매예금이다. 고객의 투자자금은 정기예금에 넣고 창출되는 이자만 파생상품에 투자하여 추가 수익을 낸다.
② 상장지수펀드로 특정지수를 모방한 포트폴리오를 구성하여 산출된 가격을 상장시킴으로써 주식처럼 자유롭게 거래되도록 설계된 지수상품이다.
④ 주식워런트증권이라고도 하며 특정 대상물(기초자산)을 사전에 정한 미래의 시기(만기일 또는 행사기간)에 미리 정한 가격(행사가격)으로 살 수 있거나 팔 수 있는 권리를 갖는 유가증권을 말한다.

13 어떤 재화에 대해 사람들의 수요가 많아지면 다른 사람들도 그 경향에 따라서 그 재화의 수요를 더 증가시키는 효과를 무엇이라 하는가?

① 베블런효과   ② 밴드왜건효과
③ 백로효과   ④ 언더독효과

① 가격이 오르는데도 일부 계층의 과시욕이나 허영심 등으로 인해 수요가 줄어들지 않는 현상
③ 특정 상품에 대한 소비가 증가해 희소성이 떨어지면 그에 대한 수요가 줄어드는 소비현상으로 남들이 구입하기 어려운 값비싼 상품을 보면 오히려 사고 싶어 하는 속물근성에서 유래했다. 소비자가 제품을 구매할 때 자신은 남과 다르다는 생각을 갖는 것을 우아한 백로에 빗댄 것으로, 속물을 뜻하는 영어인 snob을 사용해 스놉효과라고도 한다.
④ 개싸움에서 밑에 깔린 개가 이겨주기를 바라는 것처럼 경쟁에서 뒤지는 사람에게 동정표가 몰리는 현상

Answer 9.④ 10.② 11.② 12.③ 13.②

14 다음 중 전시효과와 같은 의미로 쓰일 수 없는 것은?

① 과시효과　　　　　　　　　　② 시위효과

③ 데모효과　　　　　　　　　　④ 마태효과

 ④ 갈수록 심화되고 있는 빈익빈 부익부 현상을 가리키는 용어
- 전시효과 … 사람들이 더 높은 소득층의 소비수준에 이끌려 경제적 여유가 생기면 소비를 늘리는 경향. 과시효과, 시위효과, 데모효과라고도 하며 고도 성장기의 내구소비재 붐 등은 이 효과에 의존하는 면이 크다. 또한 매스컴이나 대기업의 PR에도 많은 영향을 받고 있다.

15 합병과 인수가 합성된 용어로 경영지배권에 영향을 미치는 일체의 경영행위를 무엇이라 하는가?

① M&A　　　　　　　　　　② VaR

③ SCM　　　　　　　　　　④ ECM

 ① M&A : 좁은 의미로는 기업 간의 인수합병을 뜻하며 넓은 의미로는 회사분할과 기술제휴, 공동마케팅 등 전략적 제휴까지 확대된 개념이다.
② VaR : 정상적인 시장 여건에서 일정 신뢰수준 하에서 목표 보유기간 동안 발생 가능한 최대손실금액을 말한다.
③ SCM : 공급망 관리라고도 하며 제품생산을 위한 프로세스(부품조달, 생산계획, 납품, 재고관리)를 효율적으로 처리할 수 있는 관리 솔루션으로 물자, 정보, 재정 등이 공급자로부터 생산자, 도매업자, 소매상인, 그리고 소비자에게 이동함에 따라 그 진행과정을 감독하는 것을 말한다.
④ ECM : 기업 콘텐츠 관리라고도 하며 조직 내의 처리 업무에 관한 콘텐츠나 문서를 보관 · 전달 · 관리에 이용하는 기술을 말한다.

16 구매이력, 상품정보, 인구통계학 데이터 등을 분석하여 개인에게 맞는 상품을 모바일, TV 상에서 편리하게 쇼핑하도록 유도하는 것은 무엇인가?

① 소셜 커머스　　　　　　　　② 모바일 커머스

③ 스마트 커머스　　　　　　　④ 데이터 커머스

 데이터 커머스 … 구매이력, 상품정보, 인구통계학 데이터, 방송 시청 데이터 등 수백가지의 분할된 데이터를 정밀분석하여 개인에게 맞는 상품을 모바일, TV 상에서 편리하게 쇼핑하도록 유도하는 것이다. 최근에는 개인 라이프스타일에 맞는 단말, 시간대, 콘텐츠별로 상품을 추천하고, 기업과 연결시켜주는 중개 플랫폼으로 진화하고 있다.

17 2014년 뉴욕 증권거래소에 상장된 중국 기업으로 세계 최대 규모의 온라인 쇼핑몰을 운영하고 있는 이 기업은 무엇인가?

① 알리바바
② 텅쉰
③ 바이두
④ 하이얼

 알리바바 … 세계 최대 규모의 온라인 쇼핑몰 알리바바 닷컴을 운영하는 기업으로 회장은 마윈이다. 2014년 미국 뉴욕 증권거래소에 상장되었으며 현재 알리바바를 통한 거래는 중국 GDP의 2%에 이르고 중국 내 온라인 거래의 80%가 알리바바 계열사를 통해 이뤄지며 중국 내 소포의 70%가 알리바바 관련 회사들을 통해 거래된다. 알리바바 닷컴은 B2B 온라인 쇼핑몰로 중국의 중소기업이 만든 제품을 전 세계 기업들이 구매할 수 있도록 중계해주고 현재는 일반인을 대상으로 한 쇼핑몰 '타오바오'와 부유층을 타겟으로 한 온라인 백화점 '티몰' 등의 계열사가 추가되었다.

18 2014년 11월 17일 시행된 것으로 상하이 증권거래소와 홍콩 증권거래소 간의 교차 매매를 허용하는 정책은 무엇인가?

① QFII
② 후강퉁
③ EIS
④ DSS

 후강퉁 … 2014년 11월 17일 시행되었으며 상하이 증권거래소와 홍콩 증권거래소 간의 교차 매매를 허용하는 정책으로 이것이 시작되면 본토 50만 위안 잔고를 보유한 개인투자자와 일반 기관투자가 등도 홍콩을 거쳐 상하이 A주 주식을 살 수 있게 되며 일반 개인 외국인 투자자들도 홍콩을 통해 개별 본토 A주 투자가 가능해진다. 또한 중국 투자자 역시 홍콩 주식을 자유롭게 살 수 있다.

19 다음 중 사소한 무질서를 방치하면 큰 문제로 이어질 가능성이 높다는 의미를 담고 있는 이론은 무엇인가?

① 넛지효과
② 깨진 유리창 이론
③ 래칫효과
④ 밴드웨건효과

 깨진 유리창 이론 … 미국 범죄학자인 제임스 윌슨과 조지 켈링이 1982년 3월에 공동 발표한 「깨진 유리창(Fixing Broken Windows : Restoring Order and reducing Crime in Our Communities)」라는 글에서 처음 소개된 용어로 사회 무질서에 관한 이론이다. 깨진 유리창 하나를 방치해 두면 그 지점을 중심으로 범죄가 확산되기 시작한다는 이론을 말한다.

Answer ↱ 14.④ 15.① 16.④ 17.① 18.② 19.②

20 다음 설명과 관련이 없는 것은?

> • 재화나 서비스의 품질을 구배자가 알 수 없기 때문에 불량품만 나돌게 되는 시장
> • 식사 후 자연스럽게 먹는 이것을 아낄 경우 기대 이상의 재산을 축적할 수 있다.
> • 기업의 허점을 노려 실속을 챙기는 얄미운 소비자
> • 2004년 우크라이나 대통령 선거 당시 여당의 부정 선거를 규탄하여 결국 재선거를 치르게
>   했던 시민 혁명

① 수박   ② 레몬

③ 카페라떼   ④ 체리

 주어진 실명은 순서대로 레몬마켓, 카페라떼효과, 체리피커, 오렌지혁명이다.

21 한 나라에 있어서 일정 기간(1년) 동안 국민들이 생산한 재화와 용역의 최종생산물의 합계를 화폐액으로 표시한 것은?

① 국민총생산(GNP)   ② 국내총생산(GDP)

③ 국민소득(NI)   ④ 국민순생산(NNP)

 ① GNP는 1934년 경제학자인 쿠즈네츠에 의하여 처음 제시된 이후 전 세계에서 국민 소득 수준을 나타내는 대표적인 경제 지표로 사용되고 있다.

22 차별화를 추구하거나 특정 계층에 속한다는 느낌을 얻기 위한 소비 형태를 나타내는 말을 무엇이라 하는가?

① 후광효과   ② 파노플리효과

③ 분수효과   ④ 샤워효과

 ① **후광효과** : 어떤 대상이나 사람에 대한 일반적인 견해가 그 대상이나 사람의 구체적인 특성을 평가하는 데 영향을 미치는 현상
③ **분수효과** : 판매를 촉진하기 위한 전략 중 하나로 백화점 등에서 아래층에서 위층으로 올라오도록 유도하는 것
④ **샤워효과** : 판매를 촉진하기 위한 전략 중 하나로 백화점 등에서 위층의 이벤트가 아래층의 고객 유치로 나타나는 효과

23 다음 중 세계 주식시장의 주가지수 명칭과 해당 국가를 잘못 연결한 것은?

① 일본 – TOPIX
② 홍콩 – 항생지수
③ 중국 – STI
④ 미국 – 다우존스지수

 ③ 중국은 상하이 지수이며, STI지수는 싱가포르 주식시장의 주가지수이다.

24 다음 중 용어와 그 설명이 바르지 않은 것은?

① 블랙컨슈머 (Black Consumer) – 고의적으로 악성 민원을 제기하는 소비자
② 그린컨슈머(Green Consumer) – 친환경적 요소를 기준으로 소비활동을 하는 소비자
③ 애드슈머(Adsumer) – 광고의 제작과정에 직접 참여하고 의견을 제안하는 소비자
④ 트라이슈머(Try sumer) – 다른 사람의 사용 후기를 참조해 상품을 구입하는 소비자

 트라이슈머란 관습에 얽매이지 않고 항상 새로운 무언가를 시도하는 체험적 소비자를 지칭한다.

25 다음에 해당하는 용어로 옳은 것은?

> (   )은 성장단계에 있는 중소, 벤처기업들이 원활히 자금을 조달할 수 있도록 비상장 벤처 기업들의 자금난을 해소하는 창구가 되고 있다.

① 글로벌소싱
② 비즈니스프로세스아웃소싱
③ 크라우드소싱
④ 아웃소싱

 크라우드소싱(Crowdsourcing)은 군중(crowd)과 아웃소싱(outsourcing)을 합쳐 만든 용어로 기업이 고객을 비롯한 불특정 다수에게서 아이디어를 얻어 이를 제품 생산과 서비스, 마케팅 등에 활용하는 것을 뜻한다.

26 다음 중 바젤Ⅱ 협약(신 BIS협약)에 대한 설명으로 옳지 않은 것은?

① 신용도가 좋은 기업이든 나쁜 기업이든 위험부담을 100%로 둔다.

② 복잡한 금융상품에 관한 리스크 평가에 적합하다.

③ 위험에 대한 많은 충당금을 쌓아야 한다.

④ 은행들의 BIS 비율이 하락할 가능성이 있다.

 바젤Ⅱ(BASEL Ⅱ)는 기업대출시 신용에 대해 차별을 둬 신용위험을 차별적으로 적용하고 금리 또한 신용상태에 따라 차등을 둔다.

27 기술혁신이나 새로운 자원의 개발에 의해 나타나는 장기적 성격의 순환은?

① 쥬글러순환
② 콘드라티에프순환
③ 키친순환
④ 엘리엇순환

 경기순환의 구분
　㉠ **단기순환** : 3~4년의 짧은 순환주기를 가지며 수요와 공급의 균형을 이루기 위해서 기업의 재고를 조정하는 과정에서 생긴다. 키친순환 또는 재고순환이라고도 한다.
　㉡ **주순환** : 7~12년의 순환주기를 가지며 설비투자를 늘이거나 줄이는 과정에서 생기는 기업의 움직임이 원인이다. 쥬글러순환 또는 설비투자순환이라고 한다.
　㉢ **중기순환** : 14~20년의 순환주기를 가지며 쿠즈네츠순환 또는 건축순환이라고 한다.
　㉣ **장기순환** : 순환주기가 40~70년이며 기술혁신이 주된 원인이다. 발견자의 이름을 따서 콘드라티에프순환이라고도 한다.

28 다음 ( )안에 들어갈 용어로 옳은 것은?

> 　(　　)은(는) 카드 대금을 매달 고객이 정한 비율(5~100%)만큼 결제하는 제도로 자금부담을 줄이는 장점이 있지만 나중에 결제해야 하는 대금에 대한 높은 수수료가 문제되고 있다.

① 모빙
② 리볼빙
③ 그린 · 옐로우카드제
④ 몬덱스카드

 리볼빙(Revolving)이란 일시불 및 현금서비스 이용액에 대해 매월 대금결제시 카드사와 회원이 미리 약정한 청구율이나 청구액 만큼만 결제하고, 결제된 금액만큼만 사용이 가능하도록 하는 제도이다.

29 다음 중 리디노미네이션에 대한 설명으로 옳지 않은 것은?

① 화폐 액면 단위의 변경을 의미한다.

② 단위의 변경에 따라 화폐의 가치도 함께 변경된다.

③ 통화의 대외적 위상이 높아지는 효과가 있다.

④ 인플레이션의 기대심리를 억제시킨다.

 ② 리디노미네이션(redenomination)은 화폐 액면 단위의 변경일뿐 화폐가치는 변하지 않기 때문에 물가 · 임금 · 예금 · 채권 · 채무 등의 경제적 양적 관계가 전과 동일하다.

30 짧은 시간 동안에 시세변동을 이용하여 이익을 실현하고자 하는 초단기(초단위) 거래자를 지칭하는 용어는?

① 데이트레이더   ② 스캘퍼

③ 노이즈트레이더   ④ 포지션 트레이더

② 스캘퍼(Scalper)는 초단위로 매매하는 사람으로 하루에 많게는 50회 정도 한다. 이러한 행위를 스캘핑(Scalping)이라고 한다.

31 FRB가 정기적으로 발표하는 미국경제동향 종합보고서의 명칭은?

① 그린북   ② 블랙북

③ 베이지북   ④ 패트북

③ 베이지북(Beige Book)이란 미연방제도이사회(FRB) 산하 연방준비은행이 경제 전문가의 견해와 각종 경기지표들을 조사분석한 것을 하나로 묶은 보고서로 매년 8차례 발표한다.

Answer ↱ 26.①   27.②   28.②   29.②   30.②   31.③

32 증권시장에서 지수선물·지수옵션·개별옵션 등 3가지 주식상품의 만기가 동시에 겹치는 날을 뜻하는 것은?

① 넷데이   ② 레드먼데이

③ 더블위칭데이   ④ 트리플위칭데이

 트리플위칭데이(Triple Witching Day)란 3·6·9·12월 둘째 목요일이면 지수선물·지수옵션·개별옵션 등 3가지 주식상품의 만기가 동시에 겹치는 것을 뜻한다.

33 다음과 같은 특징을 가진 간접투자상품은?

> • 고객의 금융자산을 포괄하여 관리하는 금융상품이다.
> • 고객 개인별로 맞춤식 투자 포트폴리오를 구성할 수 있다.

① MMF   ② 뮤추얼펀드

③ 은행신탁   ④ 랩어카운트

 ④ 랩어카운트(wrap account)란 증권회사가 투자자의 투자성향과 투자목적 등을 정밀하게 분석한 후 고객에게 맞도록 가장 적합한 포트폴리오를 추천하고 일정한 보수를 받는 종합 자산관리계좌이다.

34 채권투자와 신용등급에 대한 설명으로 옳지 않은 것은?

① S&P사의 신용등급 분류기준 중 BB+ 등급은 투자적격 등급이다.

② 정크본드는 투자부적격 채권 중에서도 등급이 아주 낮은 채권이다.

③ 신용평가회사가 기업 신용등급을 부여하기 위해서는 해당 기업의 재무제표에 대한 분석이 선행되어야 한다.

④ 신용등급은 일반적으로 투자적격 등급과 투자부적격 등급으로 구분된다.

(Tip) ① BB등급 이하의 채권은 투기등급에 해당한다.

35 북경, 서울, 도쿄를 연결하는 동북아 중심 도시 연결축을 이르는 용어는?

① NAFTA ② BESETO

③ EU ④ INTIDE

 베세토라인(BESETO line) … 한, 중, 일 3국의 수도를 하나의 경제단위로 묶는 초국경 경제권역을 뜻한다.

36 소득수준이 낮을수록 전체 가계비에서 차지하는 주거비의 비율이 높아진다는 법칙은?

① 슈바베의 법칙 ② 그레샴의 법칙

③ 엥겔의 법칙 ④ 세이의 법칙

 슈바베의 법칙은 독일 통계학자 슈바베가 발견한 근로자 소득과 주거비 지출의 관계 법칙이다.

37 다음 중 (A), (B)에 들어갈 알맞은 말은 무엇인가?

> (A)란 개인들의 소비가 사회적으로 의존관계에 있는 타인의 소비행태와 타인의 소득수준에 의하여 영향을 받는 것을 말하고, (B)란 후진국의 소비가 선진국 소비수준의 영향을 받는 것을 말한다.

① (A) 전시효과 (B) 국제적 전시효과

② (A) 톱니효과 (B) 국제적 톱니효과

③ (A) 전시효과 (B) 전방연관효과

④ (A) 톱니효과 (B) 후방연관효과

 전시효과란 개인들의 소비가 사회적으로 의존관계에 있는 타인의 소비행태와 타인의 소득수준에 의하여 영향을 받는 것을 말하고, 국제적 전시효과란 후진국의 소비가 선진국 소비수준의 영향을 받는 것을 말한다.

Answer ↱ 32.④ 33.④ 34.① 35.② 36.① 37.①

38 2003년 브릭스(BRICs)란 용어를 처음 사용했던 짐 오닐 골드만삭스 자산운용회장이 향후 경제 성장 가능성이 큰 나라로 꼽은 국가들을 바르게 연결한 것은?

① ICK : 인도, 중국, 한국

② BRICs : 브라질, 인도, 인도네시아, 중국

③ MIKT : 멕시코, 인도네시아, 한국, 터키

④ MAVINS : 멕시코, 호주, 베트남, 인도네시아, 나이지리아, 남아공

 ① ICK : 인도, 중국, 한국을 통칭하는 말로, 월스트리트 저널 인터넷 판이 2008년 사용하였다.
② BRICs : 브라질, 러시아, 인도, 중국을 통칭하는 말로 골드만삭스가 처음으로 쓰기 시작했다.
④ MAVINS : 멕시코, 호주, 베트남, 인도네시아, 나이지리아, 남아프리카공화국 등 6개 신흥시장은 미국 경제매체인 〈비즈니스 인사이더〉가 향후 10년간 주목해야 할 시장으로 꼽은 나라들이다.

39 지난 수년 동안 인수 · 합병(M&A)을 통해 몸집을 불린 기업들이 금융위기를 맞아 잇달아 경영난에 봉착하면서 일부 기업은 워크아웃 등 기업회생절차에 들어가기도 했다. 이런 상황을 설명하는 용어는 다음 중 무엇인가?

① 신용파산 스왑(CDS)   ② 신디케이트

③ 승자의 저주   ④ 프리워크아웃

 승자의 저주(The Winner'ns Curse) … 미국의 행동경제학자 리처드 세일러가 사용하며 널리 쓰인 용어로 과도한 경쟁을 벌인 나머지 경쟁에서는 승리하였지만 결과적으로 더 많은 것을 잃게 되는 현상을 일컫는다. 특히 기업 M&A에서 자주 일어나는데 미국에서는 M&A를 한 기업의 70%가 실패한다는 통계가 있을 정도로 흔하다. 인수할 기업의 가치를 제한적인 정보만으로 판단하는 과정에서 생기는 '비합리성'이 근본적인 원인으로 지적되고 있다.

※ 승자의 저주 사례

회사	피인수 회사	사례
동부	아남반도체	자회사 매각 추진
두산	밥캣	계열사 자산 매각
금호아시아나	대우건설 · 대한통운	• 대우건설 재매각 • 대한통운 매각추진
한화	대우조선해양	인수포기

40 Finance(금융)와 Technology(기술)의 합성어로, 모바일, SNS, 빅데이터 등 새로운 IT 기술을 활용한 금융 서비스를 총칭하는 용어는?

① 인슈테크

② 프롭테크

③ 핀테크

④ 캄테크

> **Tip** 핀테크 … 핀테크(Fintech)는 Finance(금융)와 Technology(기술)의 합성어로, 모바일, SNS, 빅데이터 등 새로운 IT 기술을 활용한 금융 서비스를 총칭한다. 핀테크 1.0 서비스가 송금, 결제, 펀드, 자산관리 등 기존 금융 서비스를 ICT와 결합해 기존 서비스를 해체 및 재해석 하는데 주안점을 두었다면, 핀테크 2.0 서비스는 핀테크 기업과 금융기관이 협업을 통해 보다 혁신적이고 새로운 금융서비스를 탄생시키는 방향으로 발전했다.

41 바하마나 버뮤다와 같이 소득세나 법인세를 과세하지 않거나 아주 낮은 세율을 부과하는 나라를 뜻하는 용어는?

① 택스헤븐

② 택스프리

③ 택스리조트

④ 택스셸터

> **Tip** 택스헤븐(tax heaven)이란 조세피난처를 말하는 것으로 바하마나 버뮤다 등이 있다.

42 경기 부양책 중 하나로 기준금리를 조절하는 것이 아니라 중앙은행이 직접 시장에 돈을 공급하는 정책은 무엇인가?

① 출구전략

② 인플레이션헤지

③ 관세장벽

④ 양적완화

> **Tip** 양적완화 … 초저금리 상황에서 중앙은행이 정부의 국채나 다른 다양한 금융자산의 매입을 통해 시장에 유동성을 공급하는 정책

Answer ↱ 38.③ 39.③ 40.③ 41.① 42.④

43 다음 (가), (나)에 나타난 수요의 가격 탄력성을 바르게 짝지은 것은?

> (가) A커피숍은 수입 증대를 위하여 커피 값을 20% 인하하였다. 그 결과 매출은 30% 증가하였다.
>
> (나) ○○극장은 여름 휴가철에 입장료를 종전에 비하여 15% 인하하였더니 입장료 수입이 15% 감소하였다.

	(가)	(나)
①	탄력적	완전 비탄력적
②	탄력적	단위 탄력적
③	비탄력적	완전 비탄력적
④	비탄력적	단위 탄력적

 (가)에서 커피 값을 인하하였으나 매출이 상승하였으므로 수요의 가격 탄력성은 탄력적이며 (나)에서 입장료의 하락률과 입장료 수입의 하락률이 같다는 것은 수요량의 변화가 없다는 것이므로 수요의 가격 탄력성은 완전 비탄력적이다.

44 재정절벽이란 무엇인가?

① 정부의 재정 지출 축소로 인해 유동성이 위축되면서 경제에 충격을 주는 현상이다.

② 농산물의 가격이 상승하면서 소비자 물가와 생산자물가가 상승하는 현상이다.

③ 상품거래량에 비해 통화량이 과잉증가하여 물가가 오르고 화폐가치는 떨어지는 현상이다.

④ 주식시장이 장 마감을 앞두고 선물시장의 약세로 프로그램 매물이 대량으로 쏟아져 주가가 폭락하는 현상이다.

 ② 애그플레이션(agflation)
③ 인플레이션(inflation)
④ 왝더독(wag the dog)

45 다음 (   ) 안에 공통적으로 들어갈 말로 알맞은 말은?

> (   )는 소득분배의 불평등도를 나타내는 수치이다. 일반적으로 분포의 불균형도를 의미하지만 특히 소득이 어느 정도 균등하게 분배되어 있는가를 평가하는데 주로 이용되며 이는 횡축에 인원의 저소득층부터 누적 백분율을 취하고 종축에 소득의 저액층부터 누적백분율을 취하면 로렌츠 곡선이 그려진다. 이 경우 대각(45도)선은 균등분배가 행해진 것을 나타내는 선(균등선)이 된다. 불평등도는 균등도와 로렌츠 곡선으로 둘러싸인 면적(λ)으로 나타난다. 그리고 균등선과 횡축, 종축으로 둘러싸여진 삼각형의 면적을 S라 할 때, λ/S를 (   )라고 부른다.

① 지니계수   ② 메뉴비용

③ 코코본드   ④ 어닝쇼크

 제시된 글은 지니계수에 대한 설명이다.
     ② 메뉴비용 : 가격표나 메뉴판 등과 같이 제품의 가격조정을 위하여 들어가는 비용
     ③ 코코본드 : 유사시 투자 원금이 조식으로 강제 전환되거나 상각된다는 조건이 붙은 회사채
     ④ 어닝쇼크 : 기업의 영업실적이 예상치보다 저조하여 주가에 영향을 미치는 것

46 다음 (가)와 (나)가 각각 바탕으로 하고 있는 경제 개념은?

> (가) : 나 여자친구와 헤어졌어.
> (나) : 왜?
> (가) : 내가 직장이 없어서……일부러 그만둔건데…….
> (나) : 이미 헤어졌으니 잊어버려.

	(가)	(나)
①	자발적 실업	매몰비용
②	비자발적 실업	경제비용
③	계절적 실업	매몰비용
④	마찰적 실업	경제비용

 시간과 노력 등은 이미 헤어졌으니 다시 되돌릴 수 없는 매몰비용으로 생각하고 있다.

Answer ⟶ 43.①   44.①   45.①   46.①

47 다음 중 직접세에 관한 설명으로 옳지 않은 것은?

① 조세저항이 적다.　　　　② 징수하기가 까다롭다.

③ 소득재분배 기능을 수행한다.　　④ 조세의 전가가 없다.

 ① 직접세는 조세저항이 크다.

48 경제주체들이 돈을 움켜쥐고 시장에 내놓지 않는 상황을 가리키는 용어는 무엇인가?

① 디플레이션　　　　② 피구효과

③ 톱니효과　　　　④ 유동성 함정

 유동성 함정 … 시장에 현금이 흘러 넘쳐 구하기 쉬운데도 기업의 생산, 투자와 가계의 소비
가 늘지 않아 경기가 나아지지 않고 마치 경제가 함정(trap)에 빠진 것처럼 보이는 상태를
말한다. 1930년대 미국 대공황을 직접 목도한 저명한 경제학자 존 메이나드 케인즈(John
Maynard Keynes)가 아무리 금리를 낮추고 돈을 풀어도 경제주체들이 돈을 움켜쥐고 내놓
지 않아 경기가 살아나지 않는 현상을 돈이 함정에 빠진 것과 같다고 해 유동성 함정이라
명명했다.

49 위안화 절상의 영향에 대해 잘못 설명한 것은?

① 중국에 점포를 많이 갖고 있는 대형 마트업계는 지분법 평가 이익이 늘어날 것이다.

② 중국에 완제품이 아닌 소재나 부품, 재료 등을 공급하는 업종들은 효과가 반감될 것
이다.

③ 철강 조선업계는 최근 철광석을 비롯한 원료가격의 상승에도 중국 철강재는 오히
려 하락하면서 국제 철강시장을 교란시켰는데, 위안화가 절상되면 달러화 환산가격
이 감소하여 국제 철강가격이 올라갈 것이다.

④ 중국이 수출할 때 가격경쟁력이 떨어지면서 중간재에 대한 수입이 줄게 되면 악재
로 작용할 수도 있다.

 ③ 위안화가 절상되면 달러화 환산가격이 상승함에 따라 국제 철강가격의 오름세가 강화될 것
이다.

50 다음 ⊙과 ⓒ에 들어갈 알맞은 것은?

> • 관찰 대상의 수를 늘릴수록 집단에 내재된 본질적인 경향성이 나타나는 (⊙)은 보험표
> 계산원리 중 하나로 이용된다.
> • 생명보험계약의 순보험표는 (ⓒ)에 의해 계산된다.

⊙	ⓒ
① 이득금지의 원칙	수직적 분석
② 한계생산의 법칙	수직적 마케팅 시스템
③ 미란다 원칙	행정절차제도
④ 대수의 법칙	수지상등의 법칙

 ⊙ 대수의 법칙 : 관찰 대상의 수를 늘려갈수록 개개의 단위가 가지고 있는 고유의 요인은 중화되고 그 집단에 내재된 본질적인 경향성이 나타나게 되는 현상을 가리킨다. 인간의 수명이나 각 연령별 사망률을 장기간에 걸쳐 많은 모집단에서 구하고 이것을 기초로 보험 금액과 보험료율 등을 산정한다.
ⓒ 수지상등의 법칙 : 보험계약에서 장래 수입되어질 순보험료의 현가의 총익이 장래 지출해야 할 보험금 현가의 총액과 같게 되는 것을 말하며, 여기에서 수지가 같아진다는 것은 다수의 동일연령의 피보험자가 같은 보험종류를 동시에 계약했을 때 보험기간 만료시에 수입과 지출이 균형이 잡혀지도록 순보험료를 계산하는 것을 의미한다.

51 주식시장에서 주가와 등락폭이 갑자기 커질 경우 시장에 미치는 영향을 완화하기 위해 주식매매를 일시 정지하는 제도는?

① 서킷브레이크　　　　　　　　② 섀도 보팅
③ 공개매수(TOB)　　　　　　　④ 워크아웃

 ② 뮤추얼펀드가 특정 기업의 경영권을 지배할 정도로 지분을 보유할 경우 그 의결권을 중립적으로 행사할 수 있도록 제한하는 제도로 다른 주주들이 투표한 비율대로 의결권을 분산시키는 것이다.
③ 주식 등 유가증권을 증권시장 외에서 10인 이상 불특정 다수인으로부터 청약을 받아 공개적으로 매수하는 것을 말한다.
④ 흔히 '기업개선작업'으로 번역되며 구조조정을 하면 회생할 가능성이 있는 기업에 대하여 채권금융기관들과 채무기업 간 협상과 조정을 거쳐 채무상환 유예와 감면 등 재무개선조치와 자구노력 및 채무상환계획 등에 관하여 합의하는 것을 말한다.

Answer ↠ 47.① 48.④ 49.③ 50.④ 51.①

52 다음 중 통화스왑에 관한 설명으로 옳은 것은?

① 물가수준이 지속적으로 상승하여 소비자물가지수가 상승한다.

② 일정한 실물 또는 금융자산을 약정된 기일이나 가격에 팔 수 있는 권리를 말한다.

③ 주식시장에서 자금이 채권이나 실물시장으로 빠져나가면서 유동성이 부족해지는 방향으로 국면이 변동하는 것을 말한다.

④ 두개 또는 그 이상의 거래기관이 사전에 정해진 만기와 환율에 의해 다른 통화로 차입한 자금의 원리금 상환을 상호 교환하는 것을 말한다.

 ① 인플레이션
② 풋백옵션
③ 역금융장세

53 다음 중 '차입매수'에 대한 설명은 무엇인가?

① 신용거래에서 자금을 충분히 가지고 있지 않거나 인수 의사 없이 행사하는 매수주문

② 기업매수자금을 인수할 기업의 자산이나 향후 현금흐름을 담보로 금융기관에서 차입해 기업을 인수하는 M&A 기법

③ 대량의 주식을 매수할 때 신용을 담보로 금융기관에서 자금을 차입해 행사하는 매수주문

④ 기업매수자금을 주주들에게 공모해 자금 확보 후 기업을 인수하는 M&A 기법

 ① 공매수(short stock buying)에 대한 설명이다.

54 포털사이트에서 보험상품을 판매하는 영업 형태는?

① 포타슈랑스　　　　　　　　② 방카슈랑스

③ 인슈런스　　　　　　　　　④ 보이스포털

 포타슈랑스(portasurance) … 인터넷 포털사이트와 보험회사가 연계해 일반인에게 보험상품을 판매하는 영업 형태를 말한다. 온라인을 이용해 다양한 판매망을 갖출 수 있으며 경쟁을 통해 수수료를 낮출 수 있어 새로운 형태의 보험판매 방식으로 부상하고 있다.

55 다음 (   ) 안에 들어갈 알맞은 말은?

> (   )은/는 원래 프랑스에서 비롯된 제도인데 독일은 제1차 세계대전 이후 엄청난 전쟁 배상금 지급을 감당할 수 없어 (   )을/를 선언했고 미국도 대공황 기간 중인 1931년 후버 대통령이 전쟁채무의 배상에 대하여 1년의 지불유예를 한 적이 있는데 이를 후버 (   )라/이라 불렀다고 한다. 이외에도 페루, 브라질, 멕시코, 아르헨티나, 러시아 등도 (   )을/를 선언한 바가 있다.

① 모블로그 ② 모라토리움 신드롬
③ 서브프라임 모기지론 ④ 모라토리엄

 모라토리엄 … '지체하다'란 뜻의 'morari'에서 파생된 말로 대외 채무에 대한 지불유예(支拂猶豫)를 말한다. 신용의 붕괴로 인하여 채무의 추심이 강행되면 기업의 도산(倒産)이 격증하여 수습할 수 없게 될 우려가 있으므로, 일시적으로 안정을 도모하기 위한 응급조치로서 발동된다.

① **모블로그** : 무선통신을 뜻하는 '모바일(Mobile)'과 '블로그(Blog)'를 합쳐 만든 신조어. 때와 장소 가리지 않고 블로그를 관리할 수 있어 인기를 끌고 있다.

② **모라토리엄 신드롬** : 모라토리엄 신드롬은 독일 심리학자 에릭슨이 처음 사용한 용어로써 1960년대에 들어 지적, 육체적, 성적인 면에서 한 사람의 몫을 할 수 있으면서도 사회인으로서의 책임과 의무를 짊어지지 않는다는 것을 뜻한다.

③ **서브프라임 모기지론** : 서브프라임(Subprime)은 '최고급 다음가는, 최우대 대출 금리보다 낮은'을 의미하며 모기지(Mortgage)는 '주택담보대출'이라는 뜻이다. 즉, 한마디로 신용등급이 낮은 저소득층을 대상으로 주택자금을 빌려주는 미국의 주택담보대출 상품을 말한다.

56 다음 중 환율제도에 관한 설명으로 옳지 않은 것은?

구분		고정환율제도	변동환율제도
①	국제수지불균형	국제수지불균형이 조정되지 않는다.	환율변동으로 자동적으로 조정된다.
②	정책효과	금융정책 효과 없다.	재정정책 효과 없다.
③	환위험	크다.	작다.
④	환율	정부의 정책변수(외생변수)	국제수지 변화에 따라 조정(내생변수)

 ③ 고정환율제도는 환위험이 작고, 변동환율제도는 환위험이 크다.

57 김 대리는 물가상승에 대비하여 부동산에 투자하였다. 다음 중 이와 가장 관련 깊은 용어는?

① 백워데이션
② 인플레이션헤지
③ 서킷브레이커
④ 나비효과

 ② 인플레이션헤지(inflationary hedge) : 인플레이션 시 실물자산의 가격상승으로 화폐가치가 하락하는 경우 이에 대한 방어수단으로서 부동산·주식·상품 등을 구입하여 물가상승에 상응하는 명목 가치의 증가를 보장하는 것
① 백워데이션(backwardation) : 선물가격이 현물보다 낮아지는 현상
③ 서킷브레이커(circuit breakers) : 주가가 갑자기 큰 폭으로 변화할 경우 시장에 미치는 충격을 완화시키기 위해 주식매매를 일시 정지시키는 제도
④ 나비효과(butterfly effect) : 어떠한 일의 시작 시 아주 작은 양의 차이가 결과에서는 매우 큰 차이를 만들 수 있다는 이론

58 원－달러 환율 상승에 대한 설명으로 옳지 않은 것은?

① 환율상승은 외국 빚을 지고 있는 기업들에게 원금상환부담을 가중시키는 효과도 가져온다.
② 환율상승은 국제수지의 적자를 해소시킬 수 있다.
③ 우리나라와 경쟁관계에 있는 통화(예를 들어 엔화)가치가 더 많이 떨어지면 효과가 별로 나타나지 않게 된다.
④ 수입품 가격의 하락으로 인플레이션을 가져올 수 있다.

④ 환율상승은 수입품 가격의 상승을 초래한다. 이것은 인플레로 이어질 수 있는데 이는 환율상승의 부정적 효과로 지적된다. 국내 기업의 수입원자재 가격이 상승하므로 국내 물가를 끌어올리는 요인이 되기 때문이다.

59 펀드가 한 단위의 위험자산에 투자함으로써 얻은 초과수익의 정도를 나타내는 지표를 말하는 샤프지수에 대한 설명 중 옳지 않은 것은?

① 샤프지수가 높을수록 투자성과가 성공적이라고 할 수 있다.
② 샤프지수는 펀드수익률에서 무위험채권인 국공채 수익률을 뺀 값을 펀드수익률의 표준편차로 나누어 계산한다.
③ 우리나라 샤프지수는 통상 샤프지수 1이상을 선회하는 수치로 유지된다.
④ 전체위험을 고려하는 표준편차를 사용하고, 최소 1개월 이상의 수익률 데이터를 필요로 한다.

샤프지수는 통상 1 이상을 넘어야 하는데 우리나라의 샤프지수는 0.5를 넘기도 힘든 실정이다. 우리나라는 펀드의 만기가 대부분 1년 이내이고 주식의 위험성이 높기 때문이다.

60 다음 중 성격이 다른 것은?

① ELD　　　　　　　　　　　② ELS

③ ELF　　　　　　　　　　　④ ELW

 ELD, ELS, ELF는 주가지수와 연동되어서 펀드의 수익률이 주가나 주가지수에 의해 결정되는 수익구조를 보인다.

① ELD(Equity Linked Deposit, 지수연동정기예금) : 은행권 파생형예금상품으로 예금의 일부가 시장 지수에 연결되어 있는 정기예금이다. 위험이 따르는 직접투자보다는 원금이 보장되는 간접투자를 선호하는 사람들에게 적합한 상품이다.

② ELS(Equity Linked Securities, 지수연계증권) : 주가지수의 수치나 특정 주식의 가격에 연계하여 수익이 결정되는 유가증권이다. 자산을 우량 채권에 투자하여 원금을 보존하고 일부를 주가지수 옵션 등 금융파생 상품에 투자해 고수익을 노리는 유가증권에 대하여 적용되는 일반적인 규제가 동일하게 적용되나 주식이나 채권에 비해 손익구조가 복잡하다. 또한 원금과 수익을 지급받지 못할 위험성도 있고 투자자가 만기 전에 현금화하기가 어렵다는 특징도 지닌다.

③ ELF(Equity Linked Fund, 주가연계펀드) : 투자신탁회사들이 ELS 상품을 펀드에 입히거나 자체적으로 원금 보존을 위한 펀드를 구성하여 판매하는 파생상품펀드의 일종이다. 펀드자산의 대부분을 국공채나 우량 회사채 등과 같은 안전자산에 투자하여 원금을 확보하고, 잔여재산을 증권회사에서 발행한 ELS 권리증서(warrant)에 편입해 펀드 수익률이 주가에 연동되도록 설계한다. 이로 인해 ELF는 펀드의 수익률이 주가나 주가지수에 의해 결정되는 수익구조를 보인다.

④ ELW(Equity-Linked Warrant, 주식워런트증권) : 특정 대상물(기초자산)을 사전에 정한 미래의 시기(만기일 혹은 행사기간)에 미리 정한 가격(행사가격)으로 살 수 있거나(콜) 팔 수 있는(풋) 권리를 갖는 유가증권. 주식워런트증권은 당사자 일방의 의사표시에 의하여 특정 주권의 가격 또는 주가지수의 변동과 연계하여 미리 약정된 방법에 따라 주권의 매매 또는 금전을 수수하는 권리가 부여된 증서인데, 특정한 주식을 기초자산으로 하여 특정시점 후에 사전에 정한 가격보다 높은지 낮은지에 따라 그 수익이 결정되는 상품이다.

Answer　57.②　58.④　59.③　60.④

03 IT · 정보통신(ICT부문)

1 다음 설명에 해당하는 것은?

> 인터넷에 연결된 모든 기기에서 생산되는 대량의 디지털 데이터로, 문자, 사진, 동영상, 음성 등 다양한 유형으로 존재한다. 매일 전 세계 사용자를 통해 엄청난 양의 데이터가 생산되어 인터넷으로 유통되므로 사용자(소비자)의 이용 패턴과 성향/취향, 관심사 등을 파악할 수 있어 기업 입장에서 중요한 정보가 된다.

① FinTech
② Big Data
③ AI
④ IoT

 ① FinTech : Finance(금융)와 Technology(기술)의 합성어로, 금융과 IT의 융합을 통한 금융서비스 및 산업의 변화를 통칭한다.
③ AI(Artificial Intelligence) : 인간의 두뇌와 같이 컴퓨터 스스로 추론 · 학습 · 판단하면서 전문적인 작업을 하거나 인간 고유의 지식 활동을 하는 시스템이다.
④ IoT(Internet of Things) : 사물에 센서를 부착해 실시간으로 데이터를 인터넷으로 주고받는 기술이나 환경을 일컫는다.

2 4차 산업혁명의 핵심 기술인 블록체인에 대한 설명으로 옳지 않은 것은?

① P2P 방식으로 거래되는 공공 거래 장부로 거래 내역을 블록이라고 한다.
② 중앙 관리 시스템이 있어 거래 안정성이 확보된다.
③ 의료, 콘텐츠, 금융 분야 등 다양한 분야에서 활용이 가능하다.
④ 블록체인 기술을 활용하기 위해 필요한 대가가 가상화폐라고 할 수 있다.

 ② 블록체인 기술은 중앙시스템을 거치지 않고도 거래가 안전하게 되도록 만드는 기술이다. 당사자끼리 직접 거래를 하고, 그 거래를 모두가 감시하기 때문에 거래의 정당성이나 안정성을 높일 수 있다.

3 다음은 A가 코딩을 하여 만들려는 홀짝 게임 프로그램의 알고리즘 순서도이다. 그런데 오류가 있었는지 잘못된 값을 도출하였다. 잘못된 부분을 고르면?

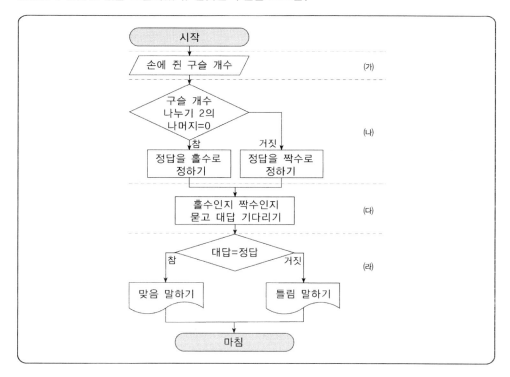

① (가) ② (나)
③ (다) ④ (라)

 (나) 부분의 선택 − 처리 과정이 잘못되었다.
'구슬 개수 나누기 2의 나머지 = 0' → (참) → 정답을 '짝수'로 정하기
'구슬 개수 나누기 2의 나머지 = 0' → (거짓) → 정답을 '홀수'로 정하기

Answer ↪ 1.② 2.② 3.②

4 영화, 음악 등 하나의 멀티미디어 콘텐츠를 여러 대의 기기에서 연속적으로 즐길 수 있는 기술 또는 서비스를 칭하는 것은?

① Blue Screen ② datagram

③ N-screen ④ Smart TV

 ① Blue Screen : 윈도우 기반 PC에서 하드웨어나 소프트웨어에 오류가 발생했을 때 나타나는 알림 페이지로, 파란색 바탕에 하얀 글씨 화면이 떠 블루 스크린이라고 한다.
② datagram : 패킷 교환망에서 취급되는 패킷의 일종으로 다른 패킷과는 독립으로 취급되며, 발신 단말에서 수신 단말에 이르는 경로를 결정하기 위한 정보를 내부에 포함하는 패킷이다.
④ Smart TV : TV에 인터넷 접속 기능을 결합하여 각종 앱을 설치해 웹 서핑 및 VOD 시청, SNS, 게임 등의 다양한 기능을 활용할 수 있는 다기능 TV이다.

5 AI(인공지능) 기술을 적용하기 가장 어려운 분야는?

① 사람과 바둑 대결

② 수학적인 정리 증명

③ 떼쓰는 아이 달래기

④ 의사의 진단을 돕기 위한 진단 시스템

 AI 기술은 코드화할 수 없는 일에 적용하기 힘들다. 즉, 예측불허의 돌발 상황이 많아 단계별로 나누어 매뉴얼화하기에 어려운 일에는 적용하기 어렵다. 알고리즘으로 특정해 자동화시킬 수 없기 때문이다.

6 데이터 마이닝(data mining)에 대한 설명으로 옳지 않은 것은?

① 대량의 데이터에서 유용한 정보를 추출하는 것을 말한다.

② 통계적 기법, 수학적 기법과 인공지능을 활용한 패턴인식 기술 등을 이용한다.

③ 데이터 마이닝은 고객의 소비패턴이나 성향을 분석하여 상품을 추천하는 데 사용된다.

④ 데이터 마이닝 → 데이터 선별과 변환 → 데이터 크리닝의 과정을 거친다.

 데이터 소스에서 데이터를 크리닝하고 통합하는 과정을 거쳐 데이터를 선별하고 변환한 후, 데이터 마이닝 과정을 거쳐 패턴을 찾아내고 표현한다.

7 다음에서 설명하고 있는 개념으로 적절한 것은?

> 이 개념은 90년대 후반 정보화 사회가 본격적으로 시작되면서 미국의 사회학자 토머스 매티슨이 처음 사용한 용어이다. 매티슨은 '바라보는 사회'란 책에서 정보화시대는 권력자와 대중이 상호 감시가 가능한 시대란 주장을 내놓았다. 즉, 정보화시대에는 인터넷이란 공간을 통하여 자신의 의견을 표현할 수 있는 기회를 확보한 대중들이 도리어 권력자체를 감시할 수 있다는 것이다. 이를 통해 정보화 사회에서는 대중이 정치적 영향력이 더욱 강화되는 계기가 될 수 있다고 보았다.

① 스마트감시   ② 프라이버시

③ 판옵티콘   ④ 시놉티콘

① 스마트폰과 CCTV 등이 범죄를 예방하기 위해 감시하는 것
② 개인의 사생활과 관련해서 개인의 의사와 관계없이 공개되거나 간섭받지 않을 자유
③ 영국의 철학자 제러미 벤담이 죄수를 효과적으로 감시할 목적으로 고안한 원형 감옥

8 사물인터넷의 처리 과정으로 옳은 것은?

① 생성 → 전달 → 처리 → 활용

② 생성 → 처리 → 전달 → 활용

③ 전달 → 처리 → 활용 → 생성

④ 전달 → 활용 → 생성 → 처리

사물인터넷의 처리 과정은 사물에서 정보를 생성(smart device) → 전달(advance network) → 정보 처리(cloud computing) → 활용(convergence)을 거친다.

Answer ➞ 4.③   5.③   6.④   7.④   8.①

9 FinTech에 대한 설명으로 옳지 않은 것은?

① Financial과 Technique의 합성어로 모바일 결제, 송금, 개인자산관리, 크라우드 펀딩 등 금융서비스와 관련된 기술을 의미한다.

② 금융창구에서 취급하던 업무를 ATM과 인터넷뱅킹, 모바일뱅킹 등 전자금융 서비스 채널이 대체한다.

③ 기존에 비해 비용이 증가되고 서비스가 저하되는 단점이 있다.

④ 오프라인 지점 하나 없이 온라인으로만 대출 심사를 진행하는 OnDeck는 FinTech 사업의 예라고 할 수 있다.

 정보통신 기술의 발전과 함께 기존 금융권 업무를 대체해 비용을 감소시키고 높은 서비스도 제공하는 FinTech가 관심을 받고 있다.

10 인터넷에서 음성, 영상, 애니메이션 등을 실시간으로 재생하는 기술은?

① 스트리밍   ② 버퍼링

③ 멀티태스킹   ④ 다운로딩

 스트리밍(streaming) … 비디오·오디오 자료를 사용자의 PC에 파일 형태로 내려 받지 않고도 실시간으로 볼 수 있는 송출기술을 말한다.

11 인터넷상의 서버를 통해 IT 관련 서비스를 한 번에 사용할 수 있는 컴퓨터 환경은?

① DNS   ② CDMA

③ 와이브로   ④ 클라우드 컴퓨팅

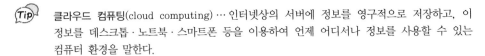 클라우드 컴퓨팅(cloud computing) … 인터넷상의 서버에 정보를 영구적으로 저장하고, 이 정보를 데스크톱·노트북·스마트폰 등을 이용하여 언제 어디서나 정보를 사용할 수 있는 컴퓨터 환경을 말한다.

12 스마트폰 신제품의 주기가 4~6개월에 불과하다는 것으로 제품의 사이클이 점점 빨라지는 현상을 나타내는 용어는?

① 스마트 법칙

② 구글 법칙

③ 안드로이드 법칙

④ 애플 법칙

 안드로이드 법칙은 마이크로칩의 성능이 매 2년마다 두 배로 증가한다는 '무어의 법칙'에서 따온 말로 스마트폰 시장에서 제품수명주기가 빠르게 짧아지는 것을 이르는 말이다.

13 '2.3GHz 휴대인터넷'으로 불리었으며, 무선 광대역 인터넷 서비스로 풀이되는 용어로 언제 어디서나 이동하면서 인터넷을 이용할 수 있는 서비스는?

① Wibro

② Wi-Fi

③ WCDMA

④ WiMax

(Tip) ② Wi-Fi : 무선 접속 장치가 설치된 곳에서 전파나 적외선 전송 방식을 이용하여 일정 거리 안에서 무선 인터넷을 할 수 있는 근거리 통신망을 칭하는 기술
③ WCDMA : CDMA의 방식을 3G로 업그레이드한 기술방식
④ WiMax : 휴대 인터넷의 기술 표준을 목표로 인텔사가 주축이 되어 개발한 기술 방식

14 CPU의 대기 상태를 보완할 수 있는 방법으로 적절하지 않은 것은?

① CPU 캐시

② 명령어 파이프라인

③ 동시멀티스레드

④ 배터리 교환

(Tip) CPU의 대기 상태는 응답이 느린 외부 메모리나 다른 장치에 접근할 때 컴퓨터 프로세서가 겪는 지연 현상을 말한다. CPU 캐시, 명령어 파이프라인, 명령어 프리패치, 분기 예측, 동시 멀티스레드 등 여러 기술이 동시적으로 사용하여 문제를 상당 부분 해결할 수 있다.

Answer 9.③ 10.① 11.④ 12.③ 13.① 14.④

15 컴퓨터 관련 용어에 대한 설명으로 옳은 것은?

① 프로토콜 : 사용자에게 내용의 비순차적인 검색이 가능하도록 제공되는 텍스트로 문서 내에 있는 특정 단어가 다른 단어나 데이터베이스와 링크 돼 있어 사용자가 관련 문서를 넘나들며 원하는 정보를 얻을 수 있도록 한다.

② 캐싱 : 명령어와 데이터를 캐시 기억 장치 또는 디스크 캐시에 일시적으로 저장하는 것으로 중앙 처리 장치(CPU)가 주기억 장치 또는 디스크로부터 명령어와 데이터를 읽어 오거나 기록하는 것보다 몇 배 빠른 속도로 단축시킴으로써 컴퓨터의 성능을 향상시킨다.

③ 하이퍼텍스트 : 통신회선을 이용하는 컴퓨터와 컴퓨터 또는 컴퓨터와 단말기계가 데이터를 주고받을 때의 상호약속이다.

④ TCP/IP : 인터넷상 주민번호를 대체하는 개인 식별 번호로 2005년 정보통신부가 개인의 주민등록번호 유출과 오남용 방지를 목적으로 마련한 사이버 신원 확인번호이다.

 ① 하이퍼텍스트에 대한 설명이다.
② 프로토콜에 대한 설명이다.
④ 아이핀에 대한 설명이다. TCP/IP는 서로 기종이 다른 컴퓨터들 간의 통신을 위한 전송 규약이다.

16 다음 중 서로 연관성 있는 것끼리 짝지어진 것은?

① DDoS - P2P
② DDoS - 좀비PC
③ 파밍 - P2P
④ 파밍 - 좀비PC

 • DDoS : 수십 대에서 많게는 수백만 대의 PC를 원격 조종해 특정 웹사이트에 동시에 접속시킴으로써 단시간 내에 과부하를 일으키는 행위
• P2P : 인터넷으로 다른 사용자의 컴퓨터에 접속하여 각종 정보나 파일을 교환·공유할 수 있게 해 주는 서비스
• 좀비PC : 해커의 원격 조종에 의해 스팸을 발송하거나 DoS나 DDoS 공격을 수행하도록 설정된 컴퓨터나 서버
• 파밍 : 사용자들로 하여금 진짜 사이트로 오인하여 접속하도록 유도한 뒤에 개인정보를 훔치는 새로운 컴퓨터 범죄

17 그래픽 관련 소프트웨어를 모두 고르면?

> - 보이스텍 바이보이스
> - 메타세콰이어
> - 라이트웨이브
> - 알씨
> - 컴퓨픽
> - Readiris
> - 3D STUDIO MAX
> - Dragon Naturally Speaking

① 3개　　　　　　　　　　② 4개
③ 5개　　　　　　　　　　④ 6개

 컴퓨픽, 메타세콰이어, 라이트웨이브, 3D STUDIO MAX, 알씨

18 다음 IP 주소가 올바르지 않은 것은?

① 192.245.0.253　　　　　② 192.245.0.254
③ 192.245.1.255　　　　　④ 192.245.1.256

 ④ 각 마디(옥텟)의 숫자는 255(0~255)를 넘을 수 없다.

19 다음 중 성격이 유사한 어플리케이션끼리 짝지어지지 않은 것은?

① Uber － 카카오택시 － T맵택시
② 블루리본 － 카카오헤어 － 트립어드바이저
③ CamCard － 리멤버 － BIZ reader
④ Google calendar － Outlook － T cloud

 ④ Google calendar(캘린더 서비스) － Outlook(전자메일 서비스) － T cloud(클라우드 서비스)

Answer ↦ 15.② 16.② 17.③ 18.④ 19.④

20 광디스크는 컴퓨터 정보의 저장매체로, 사용하는 레이저의 파장과 홈의 간격에 따라 정보의 용량이 달라진다. 홈을 촘촘히 많이 팔수록 정보를 많이 저장할 수 있는데, 홈이 작아지면 홈에 쏘아 주는 레이저의 파장이 짧아져야 한다. 이러한 광디스크의 종류가 아닌 것은?

① 블루레이 디스크　　　　　　　② DVD

③ CD　　　　　　　　　　　　　④ 플래시 메모리

 ④ 플래시 메모리는 전원이 끊긴 뒤에도 정보가 계속 남아 있는 반도체로 광디스크에 해당하지 않는다.

21 다음의 설명이 의미하는 것은?

> 가전제품, 전자기기뿐만 아니라 헬스케어, 원격검침, 스마트홈, 스마트카 등 다양한 분야에서 사물을 네트워크로 연결해 정보를 공유할 수 있다. 미국 벤처기업 코벤티스가 개발한 심장박동 모니터링 기계, 구글의 구글 글라스, 나이키의 퓨얼 밴드 등도 이 기술을 기반으로 만들어졌다. 특히 심장박동 모니터링 기계는 대표적인 예료, 부정맥을 앓고 있는 환자가 기계를 부착하고 작동시키면 심전도 검사 결과가 자동으로 기록돼 중앙관제센터로 보내진다. 중앙관제센터는 검사 결과를 전문가에게 전송해 임상보고서를 작성하고 이 보고서를 통해 환자가 적합한 의료진이 연결된다.

① IoT(Internet of things)

② 유비쿼터스(Ubiquitous)

③ AR(Augmented reality)

④ 클라우드 컴퓨팅(Cloud computing)

 제시된 내용은 IoT(Internet of things), 사물인터넷에 대한 설명이다.

22 자신의 데이터베이스를 가지고 있지 않고 다른 검색엔진을 이용하여 정보를 찾는 검색엔진은?

① 메타 검색엔진   ② 주제별 검색엔진

③ 하이브리드 검색엔진   ④ 인덱스 검색엔진

 메타 검색엔진 ⋯ 자신의 데이터베이스를 가지고 있지 않고 다른 검색엔진을 이용하여 정보를 찾는 검색엔진

23 아래의 컴퓨터 바이러스 진단 및 방지를 위한 조치 중 가장 적절하지 않은 것은?

① 여러 종류의 백신을 동시에 설치하여 검사하였다.

② USB드라이브의 자동실행기능을 해제하였다.

③ 웹브라우저를 최신버전으로 업데이트 하였다.

④ 비밀번호를 웹사이트마다 다르게 하고, 복잡하게 설정하였다.

Tip ① 여러 종류의 백신을 동시에 설치하여 검사하는 것은 바람직하지 않다.

24 다음 용어에 대한 설명이 올바르게 짝지어지지 않은 것은?

① 블루투스 : 휴대기기를 서로 연결해 정보를 교환하는 근거리 무선 통신 기술 표준

② IoT : Internet of Things의 약자로서 각종 사물에 센서와 통신기능을 내장하여 인터넷에 연결하는 기술

③ RFID : Radio Frequency Identification의 약자로서 IC칩과 무선을 통해서 다양한 개체의 정보를 관리할 수 있는 인식 기술

④ QR코드 : QR은 Quick Recognition의 약자로서 바코드보다 훨씬 많은 양을 담을 수 있는 격자무늬의 2차원 코드

Tip ④ QR코드는 Quick Response Code로, 바코드보다 훨씬 많은 정보를 담을 수 있는 격자무늬의 2차원 코드이다.

Answer ✎ 20.④   21.①   22.①   23.①   24.④

25 다음에서 설명하는 데이터 모델에 해당하는 것은?

> 현재 가장 안정적이고 효율적인 데이터베이스로 알려져 있으며, MS-Access 외 여러 상용 DBMS의 기반이 되고 있다. 개체를 테이블로 사용하고 개체들 간의 공통속성을 이용해 서로 연결하는 독립된 형태의 데이터 모델이다.

① 하나의 조직이 여러 구성원으로 이루어지는 형태의 계층형 데이터베이스
② 도로망이나 통신망 같은 네트워크형 데이터베이스
③ 은행의 입출금처럼 데이터 양이 많지만 구조가 간단한 업무에 적합한 관계형 데이터베이스
④ 데이터와 프로그램을 독립적인 객체의 형태로 구성한 객체 지향형 데이터베이스

 관계형 데이터베이스 … 일련의 정형화된 테이블로 구성된 데이터 항목의 집합체로, 데이터베이스 테이블을 재구성하지 않더라도 다양한 방법으로 데이터를 접근하거나 조합할 수 있다. 관계형 데이터베이스는 이용하기가 비교적 쉽고 확장이 용이하다는 장점을 가지고 있다.

26 다음에 설명된 개념을 의미하는 용어가 순서대로 연결된 것은?

> ㉠ 다양한 형태의 문서와 자료를 그 작성부터 폐기에 이르기까지의 모든 과정을 일관성 있게 전자적으로 통합 관리하기 위한 시스템이다.
> ㉡ 기업과 직원간의 전자상거래를 뜻한다.
> ㉢ 기업 내 생산, 물류, 재무, 회계, 영업과 구매, 재고 등 경영 활동 프로세스들을 통합적으로 연계해 관리해 주며, 기업에서 발생하는 정보들을 서로 공유하고 새로운 정보의 생성과 빠른 의사결정을 도와주는 전사적자원관리시스템을 뜻한다.
> ㉣ 온라인 인맥 구축을 목적으로 개설된 커뮤니티형 웹사이트이다.

① ERP - C2B - EDI - INTRANET
② EDI - B2C - ERP - INTRANET
③ EDMS - B2C - EDI - SNS
④ EDMS - B2E - ERP - SNS

㉠ EDMS(Electronic Document Management System) : 양한 형태의 문서와 자료를 그 작성부터 폐기에 이르기까지의 모든 과정을 일관성 있게 전자적으로 통합 관리하기 위한 시스템이다.

㉡ B2E(Business to Employee) : 기업과 직원간의 전자상거래를 뜻한다.

㉢ ERP(Enterprise Resource Planning) : 기업 내 생산, 물류, 재무, 회계, 영업과 구매, 재고 등 경영활동 프로세스들을 통합적으로 연계해 관리해 주며, 기업에서 발생하는 정보들을 서로 공유하고 새로운 정보의 생성과 빠른 의사결정을 도와주는 전사적 자원관리시스템을 뜻한다.

㉣ SNS(Social Network Services/Sites) : 온라인 인맥 구축을 목적으로 개설된 커뮤니티형 웹사이트이다.

27 정보에 대한 위협은 나날이 늘어가고 있으며 허락되지 않은 접근, 수정, 노출, 훼손, 파괴 등 여러 가지 위협으로부터 정보를 지켜나가야 한다. 정보보안의 특성으로 가장 적절하지 않은 것은?

① 허락되지 않은 사용자가 정보의 내용을 알 수 없도록 하는 기밀성 유지

② 허락되지 않은 사용자가 정보를 함부로 수정할 수 없도록 하는 무결성 유지

③ 허락된 사용자가 정보에 접근하려 하고자 할 때 이것이 방해받지 않도록 하는 가용성 유지

④ 허락된 사용자가 정보시스템의 성능을 최대화하기 위해 정보보안을 100% 달성해야 하는 완벽성 유지

 정보 보안의 주요 목표

㉠ 기밀성(Confidentiality) : 허락되지 않은 사용자 또는 객체가 정보의 내용을 알 수 없도록 하는 것

㉡ 무결성(Integrity) : 허락되지 않은 사용자 또는 객체가 정보를 함부로 수정할 수 없도록 하는 것

㉢ 가용성(Availability) : 허락된 사용자 또는 객체가 정보에 접근하려 할 때 이것을 방해받지 않도록 하는 것

28 다음은 컴퓨터 범죄에 관한 기사이다. 다음의 기사의 (A), (B), (C)에 들어갈 용어가 순서대로 표시된 것은?

> E시큐리티에 따르면 최근 특정 가상화폐 거래소 이용자를 대상으로 (A) 메일이 다량 배포됐다. 공격자는 국내 유명 비트코인 거래소 중 한 곳을 사칭해 '출금완료 알림' 내용으로 조작한 (A) 메일을 유포했다. 메일 본문에 '새로운 기기에서의 로그인 알림' 내용을 띄웠다. 다른 IP주소에서 수신자 로그인이 발생한 것처럼 보안 안내를 한다. 최근 가상화폐 거래소 해킹이 심해 보안에 신경을 쓰고 있는 대상자 심리를 역으로 이용한 방법이다. 회원이 로그인한 것이 아니라고 의심되면 보안을 위해 계정을 동결하라고 하며 클릭을 강요한다. 해당 URL을 클릭하면 실제와 거의 유사한 가상화폐거래소 화면으로 이동한다. 해당 사이트는 co.kr로 끝나는 정상사이트와 달리 or.kr 도메인을 쓴다. (A)사이트에 연결하면 이메일과 비밀번호 등 계정 정보 입력을 유도한다. 가상화폐 거래소에 접속히는 ID와 비밀번호를 털린다.
>
> (B)도 발생했다. Z거래소 로그인 알림을 위장했다. 문자로 다른 IP에서 로그인됐다며 가짜 거래소 링크를 보내고 ID와 비밀번호 유출을 시도한다.
>
> 가상화폐 거래소 직원을 표적한 (C)도 감지된다. 직원을 해킹하면 기업 내부를 장악할 수 있다. 공격자는 금융감독원, 금융 보안원, 국세청, 공정거래위원회 등으로 위장해 금융관련 규제와 위법 내용을 가상화폐 거래소나 블록체인, 핀테크 기업 직원에게 이메일을 보낸다. 해당 문서를 열면 악성코드가 감염되는 형태다. 개인 PC를 감염시킨 뒤 기업 네트워크로 침입해 고객 정보를 유출한다. 이를 이용해 다시 가상화폐 계좌를 해킹하는 것으로 알려졌다.

① 파밍 – 스미싱 – 피싱

② 파밍 – 스피어피싱 – 스미싱

③ 피싱 – 스피어피싱 – 스미싱

④ 피싱 – 스미싱 – 스피어피싱

A. **피싱(Phishing)** : 개인정보(Private data)와 낚시(Fishing)의 합성어로 개인정보를 낚는다는 의미. 금융기관 또는 공공기관을 가장해 전화나 이메일로 인터넷 사이트에서 보안카드 일련번호와 코드번호 일부 또는 전체를 입력하도록 요구해 금융 정보를 몰래 빼가는 수법

B. **스미싱(Smishing)** : 문자메시지(SMS)와 피싱(Phishing)의 합성어로 '무료쿠폰 제공', '돌잔치 초대장' 등을 내용으로 하는 문자메시지내 인터넷주소 클릭하면 악성코드가 설치되어 피해자가 모르는 사이에 소액결제 피해 발생 또는 개인·금융정보 탈취하는 수법

C. **스피어피싱(Spear-Phishing)** : 불특정 다수의 개인정보를 빼내는 피싱(phishing)과 달리 특정인의 정보를 캐내기 위한 피싱을 말한다. 열대지방 어민이 하는 작살낚시(spearfishing)에 빗댄 표현이다.

29 SD카드(Secure Digital Card)에 대한 설명으로 가장 적절하지 않은 것은?

① 스마트폰, MP3에 주로 사용되는 손톱만한 크기의 SD카드와 디지털카메라에 주로 쓰이는 크기가 더 큰 마이크로SD카드가 있다.

② 디지털기기의 저장공간이 부족할 때 메모리슬롯에 SD카드를 장착하면 저장공간을 확장할 수 있다.

③ 마이크로SD카드를 SD카드 어댑터에 꽂으면 일반SD카드를 쓰는 기기에 사용할 수 있다.

④ 마이크로SD카드와 SD카드에서 클래스는 속도를 의미하며 클래스 숫자가 커질수록 속도가 빨라진다.

 ① 마이크로SD 카드는 SD 카드의 4분의 1 정도의 크기이다.

30 다음 중 도메인 네임에 대한 설명이 잘못된 것을 모두 고르면?

> 가. com : 상업 회사, 기관
> 나. org : 비영리기관
> 다. net : 연구기관
> 라. mil : 군사기관
> 마. or : 정부기관

① 나, 다, 라 　　　　　　　　② 다, 마

③ 다, 라, 마 　　　　　　　　④ 나, 라, 마

 다. net : 네트워크 관련기관(국제 도메인)
　　　 마. or : 비영리 법인(국내 도메인)

Answer⤷ 28.④　29.①　30.②

31 서로 다른 기업 또는 조직 간에 표준화된 상거래 서식 또는 공공 서식을 서로 합의한 통신표준에 따라 컴퓨터 간에 교환하는 전달방식을 의미하는 용어는?

① EDI   ② EDMS

③ ECM   ④ EDPS

 EDI(Electronic Data Interchange) … 서로 다른 기업 또는 조직 간에 표준화된 상거래 서식 또는 공공 서식을 서로 합의한 통신 표준에 따라 컴퓨터 간에 교환하는 전달방식

32 다음 중 클라우드 서비스에 대한 설명으로 가장 적절한 것은?

① 해외 출장 시에는 클라우드 서비스의 이용이 불가능하다.

② 모바일 기기를 통해서는 파일을 다운로드만 할 수 있다.

③ 클라우드 서비스를 이용하여 문서를 업로드하면 읽기전용 파일로 변환되어 저장된다.

④ 인터넷과 연결된 중앙컴퓨터에 저장해서 인터넷에 접속하기만 하면 언제 어디서든 데이터를 이용할 수 있다.

 클라우드 서비스 … 인터넷으로 연결된 초대형 고성능 컴퓨터(데이터센터)에 소프트웨어와 콘텐츠를 저장해 두고 필요할 때마다 꺼내 쓸 수 있는 서비스

33 인터넷의 WWW는 다음 중 무엇을 줄인 말인가?

① World Webster Word

② World Western Web

③ World Wide Web

④ World Wide Windows

 World Wide Web … 인터넷 중 문자·그림·소리 등을 주고받을 수 있는 멀티미디어 서비스로 W3 혹은 간단히 웹(Web)이라고도 한다.

34 다음 중 데이터베이스관리시스템(DBMS)에 대한 설명으로 가장 옳지 않은 것은?

① 데이터의 논리적·물리적 독립성이 보장된다.

② 여러 곳에서 자료 입력이 가능하므로 데이터가 중복된다.

③ 데이터의 실시간 처리로 최신 데이터 유지가 가능하다.

④ 저장된 데이터를 공동으로 이용할 수 있다.

 ② 데이터베이스관리시스템(DBMS)은 중복성과 종속성 문제를 해결하기 위해 만들어졌다.

35 다음 중 전자상거래 모델에 대한 설명으로 가장 올바르지 않은 것은?

① G2B는 정부와 기업 간의 거래에 해당하는 것으로서 대표적인 것이 나라장터이다.

② B2B는 기업과 기업 사이의 거래를 기반으로 한 전자상거래 비즈니스 모델이다.

③ B2C는 기업이 소비자를 상대로 상품을 판매하는 형태를 의미한다.

④ C2B는 소비자가 주체가 되어 기업과 상거래를 하는 것으로 공동 구매를 의미한다.

(Tip) ④ 소비자 대 기업 간 인터넷 비즈니스로 인터넷이 등장하면서 생겨난 새로운 거래관계로 소비자가 개인 또는 단체를 구성하여 상품의 공급자나 상품의 생산자에게 가격이나 수량 또는 서비스 등에 관한 조건을 제시하고 구매하는 것을 말한다.

36 인터넷 IP 주소는 한정되어 있으므로 한 기관에서 배정받은 하나의 네트워크 주소를 다시 여러 개의 작은 네트워크로 나누어 사용하는 방법을 무엇이라 하는가?

① Subnetting ② IP Address

③ DNS ④ TCP/IP

(Tip) ② 인터넷에 접속한 컴퓨터 식별 번호를 말한다.
③ 인터넷망 통신규약인 TCP/IP 네트워크상에서 사람이 기억하기 쉽게 문자로 만들어진 도메인을 컴퓨터가 처리할 수 있는 숫자로 된 인터넷주소(IP)로 바꾸는 시스템인 Domain Name System을 일컫기도 하고, 이런 역할을 하는 서버컴퓨터 즉 Domain Name Server를 일컫기도 한다.
④ 인터넷 네트워크의 핵심 프로토콜이다.

Answer ☞ 31.① 32.④ 33.③ 34.② 35.④ 36.①

37 인터넷 기술을 기업 내 정보 시스템에 적용한 것으로 전자우편 시스템, 전자결재 시스템 등을 인터넷 환경으로 통합하여 사용하는 것을 무엇이라고 하는가?

① 인트라넷   ② 엑스트라넷

③ 원격접속   ④ 블루투스

> ② 인터넷 기술을 사용하여 공급자·고객·협력업체 사이의 인트라넷을 연결하는 협력적 네트워크이다.
> ③ 자신이 사용권한을 가지고 있는 전제하에 다른 곳에 위치한 컴퓨터를 온라인으로 연결 (TCP/IP체계)하여 사용하는 서비스이다.
> ④ 휴대폰, 노트북, 이어폰·헤드폰 등의 휴대기기를 서로 연결해 정보를 교환하는 근거리 무선 기술 표준을 뜻한다.

38 전자상거래 결제 시 신용카드를 대체하는 전자화폐가 등장하고 있다. 전화화폐의 특징으로 가장 적절하지 않은 것은?

① 누가 어떤 상점에서 무엇을 샀는지를 제3자가 알 수 없어야 한다.

② 다른 사람에게 이전이 가능해야 한다.

③ 불법 변조 및 위조가 안 되어야 한다.

④ 한국은행에서 발행하며 현금처럼 사용할 수 있어야 한다.

> ④ 전자화폐는 한국은행에서 발행하지 않는다. 전자화폐의 예로 금융결제원에서 발행한 K 캐시(K-cash)가 있다.

39 다음 중 인터넷을 이용한 전자상거래의 효과로 가장 거리가 먼 것은?

① 다양한 정보 습득과 선택의 자유

② 기밀성과 익명성 보장

③ 구매자의 비용절감

④ 물리적 제약 극복

> 인터넷을 통한 전자상거래는 익명성의 문제를 내포하고 있다.

40 노트북 저장 공간 부족 문제 해결을 하기 위해 사용하는 방법으로 적절한 것끼리 묶어진 것은?

> 가. 마이크로 SD   나. DSLR
> 다. 외장형 하드디스크   라. SSD
> 마. SNS   바. 클라우드 서비스
> 사. CD-R   아. IoT

① 다, 라, 마, 사, 아   ② 가, 나, 마, 바, 사

③ 가, 나, 다, 마, 아   ④ 가, 다, 라, 바, 사

(Tip) 노트북 저장 공간 부족은 이동식 디스크를 사용하거나 인터넷으로 연결된 외부서버를 이용하여 정보를 저장하는 클라우드 서비스 등을 활용해 해결할 수 있다.

41 컴퓨터에서 LAN카드를 활용하여 인터넷에 연결하기 위해서는 사용자의 네트워크 환경에 적합하도록 TCP/IP 프로토콜을 설정해야 한다. 일반적인 운영체제에서 TCP/IP를 설정할 때 입력해야 하는 기본 정보로 가장 거리가 먼 것은?

① IP 주소   ② 서브넷 마스크

③ 기본 게이트웨이   ④ MAC 주소

(Tip) MAC 주소는 특정 구역 내 정보통신망인 LAN에 사용되는 네트워크 모델인 이더넷의 물리적인 주소를 말한다.

42 무선공유기에서 제공하는 보안기술에 해당하지 않는 것은?

① WEP   ② WPA

③ WPW   ④ WPA2

(Tip) 무선보안 기술은 WEP → WPA → WPA2 순서로 발전을 했다.

Answer↵ 37.① 38.④ 39.② 40.④ 41.④ 42.③

43 인터넷 브라우저에 해당되지 않는 것은?

① 익스플로러 　　　　　　　　　② 크롬

③ 사파리 　　　　　　　　　　　④ 파이널 컷

> **Tip** 파이널 컷 … 애플사가 개발한 전문 비선형 편집 시스템이다. 독립 영화 제작자들 사이에 널리 쓰이며, 전통적으로 아비드 소프트웨어를 사용하는 헐리우드 영화 편집자들이 먼저 사용하기 시작하였다.

44 SNS에서 특정 단어와 연관된 게시물을 모아 볼 수 있는 기능으로, '#○○○○' 형식으로 표시하는 이것을 무엇이라 하는가?

① 맨션 　　　　　　　　　　　　② 해시태그

③ QR코드 　　　　　　　　　　 ④ DM

> **Tip** 해시태그 … #와 특정 단어를 붙여 쓴 것으로, 해시태그는 트위터, 페이스북 등 소셜 미디어에서 특정 핵심어를 편리하게 검색할 수 있도록 하는 메타데이터의 한 형태이다.

45 차량 내 AI를 이용해 차량 주변 사람 및 사물을 파악하고 어떻게 대처할 지를 결정하며 이를 보행자에게 알리는 시스템은?

① 보행자 토크 　　　　　　　　② 보행자 알림

③ 보행자 인지 　　　　　　　　④ 보행자 신호

> **Tip** 보행자 알림 시스템은 무인자동차가 주변 행인에게 음성이나 전광판으로 위험을 알리는 기술로 구글에서 개발했다.

46 다음 중 북한의 도메인에 해당하는 것은?

① kp 　　　　　　　　　　　　　② kr

③ ko 　　　　　　　　　　　　　④ nk

> **Tip** 북한의 공식적인 도메인은 북한을 나타내는 최상위 도메인 명인 kp이다.

47 스마트폰, 개인 정보 단말기, 기타 이동 전화 등을 이용한 은행 업무, 지불 업무, 티켓 업무와 같은 서비스를 하는 비즈니스 모델은?

① M 커머스   ② C 커머스

③ P 커머스   ④ A 커머스

> **Tip** M 커머스 … 전자상거래의 일종으로 가정이나 사무실에서 유선으로 인터넷에 연결, 물건을 사고파는 것과 달리 이동 중에 이동전화기나 무선인터넷정보단말기 등을 이용해 거래하는 것을 말한다.

48 인터넷 사이트를 방문하는 사람들의 컴퓨터로부터 사용자 정보를 얻어내기 위해 사용되는 것으로, ID와 비밀번호 등 네티즌 정보를 담은 임시파일을 말한다. 암호화되어 있긴 하나 이를 통해 개인 신상정보가 노출될 위험을 가지고 있는 것은?

① Proxy   ② Cookie

③ Cache   ④ KSS

> **Tip** ① Proxy : 인터넷상에서 한 번 요청한 데이터를 대용량 디스크에 저장해 두고, 반복하여 요청하는 경우 디스크에 저장된 데이터를 제공해 주는 서버
> ③ Cache : 컴퓨터의 성능을 향상시키기 위해 사용되는 소형 고속 기억장치
> ④ KSS : 실시간으로 업데이트된 정보를 제공하는 기술이자 규약

49 네트워크에서 도메인이나 호스트 이름을 숫자로 된 IP주소로 해석해 주는 TCP/IP 네트워크 서비스의 명칭으로 알맞은 것은?

① 라우터   ② 모블로그

③ CGI   ④ DNS

> **Tip** ① 라우터 : LAN과 LAN을 연결하거나 LAN과 WAN을 연결하기 위한 인터넷 네트워킹 장비
> ② 모블로그 : 모바일(mobile)과 블로그(blog)를 합성한 용어로서 이동 통신 서비스의 유비쿼터스 특성이 결부되어 특화된 기능의 블로그
> ③ CGI : Common Gateway Interface의 약어로, WWW 서버와 서버 상에서 등장하는 다른 프로그램이나 스크립트와의 인터페이스

Answer 43.④ 44.② 45.② 46.① 47.① 48.② 49.④

50 시스템 소프트웨어에 대한 설명을 틀린 것은?

① 응용 소프트웨어의 실행이나 개발을 지원한다.

② 응용 소프트웨어에 의존적이다.

③ 컴퓨터의 운영체계, 컴파일러, 유틸리티 등이 있다.

④ 응용 소프트웨어와 대칭된다.

> (Tip) ② 시스템 소프트웨어는 응용 소프트웨어에 의존적이지 않은 소프트웨어이다.

51 다음에서 설명하고 있는 개념은 무엇인가?

> 'Intellectual property right'이란 특허권, 실용신안권, 상표권, 디자인권을 총칭하는 개념으로 개개의 권리는 특허법, 실용신안법, 상표법, 디자인보호법, 저작권법, 부정경쟁방지 및 영업비밀보호에 관한 법률, 민법, 상법 등에 의하여 규율되고 보호된다. 우리나라 헌법은 제22조 제2항에 "저작자·발명가·과학기술자와 예술가의 권리는 법률로써 보호한다."라고 규정함으로써 보호의 근거를 마련하였고, 이에 근거하여 관련 법령이 제정되었다. 특허법·실용신안법·디자인보호법·상표법의 공통된 목적은 '산업 발전'이다. 그래서 위의 4법을 산업재산권법이라고 하는데, 이 중 상표법은 '산업 발전' 외에 '수요자의 이익보호'도 목적으로 하고 있다. '산업재산권'은 'industrial property right'를 번역한 것인데, 제조업이 산업의 대부분을 차지하고 있던 과거에는 '공업소유권'이라고 하다가 현재에는 그 범위를 넓혀 '산업재산권'이라는 용어를 사용하게 되었다.

① 지식문화

② 지식산업

③ 지식경영

④ 지적재산권

> (Tip) 제시된 내용은 지적재산권에 관한 것이다.

52 다음에서 설명하고 있는 검색엔진의 유형은?

> 사용자가 입력하는 검색어들이 연계된 다른 검색 엔진에게 보내고 이를 통하여 얻어진 검색 결과를 사용자에게 보여주는 방식

① 통합형 검색 방식　　　　　　② 주제별 검색 방식
③ 키워드 검색 방식　　　　　　④ 메신저 검색 방식

 검색엔진 유형
- 키워드 검색 방식 : 찾고자 하는 정보와 관련된 핵심적인 언어인 키워드를 직접 입력하여 이를 검색 엔진에 보내어 검색 엔진이 키워드와 관련된 정보를 찾는 방식
- 주제별 검색 방식 : 인터넷상에 존재하는 웹 문서들을 주제별, 계층별로 정리하여 데이터 베이스를 구축한 후 이용하는 방식
- 통합형 검색방식 : 사용자가 입력하는 검색어들이 연계된 다른 검색 엔진에게 보내고 이를 통하여 얻어진 검색 결과를 사용자에게 보여주는 방식

53 다음에서 설명하고 있는 개념은 무엇인가?

> - 각 파일의 중복된 정보를 피하여 정보를 일원화하여 처리를 효율적으로 하기 위해 만든 데이터의 집합
> - 복수 업무에 공통으로 나타나는 데이터를 중심으로 모아서 이들을 상호 유기적으로 결합한 것
> - 어떤 데이터의 집합의 일부 또는 전부이며, 하나의 파일로 이루어지는 데이터 처리 시스템을 만족시키는 것

① 데이터베이스　　　　　　② 워드프로세서
③ 스프레드시트　　　　　　④ 프레젠테이션

 ② 문서를 작성, 편집, 저장 및 인쇄할 때 사용하는 하드웨어 또는 소프트웨어
③ 여러 가지 도표 형태의 양식으로 계산하는 사무업무를 자동으로 할 수 있는 표 계산 프로그램
④ 청중을 설득시키기 위한 발표 시 사용하는 자료 문서

Answer 50.② 51.④ 52.① 53.①

54 다음에서 설명하고 있는 운영체제의 특징으로 옳지 않은 것은?

> 　마이크로소프트에서 개발한 컴퓨터 운영체제다. 키보드로 문자를 일일이 입력해 작업을 수행하는 명령어 인터페이스 대신, 마우스로 아이콘 및 메뉴 등을 클릭해 명령하는 그래픽 사용자 인터페이스를 지원해 멀티태스킹(다중 작업) 능력과 사용자 편의성이 탁월하다.

① OLE(개체 연결 및 포함) 기능을 지원한다.
② 단일 사용자의 다중작업이 가능하다.
③ 사용자가 원하는 대로 특정 기능을 추가할 수 있다.
④ 용도에 따라 크게 개인용, 기업용, 임베디드용으로 나뉜다.

 제시된 내용은 윈도우(Windows)에 대한 설명이다.
③은 리눅스(Linux)에 대한 설명이다.

55 다음 중 최초의 전자계산기는 무엇인가?

① EDSAC　　　　　　　　　② EDVAC
③ ENIAC　　　　　　　　　④ UNIVAC-I

 ① EDSAC : 최초 프로그램 내장방식 채택
② EDVAC : 프로그램 내장방식
④ UNIVAC-I : 최초의 상업용계산기

56 다음 중 컴퓨터의 기능에 관한 설명으로 옳지 않은 것은?

① 연산기능 : 주기억장치에 저장되어 있는 명령을 해독하여 필요한 장치에 신호를 보내어 자료처리가 이루어지도록 하는 기능이다.
② 기억기능 : 처리대상으로 입력된 자료와 처리결과로 출력된 정보를 기억하는 기능이다.
③ 입력기능 : 자료를 처리하기 위해서 필요한 자료를 받아들이는 기능이다.
④ 출력기능 : 정보를 활용할 수 있도록 나타내 주는 기능이다.

 ① 연산기능 : 주기억장치에 저장되어 있는 자료들에 대하여 산술 및 논리연산을 행하는 기능이다.

57 다음 중 RAM의 정보가 틀린 것은?

		DRAM	SRAM
①	가격	고가	저가
②	재충전	재충전 필요	필요없음
③	속도	느림	빠름
④	용도	주기억장치	캐시메모리

	DRAM	SRAM
가격	저가	고가
재충전	재충전 필요	필요없음
속도	느림	빠름
용도	주기억장치	캐시메모리
집적도	크다	낮다

58 다음 중 광디스크에 관한 설명으로 옳지 않은 것은?

① CD-ROM : 판독만 가능

② CD-I : 대화식의 교육용 광학기억매체

③ DVD : 17GB, 디지털비디오 재생매체

④ CD-WORM : 반복적인 읽기, 쓰기 가능

 ④ CD-RW : 반복적인 읽기, 쓰기 가능

Answer ↱ 54.③ 55.③ 56.① 57.① 58.④

59 다음 중 입력장치에 관한 설명으로 옳지 않은 것은?

① 키보드(Keyboard) : 키보드는 타자기와 비슷한 모양의 입력장치로서, 글자판 위의 키를 누르면 해당 문자를 2진 코드로 자동 변환시켜 주며, 사용하기 간편하여 영상표시장치와 함께 가장 널리 이용된다.

② 마우스(Mouse) : 마우스는 설계나 그래픽을 주로 이용하는 분야에서 방향키를 자주 눌러야 하는 불편을 해소하기 위하여 개발된 입력장치로서, 한 손으로 쥐고 바닥에 굴리면 마우스 내의 볼의 움직임이 센서에 감지되어 화면에 나타난다.

③ 스캐너(Scanner) : 지정된 양식의 용지에 연필이나 수성싸인펜으로 표시하고, 카드에 빛을 비추어 반사되는 빛의 강·약에 따라 표시된 위치를 찾아 판독하는 입력장치이다. 주로 회사에서의 급여처리, 대학수학능력평가 등의 시험답안지로 널리 이용되고 있다.

④ 광학문자 판독기(OCR; Optical Character Reader) : 특수한 형태로 기록된 문자에 빛을 비추어 그 반사광을 감지하고, 장치 내에 미리 기억시켜 둔 문자와 형태를 비교하여 글자를 판독하는 입력장치이다.

 ③ 광학마크 판독기(OMR; Optical Mark Reader) : 광학마크 카드(OMR 카드)라고 하는 지정된 양식의 용지에 연필이나 수성싸인펜으로 표시하고, 카드에 빛을 비추어 반사되는 빛의 강·약에 따라 표시된 위치를 찾아 판독하는 입력장치이다. 주로 회사에서의 급여처리, 대학수학능력평가 등의 시험답안지로 널리 이용되고 있다.

60 다음에서 설명하고 있는 개념은 무엇인가?

> 중앙처리장치와 주기억장치 사이에 있는 메모리로 중앙처리장치의 동작과 동등한 속도로 접근할 수 있는 고속의 특수 소자로 구성되며, 자주 참조되는 주기억장치의 프로그램과 데이터를 먼저 이곳에 옮겨놓은 후 처리되도록 함으로써 메모리 접근시간을 감소시킨다.

① 캐시기억장치
② 연관기억장치
③ 입력장치
④ 출력장치

② 기억된 데이터의 내용에 의해 접근하는 기억장치이며, 일명 내용지정메모리(CAM; Contents Addressable Memory)라 하기도 한다.
③ 외부로부터 전달되는 정보나 자료를 컴퓨터가 인식하고 처리할 수 있는 2진 코드로 변환시켜 주기억장치로 보내주는 장치
④ 컴퓨터로 처리된 결과를 문자, 숫자, 도형 등 사람이 인식할 수 있는 다양한 형태로 변환해 주는 장치

PART

IV

면접

01 면접의 기본

1 면접의 종류와 의의

(1) 면접의 기본 원칙

① **면접의 의미** … 면접이란 다양한 면접기법을 활용하여 지원한 직무에 필요한 능력을 지원자가 보유하고 있는지를 확인하는 절차라고 할 수 있다. 즉, 지원자의 입장에서는 채용 지무수행에 필요한 요건들과 관련하여 자신의 환경, 경험, 관심사, 성취 등에 대해 기업에 직접 어필할 수 있는 기회를 제공받는 것이며, 기업의 입장에서는 서류전형만으로 알 수 없는 지원자에 대한 정보를 직접적으로 수집하고 평가하는 것이다.

② **면접의 특징** … 면접은 기업의 입장에서 서류전형이나 필기전형에서 드러나지 않는 지원자의 능력이나 성향을 볼 수 있는 기회로, 면대면으로 이루어지며 즉흥적인 질문들이 포함될 수 있기 때문에 지원자가 완벽하게 준비하기 어려운 부분이 있다. 하지만 지원자 입장에서도 서류전형이나 필기전형에서 모두 보여주지 못한 자신의 능력 등을 기업의 인사담당자에게 어필할 수 있는 추가적인 기회가 될 수도 있다.

[서류 · 필기전형과 차별화되는 면접의 특징]

- 직무수행과 관련된 다양한 지원자 행동에 대한 관찰이 가능하다.
- 면접관이 알고자 하는 정보를 심층적으로 파악할 수 있다.
- 서류상의 미비한 사항과 의심스러운 부분을 확인할 수 있다.
- 커뮤니케이션 능력, 대인관계 능력 등 행동 · 언어적 정보도 얻을 수 있다.

③ **면접의 유형**

　㉠ **구조화 면접**: 구조화 면접은 사전에 계획을 세워 질문의 내용과 방법, 지원자의 답변 유형에 따른 추가 질문과 그에 대한 평가 역량이 정해져 있는 면접 방식으로 표준화 면접이라고도 한다.

　　• 표준화된 질문이나 평가요소가 면접 전 확정되며, 지원자는 편성된 조나 면접관에 영향을 받지 않고 동일한 질문과 시간을 부여받을 수 있다.

- 조직 또는 직무별로 주요하게 도출된 역량을 기반으로 평가요소가 구성되어, 조직 또는 직무에서 필요한 역량을 가진 지원자를 선발할 수 있다.
- 표준화된 형식을 사용하는 특성 때문에 비구조화 면접에 비해 신뢰성과 타당성, 객관성이 높다.

ⓒ 비구조화 면접 : 비구조화 면접은 면접 계획을 세울 때 면접 목적만을 명시하고 내용이나 방법은 면접관에게 전적으로 일임하는 방식으로 비표준화 면접이라고도 한다.
- 표준화된 질문이나 평가요소 없이 면접이 진행되며, 편성된 조나 면접관에 따라 지원자에게 주어지는 질문이나 시간이 다르다.
- 면접관의 주관적인 판단에 따라 평가가 이루어져 평가 오류가 빈번히 일어난다.
- 상황 대처나 언변이 뛰어난 지원자에게 유리한 면접이 될 수 있다.

④ 경쟁력 있는 면접 요령

㉠ 면접 전에 준비하고 유념할 사항
- 예상 질문과 답변을 미리 작성한다.
- 작성한 내용을 문장으로 외우지 않고 키워드로 기억한다.
- 지원한 회사의 최근 기사를 검색하여 기억한다.
- 지원한 회사가 속한 산업군의 최근 기사를 검색하여 기억한다.
- 면접 전 1주일간 이슈가 되는 뉴스를 기억하고 자신의 생각을 반영하여 정리한다.
- 찬반토론에 대비한 주제를 목록으로 정리하여 자신의 논리를 내세운 예상답변을 작성한다.

㉡ 면접장에서 유념할 사항
- 질문의 의도 파악 : 답변을 할 때에는 질문 의도를 파악하고 그에 충실한 답변이 될 수 있도록 질문사항을 유념해야 한다. 많은 지원자가 하는 실수 중 하나로 답변을 하는 도중 자기 말에 심취되어 질문의 의도와 다른 답변을 하거나 자신이 알고 있는 지식만을 나열하는 경우가 있는데, 이럴 경우 의사소통능력이 부족한 사람으로 인식될 수 있으므로 주의하도록 한다.
- 답변은 두괄식 : 답변을 할 때에는 두괄식으로 결론을 먼저 말하고 그 이유를 설명하는 것이 좋다. 미괄식으로 답변을 할 경우 용두사미의 답변이 될 가능성이 높으며, 결론을 이끌어 내는 과정에서 논리성이 결여될 우려가 있다. 또한 면접관이 결론을 듣기 전에 말을 끊고 다른 질문을 추가하는 예상치 못한 상황이 발생될 수 있으므로 답변은 자신이 전달하고자 하는 바를 먼저 밝히고 그에 대한 설명을 하는 것이 좋다.

- 지원한 회사의 기업정신과 인재상을 기억 : 답변을 할 때에는 회사가 원하는 인재라는 인상을 심어주기 위해 지원한 회사의 기업정신과 인재상 등을 염두에 두고 답변을 하는 것이 좋다. 모든 회사에 해당되는 두루뭉술한 답변보다는 지원한 회사에 맞는 맞춤형 답변을 하는 것이 좋다.
- 나보다는 회사와 사회적 관점에서 답변 : 답변을 할 때에는 자기중심적인 관점을 피하고 좀 더 넓은 시각으로 회사와 국가, 사회적 입장까지 고려하는 인재임을 어필하는 것이 좋다. 자기중심적 시각을 바탕으로 자신의 출세만을 위해 회사에 입사하려는 인상을 심어줄 경우 면접에서 불이익을 받을 가능성이 높다.
- 난처한 질문은 정직한 답변 : 난처한 질문에 답변을 해야 할 때에는 피하기보다는 정면 돌파로 정직하고 솔직하게 답변하는 것이 좋다. 난처한 부분을 감추고 드러내지 않으려 회피하려는 지원자의 모습은 인사담당자에게 입사 후에도 비슷한 상황에 처했을 때 회피할 수도 있다는 우려를 심어줄 수 있다. 따라서 직장생활에 있어 중요한 덕목 중 하나인 정직을 바탕으로 솔직하게 답변을 하도록 한다.

(2) 면접의 종류 및 준비 전략

① 인성면접

  ㉠ 면접 방식 및 판단기준
  - 면접 방식 : 인성면접은 면접관이 가지고 있는 개인적 면접 노하우나 관심사에 의해 질문을 실시한다. 주로 입사지원서나 자기소개서의 내용을 토대로 지원동기, 과거의 경험, 미래 포부 등을 이야기하도록 하는 방식이다.
  - 판단기준 : 면접관의 개인적 가치관과 경험, 해당 역량의 수준, 경험의 구체성·진실성 등
  ㉡ 특징 : 인성면접은 그 방식으로 인해 역량과 무관한 질문들이 많고 지원자에게 주어지는 면접질문, 시간 등이 다를 수 있다. 또한 입사지원서나 자기소개서의 내용을 토대로 하기 때문에 지원자별 질문이 달라질 수 있다.

ⓒ 예시 문항 및 준비전략

• 예시 문항

> • 3분 동안 자기소개를 해 보십시오.
> • 자신의 장점과 단점을 말해 보십시오.
> • 학점이 좋지 않은데 그 이유가 무엇입니까?
> • 최근에 인상 깊게 읽은 책은 무엇입니까?
> • 회사를 선택할 때 중요시하는 것은 무엇입니까?
> • 일과 개인생활 중 어느 쪽을 중시합니까?
> • 10년 후 자신은 어떤 모습일 것이라고 생각합니까?
> • 휴학 기간 동안에는 무엇을 했습니까?

• 준비전략 : 인성면접은 입사지원서나 자기소개서의 내용을 바탕으로 하는 경우가 많으므로 자신이 작성한 입사지원서와 자기소개서의 내용을 충분히 숙지하도록 한다. 또한 최근 사회적으로 이슈가 되고 있는 뉴스에 대한 견해를 묻거나 시사상식 등에 대한 질문을 받을 수 있으므로 이에 대한 대비도 필요하다. 자칫 부담스러워 보이지 않는 질문으로 가볍게 대답하지 않도록 주의하고 모든 질문에 입사 의지를 담아 성실하게 답변하는 것이 중요하다.

② 발표면접

ⓐ 면접 방식 및 판단기준

• 면접 방식 : 지원자가 특정 주제와 관련된 자료를 검토하고 그에 대한 자신의 생각을 면접관 앞에서 주어진 시간 동안 발표하고 추가 질의를 받는 방식으로 진행된다.

• 판단기준 : 지원자의 사고력, 논리력, 문제해결력 등

ⓑ 특징 : 발표면접은 지원자에게 과제를 부여한 후, 과제를 수행하는 과정과 결과를 관찰·평가한다. 따라서 과제수행 결과뿐 아니라 수행과정에서의 행동을 모두 평가할 수 있다.

ⓒ 예시 문항 및 준비전략

• 예시 문항

[신입사원 조기 이직 문제]

※ 지원자는 아래에 제시된 자료를 검토한 뒤, 신입사원 조기 이직의 원인을 크게 3가지로 정리하고 이에 대한 구체적인 개선안을 도출하여 발표해 주시기 바랍니다.

※ 본 과제에 정해진 정답은 없으나 논리적 근거를 들어 개선안을 작성해 주십시오.

• A기업은 동종업계 유사기업들과 비교해 볼 때, 비교적 높은 재무안정성을 유지하고 있으며 업무강도가 그리 높지 않은 것으로 외부에 알려져 있음.

• 최근 조사결과, 동종업계 유사기업들과 연봉을 비교해 보았을 때 연봉 수준도 그리 나쁘지 않은 편이라는 것이 확인되었음.

• 그러나 지난 3년간 1~2년차 직원들의 이직률이 계속해서 증가하고 있는 추세이며, 경영진 회의에서 최우선 해결과제 중 하나로 거론되었음.

• 이에 따라 인사팀에서 현재 1~2년차 사원들을 대상으로 개선되어야 하는 A기업의 조직문화에 대한 설문조사를 실시한 결과, '상명하복식의 의사소통'이 36.7%로 1위를 차지했음.

• 이러한 설문조사와 함께, 신입사원 조기 이직에 대한 원인을 분석한 결과 파랑새 증후군, 셀프홀릭 증후군, 피터팬 증후군 등 3가지로 분류할 수 있었음.

〈동종업계 유사기업들과의 연봉 비교〉 〈우리 회사 조직문화 중 개선되었으면 하는 것〉

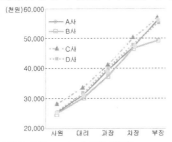
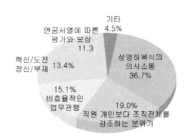

〈신입사원 조기 이직의 원인〉

• 파랑새 증후군
– 현재의 직장보다 더 좋은 직장이 있을 것이라는 막연한 기대감으로 끊임없이 새로운 직장을 탐색함.
– 학력 수준과 맞지 않는 '하향지원', 전공과 적성을 고려하지 않고 일단 취업하고 보자는 '묻지마 지원'이 파랑새 증후군을 초래함.

• 셀프홀릭 증후군
– 본인의 역량에 비해 가치가 낮은 일을 주로 하면서 갈등을 느낌.

• 피터팬 증후군
– 기성세대의 문화를 무조건 수용하기보다는 자유로움과 변화를 추구함.
– 상명하복, 엄격한 규율 등 기성세대가 당연시하는 관행에 거부감을 가지며 직장에 답답함을 느낌.

- 준비전략 : 발표면접의 시작은 과제 안내문과 과제 상황, 과제 자료 등을 정확하게 이해하는 것에서 출발한다. 과제 안내문을 침착하게 읽고 제시된 주제 및 문제와 관련된 상황의 맥락을 파악한 후 과제를 검토한다. 제시된 기사나 그래프 등을 충분히 활용하여 주어진 문제를 해결할 수 있는 해결책이나 대안을 제시하며, 발표를 할 때에는 명확하고 자신 있는 태도로 전달할 수 있도록 한다.

③ 토론면접
  ㉠ 면접 방식 및 판단기준
- 면접 방식 : 상호갈등적 요소를 가진 과제 또는 공통의 과제를 해결하는 내용의 토론 과제를 제시하고, 그 과정에서 개인 간의 상호작용 행동을 관찰하는 방식으로 면접이 진행된다.
- 판단기준 : 팀워크, 적극성, 갈등 조정, 의사소통능력, 문제해결능력 등

  ㉡ 특징 : 토론을 통해 도출해 낸 최종안의 타당성도 중요하지만, 결론을 도출해 내는 과정에서의 의사소통능력이나 갈등상황에서 의견을 조정하는 능력 등이 중요하게 평가되는 특징이 있다.

  ㉢ 예시 문항 및 준비전략
- 예시 문항

> - 군 가산점제 부활에 대한 찬반토론
> - 담뱃값 인상에 대한 찬반토론
> - 비정규직 철폐에 대한 찬반토론
> - 대학의 영어 강의 확대 찬반토론
> - 워크숍 장소 선정을 위한 토론

- 준비전략 : 토론면접은 무엇보다 팀워크와 적극성이 강조된다. 따라서 토론과정에 적극적으로 참여하며 자신의 의사를 분명하게 전달하며, 갈등상황에서 자신의 의견만 내세울 것이 아니라 다른 지원자의 의견을 경청하고 배려하는 모습도 중요하다. 갈등상황을 일목요연하게 정리하여 조정하는 등의 의사소통능력을 발휘하는 것도 좋은 전략이 될 수 있다.

④ 상황면접
  ㉠ 면접 방식 및 판단기준
- 면접 방식 : 상황면접은 직무 수행 시 접할 수 있는 상황들을 제시하고, 그러한 상황에서 어떻게 행동할 것인지를 이야기하는 방식으로 진행된다.
- 판단기준 : 해당 상황에 적절한 역량의 구현과 구체적 행동지표

ⓛ 특징 : 실제 직무 수행 시 접할 수 있는 상황들을 제시하므로 입사 이후 지원자의 업무수행능력을 평가하는 데 적절한 면접 방식이다. 또한 지원자의 가치관, 태도, 사고 방식 등의 요소를 통합적으로 평가하는 데 용이하다.

ⓒ 예시 문항 및 준비전략

• 예시 문항

> 당신은 생산관리팀의 팀원으로, 생산팀이 기한에 맞춰 효율적으로 제품을 생산할 수 있도록 관리하는 역할을 맡고 있습니다. 3개월 뒤에 제품A를 정상적으로 출시하기 위해 생산팀의 생산 계획을 수립한 상황입니다. 그러나 원가가 곧 실적으로 이어지는 구매팀에서는 최대한 원가를 줄여 전반적 단가를 낮추려고 원가절감을 위한 제안을 하였으나, 연구개발팀에서는 구매팀이 제안한 방식으로 제품을 생산할 경우 대부분이 구매팀의 실적으로 산정될 것이므로 제대로 확인도 해보지 않은 채 적합하지 않은 방식이라고 판단하고 있습니다. 당신은 어떻게 하겠습니까?

• 준비전략 : 상황면접은 먼저 주어진 상황에서 핵심이 되는 문제가 무엇인지를 파악하는 것에서 시작한다. 주질문과 세부질문을 통하여 질문의 의도를 파악하였다면, 그에 대한 구체적인 행동이나 생각 등에 대해 응답할수록 높은 점수를 얻을 수 있다.

⑤ 역할면접

㉠ 면접 방식 및 판단기준

• 면접 방식 : 역할면접 또는 역할연기 면접은 기업 내 발생 가능한 상황에서 부딪히게 되는 문제와 역할을 가상적으로 설정하여 특정 역할을 맡은 사람과 상호작용하고 문제를 해결해 나가도록 하는 방식으로 진행된다. 역할연기 면접에서는 면접관이 직접 역할연기를 하면서 지원자를 관찰하기도 하지만, 역할연기 수행만 전문적으로 하는 사람을 투입할 수도 있다.

• 판단기준 : 대처능력, 대인관계능력, 의사소통능력 등

ⓛ 특징 : 역할면접은 실제 상황과 유사한 가상 상황에서의 행동을 관찰함으로서 지원자의 성격이나 대처 행동 등을 관찰할 수 있다.

ⓒ 예시 문항 및 준비전략

• 예시 문항

> [금융권 역할면접의 예]
> 당신은 ○○은행의 신입 텔러이다. 사람이 많은 월말 오전 한 할아버지(면접관 또는 역할담당자)께서 ○○은행을 사칭한 보이스피싱으로 500만 원을 피해 보았다며 소란을 일으키고 있다. 실제 업무상황이라고 생각하고 상황에 대처해 보시오.

• 준비전략 : 역할연기 면접에서 측정하는 역량은 주로 갈등의 원인이 되는 문제를 해결하고 제시된 해결방안을 상대방에게 설득하는 것이다. 따라서 갈등해결, 문제해결, 조정·통합, 설득력과 같은 역량이 중요시된다. 또한 갈등을 해결하기 위해서 상대방에 대한 이해도 필수적인 요소이므로 고객 지향을 염두에 두고 상황에 맞게 대처해야 한다. 역할면접에서는 변별력을 높이기 위해 면접관이 압박적인 분위기를 조성하는 경우가 많기 때문에 스트레스 상황에서 불안해하지 않고 유연하게 대처할 수 있도록 시간과 노력을 들여 충분히 연습하는 것이 좋다.

2 면접 이미지 메이킹

(1) 성공적인 이미지 메이킹 포인트

① 복장 및 스타일

ㄱ 남성

• 양복 : 양복은 단색으로 하며 넥타이나 셔츠로 포인트를 주는 것이 효과적이다. 짙은 회색이나 감청색이 가장 단정하고 품위 있는 인상을 준다.
• 셔츠 : 흰색이 가장 선호되나 자신의 피부색에 맞추는 것이 좋다. 푸른색이나 베이지색은 산뜻한 느낌을 줄 수 있다. 양복과의 배색도 고려하도록 한다.
• 넥타이 : 의상에 포인트를 줄 수 있는 아이템이지만 너무 화려한 것은 피한다. 지원자의 피부색은 물론, 정장과 셔츠의 색을 고려하며, 체격에 따라 넥타이 폭을 조절하는 것이 좋다.
• 구두 & 양말 : 구두는 검정색이나 짙은 갈색이 어느 양복에나 무난하게 어울리며 깔끔하게 닦아 준비한다. 양말은 정장과 동일한 색상이나 검정색을 착용한다.
• 헤어스타일 : 머리스타일은 단정한 느낌을 주는 짧은 헤어스타일이 좋으며 앞머리가 있다면 이마나 눈썹을 가리지 않는 선에서 정리하는 것이 좋다.

ⓛ 여성

- 의상 : 단정한 스커트 투피스 정장이나 슬랙스 슈트가 무난하다. 블랙이나 그레이, 네이비, 브라운 등 차분해 보이는 색상을 선택하는 것이 좋다.
- 소품 : 구두, 핸드백 등은 같은 계열로 코디하는 것이 좋으며 구두는 너무 화려한 디자인이나 굽이 높은 것을 피한다. 스타킹은 의상과 구두에 맞춰 단정한 것으로 선택한다.
- 액세서리 : 액세서리는 너무 크거나 화려한 것은 좋지 않으며 과하게 많이 하는 것도 좋은 인상을 주지 못한다. 착용하지 않거나 작고 깔끔한 디자인으로 포인트를 주는 정도가 적당하다.
- 메이크업 : 화장은 자연스럽고 밝은 이미지를 표현하는 것이 좋으며 진한 색조는 인상이 강해 보일 수 있으므로 피한다.
- 헤어스타일 : 커트나 단발처럼 짧은 머리는 활동적이면서도 단정한 이미지를 줄 수 있도록 정리한다. 긴 머리의 경우 하나로 묶거나 단정한 머리망으로 정리하는 것이 좋으며, 짙은 염색이나 화려한 웨이브는 피한다.

② 인사

ⓐ 인사의 의미 : 인사는 예의범절의 기본이며 상대방의 마음을 여는 기본적인 행동이라고 할 수 있다. 인사는 처음 만나는 면접관에게 호감을 살 수 있는 가장 쉬운 방법이 될 수 있기도 하지만 제대로 예의를 지키지 않으면 지원자의 인성 전반에 대한 평가로 이어질 수 있으므로 각별히 주의해야 한다.

ⓑ 인사의 핵심 포인트

- 인사말 : 인사말을 할 때에는 밝고 친근감 있는 목소리로 하며, 자신의 이름과 수험번호 등을 간략하게 소개한다.
- 시선 : 인사는 상대방의 눈을 보며 하는 것이 중요하며 너무 빤히 쳐다본다는 느낌이 들지 않도록 주의한다.
- 표정 : 인사는 마음에서 우러나오는 존경이나 반가움을 표현하고 예의를 차리는 것이므로 살짝 미소를 지으며 하는 것이 좋다.
- 자세 : 인사를 할 때에는 가볍게 목만 숙인다거나 흐트러진 상태에서 인사를 하지 않도록 주의하며 절도 있고 확실하게 하는 것이 좋다.

③ 시선처리와 표정, 목소리

　㉠ **시선처리와 표정** : 표정은 면접에서 지원자의 첫인상을 결정하는 중요한 요소이다. 얼굴표정은 사람의 감정을 가장 잘 표현할 수 있는 의사소통 도구로 표정 하나로 상대방에게 호감을 주거나, 비호감을 사기도 한다. 호감이 가는 인상의 특징은 부드러운 눈썹, 자연스러운 미간, 적당히 볼록한 광대, 올라간 입 꼬리 등으로 가볍게 미소를 지을 때의 표정과 일치한다. 따라서 면접 중에는 밝은 표정으로 미소를 지어 호감을 형성할 수 있도록 한다. 시선은 면접관과 고르게 맞추되 생기 있는 눈빛을 띄도록 하며, 너무 빤히 쳐다본다는 인상을 주지 않도록 한다.

　㉡ **목소리** : 면접은 주로 면접관과 지원자의 대화로 이루어지므로 목소리가 미치는 영향이 상당하다. 답변을 할 때에는 부드러우면서도 활기차고 생동감 있는 목소리로 하는 것이 면접관에게 호감을 줄 수 있으며 적당한 제스처가 더해진다면 상승효과를 얻을 수 있다. 그러나 적절한 답변을 하였음에도 불구하고 콧소리나 날카로운 목소리, 자신감 없는 작은 목소리는 답변의 신뢰성을 떨어뜨릴 수 있으므로 주의하도록 한다.

④ 자세

　㉠ **걷는 자세**
- 면접장에 입실할 때에는 상체를 곧게 유지하고 발끝은 평행이 되게 하며 무릎을 스치듯 11자로 걷는다.
- 시선은 정면을 향하고 턱은 가볍게 당기며 어깨나 엉덩이가 흔들리지 않도록 주의한다.
- 발바닥 전체가 닿는 느낌으로 안정감 있게 걸으며 발소리가 나지 않도록 주의한다.
- 보폭은 어깨넓이만큼이 적당하지만, 스커트를 착용했을 경우 보폭을 줄인다.
- 걸을 때도 미소를 유지한다.

　㉡ **서있는 자세**
- 몸 전체를 곧게 펴고 가슴을 자연스럽게 내민 후 등과 어깨에 힘을 주지 않는다.
- 정면을 바라본 상태에서 턱을 약간 당기고 아랫배에 힘을 주어 당기며 바르게 선다.
- 양 무릎과 발뒤꿈치는 붙이고 발끝은 11자 또는 V형을 취한다.
- 남성의 경우 팔을 자연스럽게 내리고 양손을 가볍게 쥐어 바지 옆선에 붙이고, 여성의 경우 공수자세를 유지한다.

ⓒ 앉은 자세

• 남성

- 의자 깊숙이 앉고 등받이와 등 사이에 주먹 1개 정도의 간격을 두며 기대듯 앉지 않도록 주의한다. (남녀 공통 사항)
- 무릎 사이에 주먹 2개 정도의 간격을 유지하고 발끝은 11자를 취한다.
- 시선은 정면을 바라보며 턱은 가볍게 당기고 미소를 짓는다. (남녀 공통 사항)
- 양손은 가볍게 주먹을 쥐고 무릎 위에 올려놓는다.
- 앉고 일어날 때에는 자세가 흐트러지지 않도록 주의한다. (남녀 공통 사항)

• 여성

- 스커트를 입었을 경우 왼손으로 뒤쪽 스커트 자락을 누르고 오른손으로 앞쪽 자락을 누르며 의자에 앉는다.
- 무릎은 붙이고 발끝을 가지런히 하며, 다리를 왼쪽으로 비스듬히 기울이면 여성스러워 보이는 효과가 있다.
- 양손을 모아 무릎 위에 모아 놓으며 스커트를 입었을 경우 스커트 위를 가볍게 누르듯이 올려놓는다.

(2) 면접 예절

① 행동 관련 예절

㉠ 지각은 절대금물 : 시간을 지키는 것은 예절의 기본이다. 지각을 할 경우 면접에 응시할 수 없거나, 면접 기회가 주어지더라도 불이익을 받을 가능성이 높아진다. 따라서 면접장소가 결정되면 교통편과 소요시간을 확인하고 가능하다면 사전에 미리 방문해 보는 것도 좋다. 면접 당일에는 서둘러 출발하여 면접 시간 20~30분 전에 도착하여 회사를 둘러보고 환경에 익숙해지는 것도 성공적인 면접을 위한 요령이 될 수 있다.

㉡ 면접 대기 시간 : 지원자들은 대부분 면접장에서의 행동과 답변 등으로만 평가를 받는다고 생각하지만 그렇지 않다. 면접관이 아닌 면접진행자 역시 대부분 인사실무자이며 면접관이 면접 후 지원자에 대한 평가에 있어 확신을 위해 면접진행자의 의견을 구한다면 면접진행자의 의견이 당락에 영향을 줄 수 있다. 따라서 면접 대기 시간에도 행동과 말을 조심해야 하며, 면접을 마치고 돌아가는 순간까지도 긴장을 늦춰서는 안 된다. 면접 중 압박적인 질문에 답변을 잘 했지만, 면접장을 나와 흐트러진 모습을 보이거나 욕설을 한다면 면접 탈락의 요인이 될 수 있으므로 주의해야 한다.

ⓒ **입실 후 태도** : 본인의 차례가 되어 호명되면 또렷하게 대답하고 들어간다. 만약 면접장 문이 닫혀 있다면 상대에게 소리가 들릴 수 있을 정도로 노크를 두세 번 한 후 대답을 듣고 나서 들어가야 한다. 문을 여닫을 때에는 소리가 나지 않게 조용히 하며 공손한 자세로 인사한 후 성명과 수험번호를 말하고 면접관의 지시에 따라 자리에 앉는다. 이 경우 착석하라는 말이 없는데 먼저 의자에 앉으면 무례한 사람으로 보일 수 있으므로 주의한다. 의자에 앉을 때에는 끝에 앉지 말고 무릎 위에 양손을 가지런히 얹는 것이 예절이라고 할 수 있다.

ⓔ **옷매무새를 자주 고치지 마라.** : 일부 지원자의 경우 옷매무새 또는 헤어스타일을 자주 고치거나 확인하기도 하는데 이러한 모습은 과도하게 긴장한 것 같아 보이거나 면접에 집중하지 못하는 것으로 보일 수 있다. 남성 지원자의 경우 넥타이를 자꾸 고쳐 맨다거나 정장 상의 끝을 너무 자주 만지작거리지 않는다. 여성 지원자는 머리를 계속 쓸어 올리지 않고, 특히 짧은 치마를 입고서 신경이 쓰여 치마를 끌어 내리는 행동은 좋지 않다.

ⓜ **다리를 떨거나 산만한 시선은 면접 탈락의 지름길** : 자신도 모르게 다리를 떨거나 손가락을 만지는 등의 행동을 하는 지원자가 있는데, 이는 면접관의 주의를 끌 뿐만 아니라 불안하고 산만한 사람이라는 느낌을 주게 된다. 따라서 가능한 한 바른 자세로 앉아 있는 것이 좋다. 또한 면접관과 시선을 맞추지 못하고 여기저기 둘러보는 듯한 산만한 시선은 지원자가 거짓말을 하고 있다고 여겨지거나 신뢰할 수 없는 사람이라고 생각될 수 있다.

② 답변 관련 예절

ⓞ **면접관이나 다른 지원자와 가치 논쟁을 하지 않는다.** : 질문을 받고 답변하는 과정에서 면접관 또는 다른 지원자의 의견과 다른 의견이 있을 수 있다. 특히 평소 지원자가 관심이 많은 문제이거나 잘 알고 있는 문제인 경우 자신과 다른 의견에 대해 이의가 있을 수 있다. 하지만 주의할 것은 면접에서 면접관이나 다른 지원자와 가치 논쟁을 할 필요는 없다는 것이며 오히려 불이익을 당할 수도 있다. 정답이 정해져 있지 않은 경우에는 가치관이나 성장배경에 따라 문제를 받아들이는 태도에서 답변까지 충분히 차이가 있을 수 있으므로 굳이 면접관이나 다른 지원자의 가치관을 지적하고 고치려 드는 것은 좋지 않다.

ⓛ 답변은 항상 정직해야 한다. : 면접이라는 것이 아무리 지원자의 장점을 부각시키고 단점을 축소시키는 것이라고 해도 절대로 거짓말을 해서는 안 된다. 거짓말을 하게 되면 지원자는 불안하거나 꺼림칙한 마음이 들게 되어 면접에 집중을 하지 못하게 되고 수많은 지원자를 상대하는 면접관은 그것을 놓치지 않는다. 거짓말은 그 지원자에 대한 신뢰성을 떨어뜨리며 이로 인해 다른 스펙이 아무리 훌륭하다고 해도 채용에서 탈락하게 될 수 있음을 명심하도록 한다.

ⓒ 경력직을 경우 전 직장에 대해 험담하지 않는다. : 지원자가 전 직장에서 무슨 업무를 담당했고 어떤 성과를 올렸는지는 면접관이 관심을 둘 사항일 수 있지만, 이전 직장의 기업문화나 상사들이 어땠는지는 그다지 궁금해 하는 사항이 아니다. 전 직장에 대해 험담을 늘어놓는다든가, 동료와 상사에 대한 악담을 하게 된다면 오히려 지원자에 대한 부정적인 이미지만 심어줄 수 있다. 만약 전 직장에 대한 말을 해야 할 경우가 생긴다면 가능한 한 객관적으로 이야기하는 것이 좋다.

ⓔ 자기 자신이나 배경에 대해 자랑하지 않는다. : 자신의 성취나 부모 형제 등 집안사람들이 사회·경제적으로 어떠한 위치에 있는지에 대한 자랑은 면접관으로 하여금 지원자에 대해 오만한 사람이거나 배경에 의존하려는 나약한 사람이라는 이미지를 갖게 할 수 있다. 따라서 자기 자신이나 배경에 대해 자랑하지 않도록 하고, 자신이 한 일에 대해서 너무 자세하게 얘기하지 않도록 주의해야 한다.

3 면접 질문 및 답변 포인트

(1) 가족 및 대인관계에 관한 질문

① 당신의 가정은 어떤 가정입니까?

면접관들은 지원자의 가정환경과 성장과정을 통해 지원자의 성향을 알고 싶어 이와 같은 질문을 한다. 비록 가정 일과 사회의 일이 완전히 일치하는 것은 아니지만 '가화만사성'이라는 말이 있듯이 가정이 화목해야 사회에서도 화목하게 지낼 수 있기 때문이다. 그러므로 답변 시에는 가족사항을 정확하게 설명하고 집안의 분위기와 특징에 대해 이야기하는 것이 좋다.

② 아버지의 직업은 무엇입니까?

아주 기본적인 질문이지만 지원자는 아버지의 직업과 내가 무슨 관련성이 있을까 생각하기 쉬워 포괄적인 답변을 하는 경우가 많다. 그러나 이는 바람직하지 않은 것으로 단답형으로 답변하면 세부적인 직종 및 근무연한 등을 물을 수 있으므로 모든 걸 한 번에 대답하는 것이 좋다.

③ 친구 관계에 대해 말해 보십시오.

지원자의 인간성을 판단하는 질문으로 교우관계를 통해 답변자의 성격과 대인관계능력을 파악할 수 있다. 새로운 환경에 적응을 잘하여 새로운 친구들이 많은 것도 좋지만, 깊고 오래 지속되어온 인간관계를 말하는 것이 더욱 바람직하다.

(2) 성격 및 가치관에 관한 질문

① 당신의 PR포인트를 말해 주십시오.

PR포인트를 말할 때에는 지나치게 겸손한 태도는 좋지 않으며 적극적으로 자기를 주장하는 것이 좋다. 앞으로 입사 후 하게 될 업무와 관련된 자기의 특성을 구체적인 일화를 더하여 이야기하도록 한다.

② 당신의 장·단점을 말해 보십시오.

지원자의 구체적인 장·단점을 알고자 하기 보다는 지원자가 자기 자신에 대해 얼마나 알고 있으며 어느 정도의 객관적인 분석을 하고 있나, 그리고 개선의 노력 등을 시도하는지를 파악하고자 하는 것이다. 따라서 장점을 말할 때는 업무와 관련된 장점을 뒷받침할 수 있는 근거와 함께 제시하며, 단점을 이야기할 때에는 극복을 위한 노력을 반드시 포함해야 한다.

③ 가장 존경하는 사람은 누구입니까?

존경하는 사람을 말하기 위해서는 우선 그 인물에 대해 알아야 한다. 잘 모르는 인물에 대해 존경한다고 말하는 것은 면접관에게 바로 지적당할 수 있으므로, 추상적이라도 좋으니 평소에 존경스럽다고 생각했던 사람에 대해 그 사람의 어떤 점이 좋고 존경스러운지 대답하도록 한다. 또한 자신에게 어떤 영향을 미쳤는지도 언급하면 좋다.

(3) 학교생활에 관한 질문

① 지금까지의 학교생활 중 가장 기억에 남는 일은 무엇입니까?

가급적 직장생활에 도움이 되는 경험을 이야기하는 것이 좋다. 또한 경험만을 간단하게 말하지 말고 그 경험을 통해서 얻을 수 있었던 교훈 등을 예시와 함께 이야기하는 것이 좋으나 너무 상투적인 답변이 되지 않도록 주의해야 한다.

② 성적은 좋은 편이었습니까?

면접관은 이미 서류심사를 통해 지원자의 성적을 알고 있다. 그럼에도 불구하고 이 질문을 하는 것은 지원자가 성적에 대해서 어떻게 인식하느냐를 알고자 하는 것이다. 성적이 나빴던 이유에 대해서 변명하려 하지 말고 담백하게 받아드리고 그것에 대한 개선노력을 했음을 밝히는 것이 적절하다.

③ 학창시절에 시위나 집회 등에 참여한 경험이 있습니까?

기업에서는 노사분규를 기업의 사활이 걸린 중대한 문제로 인식하고 거시적인 차원에서 접근한다. 이러한 기업문화를 제대로 인식하지 못하여 학창시절의 시위나 집회 참여 경험을 자랑스럽게 답변할 경우 감점요인이 되거나 심지어는 탈락할 수 있다는 사실에 주의한다. 시위나 집회에 참가한 경험을 말할 때에는 타당성과 정도에 유의하여 답변해야 한다.

(4) 지원동기 및 직업의식에 관한 질문

① 왜 우리 회사를 지원했습니까?

이 질문은 어느 회사나 가장 먼저 물어보고 싶은 것으로 지원자들은 기업의 이념, 대표의 경영능력, 재무구조, 복리후생 등 외적인 부분을 설명하는 경우가 많다. 이러한 답변도 적절하지만 지원 회사의 주력 상품에 관한 소비자의 인지도, 경쟁사 제품과의 시장점유율을 비교하면서 입사동기를 설명한다면 상당히 주목 받을 수 있을 것이다.

② 만약 이번 채용에 불합격하면 어떻게 하겠습니까?

불합격할 것을 가정하고 회사에 응시하는 지원자는 거의 없을 것이다. 이는 지원자를 궁지로 몰아넣고 어떻게 대응하는지를 살펴보며 입사 의지를 알아보려고 하는 것이다. 이 질문은 너무 깊이 들어가지 말고 침착하게 답변하는 것이 좋다.

③ 당신이 생각하는 바람직한 사원상은 무엇입니까?

직장인으로서 또는 조직의 일원으로서의 자세를 묻는 질문으로 지원하는 회사에서 어떤 인재상을 요구하는 가를 알아두는 것이 좋으며, 평소에 자신의 생각을 미리 정리해 두어 당황하지 않도록 한다.

④ 직무상의 적성과 보수의 많음 중 어느 것을 택하겠습니까?

이런 질문에서 회사 측에서 원하는 답변은 당연히 직무상의 적성에 비중을 둔다는 것이다. 그러나 적성만을 너무 강조하다 보면 오히려 솔직하지 못하다는 인상을 줄 수 있으므로 어느 한 쪽을 너무 강조하거나 경시하는 태도는 바람직하지 못하다.

⑤ 상사와 의견이 다를 때 어떻게 하겠습니까?

과거와 다르게 최근에는 상사의 명령에 무조건 따르겠다는 수동적인 자세는 바람직하지 않다. 회사에서는 때에 따라 자신이 판단하고 행동할 수 있는 직원을 원하기 때문이다. 그러나 지나치게 자신의 의견만을 고집한다면 이는 팀원 간의 불화를 야기할 수 있으며 팀 체제에 악영향을 미칠 수 있으므로 선호하지 않는다는 것에 유념하여 답해야 한다.

⑥ 근무지가 지방인데 근무가 가능합니까?

근무지가 지방 중에서도 특정 지역은 되고 다른 지역은 안 된다는 답변은 바람직하지 않다. 직장에서는 순환 근무라는 것이 있으므로 처음에 지방에서 근무를 시작했다고 해서 계속 지방에만 있는 것은 아님을 유의하고 답변하도록 한다.

(5) 여가 활용에 관한 질문

① 취미가 무엇입니까?

기초적인 질문이지만 특별한 취미가 없는 지원자의 경우 대답이 애매할 수밖에 없다. 그래서 가장 많이 대답하게 되는 것이 독서, 영화감상, 혹은 음악감상 등과 같은 흔한 취미를 말하게 되는데 이런 취미는 면접관의 주의를 끌기 어려우며 설사 정말 위와 같은 취미를 가지고 있다하더라도 제대로 답변하기는 힘든 것이 사실이다. 가능하면 독특한 취미를 말하는 것이 좋으며 이제 막 시작한 것이라도 열의를 가지고 있음을 설명할 수 있으면 그 것을 취미로 답변하는 것도 좋다.

② 술자리를 좋아합니까?

이 질문은 정말로 술자리를 좋아하는 정도를 묻는 것이 아니다. 우리나라에서는 대부분 술자리가 친교의 자리로 인식되기 때문에 그것에 얼마나 적극적으로 참여할 수 있는 가를 우회적으로 묻는 것이다. 술자리를 싫어한다고 대답하게 되면 원만한 대인관계에 문제가 있을 수 있다고 평가될 수 있으므로 술을 잘 마시지 못하더라도 술자리의 분위기는 즐긴 다고 답변하는 것이 좋으며 주량에 대해서는 정확하게 말하는 것이 좋다.

(6) 여성 지원자들을 겨냥한 질문

① 결혼은 언제 할 생각입니까?

지원자가 결혼예정자일 경우 기업은 채용을 꺼리게 되는 경향이 있다. 업무를 어느 정도 인식하고 수행할 정도가 되면 퇴사하는 일이 흔하기 때문이다. 가능하면 향후 몇 년간은 결혼 계획이 없다고 답변하는 것이 현실적인 대처 요령이며, 덧붙여 결혼 후에도 일하고 자 하는 의지를 강하게 내보인다면 더욱 도움이 된다.

② 만약 결혼 후 남편이나 시댁에서 직장생활을 그만두라고 강요한다면 어떻게 하겠습니까?

결혼적령기의 여성 지원자들에게 빈번하게 묻는 질문으로 의견 대립이 생겼을 때 상대방 을 설득하고 타협하는 능력을 알아보고자 하는 것이다. 따라서 남편이나 시댁과 충분한 대화를 통해 설득하고 계속 근무하겠다는 의지를 밝히는 것이 좋다.

③ 여성의 취업을 어떻게 생각합니까?

여성 지원자들의 일에 대한 열의와 포부를 알고자 하는 질문이다. 많은 기업들이 여성들 의 섬세하고 꼼꼼한 업무능력과 감각을 높이 평가하고 있으며, 사회 전반적인 분위기 역 시 맞벌이를 이해하고 있으므로 자신의 의지를 당당하고 자신감 있게 밝히는 것이 좋다.

④ 커피나 복사 같은 잔심부름이 주어진다면 어떻게 하겠습니까?

여성 지원자들에게 가장 난감하고 자존심상하는 질문일 수 있다. 이 질문은 여성 지원자 에게 잔심부름을 시키겠다는 요구가 아니라 직장생활 중에서의 협동심이나 봉사정신, 직 업관을 알아보고자 하는 것이다. 또한 이 과정에서 압박기법을 사용해 비꼬는 투로 말하 는 수 있는데 이는 자존심이 상하거나 불쾌해질 때의 행동을 알아보려는 것이다. 이럴 경 우 흥분하여 과격하게 답변하면 탈락하게 되며, 무조건 열심히 하겠다는 대답도 신뢰성이 없는 답변이다. 직장생활을 위해 필요한 일이면 할 수 있다는 정도의 긍정적인 답변을 하 되, 한 사람의 사원으로서 당당함을 유지하는 것이 좋다.

(7) 지원자를 당황하게 하는 질문

① 성적이 좋지 않은데 이 정도의 성적으로 우리 회사에 입사할 수 있다고 생각합니까?

비록 자신의 성적이 좋지 않더라도 이미 서류심사에 통과하여 면접에 참여하였다면 기업에서는 지원자의 성적보다 성적 이외의 요소, 즉 성격·열정 등을 높이 평가했다는 것이라고 할 수 있다. 그러나 이런 질문을 받게 되면 지원자는 당황할 수 있으나 주눅 들지 말고 침착하게 대처하는 면모를 보인다면 더 좋은 인상을 남길 수 있다.

② 우리 회사 회장님 함자를 알고 있습니까?

회장이나 사장의 이름을 조사하는 것은 면접일을 통고받았을 때 이미 사전 조사되었어야 하는 사항이다. 단답형으로 이름만 말하기보다는 그 기업에 입사를 희망하는 지원자의 입장에서 답변하는 것이 좋다.

③ 당신은 이 회사에 적합하지 않은 것 같군요.

이 질문은 지원자의 입장에서 상당히 곤혹스러울 수밖에 없다. 질문을 듣는 순간 그렇다면 면접은 왜 참가시킨 것인가 하는 생각이 들 수도 있다. 하지만 당황하거나 흥분하지 말고 침착하게 자신의 어떤 면이 회사에 적당하지 않는지 겸손하게 물어보고 지적당한 부분에 대해서 고치겠다는 의지를 보인다면 오히려 자신의 능력을 어필할 수 있는 기회로 사용할 수도 있다.

④ 다시 공부할 계획이 있습니까?

이 질문은 지원자가 합격하여 직장을 다니다가 공부를 더 하기 위해 회사를 그만 두거나 학습에 더 관심을 두어 일에 대한 능률이 저하될 것을 우려하여 묻는 것이다. 이때에는 당연히 학습보다는 일을 강조해야 하며, 업무 수행에 필요한 학습이라면 업무에 지장이 없는 범위에서 야간학교를 다니거나 회사에서 제공하는 연수 프로그램 등을 활용하겠다고 답변하는 것이 적당하다.

⑤ 지원한 분야가 전공한 분야와 다른데 여기 일을 할 수 있겠습니까?

수험생의 입장에서 본다면 지원한 분야와 전공이 다르지만 서류전형과 필기전형에 합격하여 면접을 보게 된 경우라고 할 수 있다. 이는 결국 해당 회사의 채용 방침상 전공에 크게 영향을 받지 않는다는 것이므로 무엇보다 자신이 전공하지는 않았지만 어떤 업무도 적극적으로 임할 수 있다는 자신감과 능동적인 자세를 보여주도록 노력하는 것이 좋다.

02 면접기출

1 국민은행

(1) 통섭역량면접(총 50분(개인당 10분) 진행)

통섭역량면접은 5명씩 1조로 2명의 면접관이 참석한 가운데 자기소개서 및 이력서에 첨부한 지원자가 읽은 인문학 서적의 내용을 토대로 면접관들이 질의 응답하여 지원자의 인성과 가치관, 은행원으로서의 소양, 논리적·인문학적 소양 및 문제해결능력을 보는 KB의 채용정책이다.

① 기준금리가 인하되고 있는데 전세와 주택의 구매 중에서 무엇을 추천하겠습니까?

② 어느 금융상품을 적극 추천하라고 지시 받았지만, 그 상품이 고객과 잘 맞지 않는다는 생각이 들면 어떻게 대처할 것입니까?

③ 고객의 눈높이에서 대응하는 것이 행원의 중요한 요소인데 5살 아이에게 펀드에 대해 설명한다면 어떻게 설명할 것입니까?

④ 은행이 왜 대학생들에게 서포터즈나 홍보를 시키는지 그 이유를 알고 있나요? 또한 국민은행 서포터즈를 하면서 느꼈던 것은 무엇인가요?

⑤ 고객감동을 실현하기 위해 어떻게 할 것입니까?

⑥ 외국인에게 판매하고 싶은 투자 상품은 무엇이며 그들이 불편해 할 은행 시스템은 무엇이라고 생각합니까? 그리고 그것을 개선하기 위해서 어떻게 할 것입니까?

⑦ 다른 금융기관도 많은데 왜 국민은행에 지원하게 되었습니까?

⑧ 금융에서 가장 중요한 것이 무엇이라고 생각하십니까?

⑨ 원칙과 규율을 중요시하는 것과 자율을 보장하는 것 중 팀을 이끄는 데 더 적합한 것은 무엇입니까?

⑩ 역사를 좋아하는 것 같은데, 본인이 정의하는 역사란 무엇입니까?

⑪ 최근 복지정책으로 사회가 의견 대립이 많은데 복지 정책이 어떻게 운영되어야 한다고 생각하십니까?

⑫ 자기소개서에서 '왕은 왕답게 신하는 신하답게'라고 했는데, '신입행원다운 것'은 무엇입니까?

⑬ 행장분위기가 좋지 않을 때 어떤 방식으로 분위기를 전환시킬 것입니까?

⑭ 인상 깊게 본 영화 중에 은행과 관련된 영화가 있다면?

⑮ 평소 고객으로서 국민은행에 바라는 점은 무엇입니까?

⑯ G20에서 금리를 인상해야 한다는 의견을 발표한 현 상황에서 한국은 콜금리를 인상하는 것이 좋은가?

⑰ 원화 가치 상승 문제에 대해 어떻게 생각하십니까?

⑱ 녹색금융과 관련하여 금융상품을 제안해보세요.

⑲ Y세대를 공략하는 새로운 카드 컨셉과 제휴사를 제안해보세요.

⑳ PB가 되고 싶다고 했는데, KB에서 어떤 PB가 되고 싶습니까?

(2) 토론 면접(40~50분)

토론면접은 10명이 구성된 방에 5명씩 한 조로 찬반을 나눈 후 주제에 관한 토론을 한다. 토론 면접은 적극성도 중요하지만 남의 의견을 경청하고 이를 바탕으로 합의를 도출해가는 과정이 중요하며 이를 통한 절충의 미덕을 보여준다면 좋은 점수를 얻을 수 있다.

① 임금피크제에 대한 찬반

② 미국 금리인상에 대한 찬반

③ 휴대물품 면세 한도 상향에 대한 찬반

④ 직장 내에서의 메신저 사용에 대한 찬반

⑤ 대형마트 품목 규제에 대한 찬반

(3) 세일즈 면접(40분)

세일즈면접은 10명이 구성된 방에 5명씩 한 조로 팀별로 상황을 준 후, 마케팅 방법을 논의한 후 다른 팀원에게 1대 1 상품을 판매하는 롤플레잉식 면접이다. 고객의 니즈를 잘 파악하고 고객에 대한 적절한 응대와 상품에 대한 포인트를 잘 설명하는 것이 세일즈 면접의 핵심 요소이다.

① 체크카드 재발급을 위해 점심시간에 방문한 손님이 20분간 대기하였을 때 어떻게 응대할 것인가?

② 40대 손님이 연금저축을 가입하려고 할 때, 어떻게 응대할 것인가?

③ 자영업을 하는 50대 여자 손님에게 상품을 팔려고 할 때, 어떻게 응대할 것인가?

④ 20대 장교가 결혼자금을 마련하려고 할 때, 어떻게 응대할 것인가?

⑤ 대기업에 취직한 아들을 둔 여자 손님에게 상품을 판매하려고 할 때, 어떻게 응대할 것인가?

2 　신한은행

(1) 면접

① 비상경계열인데 왜 은행에 지원했습니까?

② 타행에서 인턴이나 근무한 적이 있다면 타행이 신한과 어떤 부분에서 다른지 말씀해보세요.

③ 신한이 왜 당신을 뽑아야 하는지를 설명해보세요.

④ 은행원이 가져야 할 품성은 무엇입니까?

⑤ 신한은행 영업점을 방문해서 느꼈던 점이 무엇입니까?

⑥ 은행관련 전공이 아닌데, 신한은행에 입행하기 위해 어떤 노력을 하였습니까?

⑦ 다른 지원자들과 차별되는 자신만의 장점은 무엇입니까?

⑧ 상사와의 갈등을 어떻게 해결할 것입니까?

⑨ 희망지역이 아닌 다른 지점에 발령받으면 어떻게 할 것입니까?

⑩ 졸업 후 어디에 구직활동을 하였습니까?

⑪ 외국어로 자기소개 또는 본인을 택해야 하는 이유를 이야기해보세요.

(2) PT면접

① 신한은행의 IB전략을 제시하시오.

② 해외기업 고객 유치를 위한 마케팅 전략을 제시하시오.

③ 대면, 비대면 채널 강화를 위한 전략을 제시하시오.

④ 점심시간 고객들의 대기시간을 줄이기 위한 전략을 제시하시오.

⑤ 지점 두 개가 통합됐다. 고객이탈을 방지하기 위한 마케팅 전략을 제시하시오.

⑥ 녹색금융 마케팅 전략을 제시하시오.

(3) 토론면접

① 강정마을 해군기지 건설 찬반

② 그리스 디폴트 사태 관련 - 서유럽국가들의 그리스에 대한 재정지원 찬반

③ 친구가 대출을 받으려고 하는데 이자를 낮춰달라고 요구할 경우

3 우리은행

(1) 면접

① 조직을 이끌어본 경험이 있습니까?

② 학교생활 중 가장 기억에 남는 것은 무엇입니까?

③ 우리은행에 들어오기 위해 어떤 노력을 하였습니까?

④ 고객이 원하는 은행원의 자세는 무엇입니까

⑤ 고객이 잔돈을 안가지고 가버렸다면 어떻게 할 것입니까?

⑥ 사람들과 친해지는 자신만의 노하우를 말씀해보세요.

⑦ 자산관리사가 되고 싶다고 했는데 PB가 뭐하는지 아시나요?

⑧ 증권 PB와 은행 PB의 차이점에 대해 말씀해보세요.

⑨ 우리은행의 가치가 무엇입니까?

⑩ 미소금융, 녹색금융상품 중 우리가 파는 상품에 대해 알고 계십니까?

(2) PT면접

① 점심시간 몰리는 고객 불만처리 방안을 제시하시오.

② 어떤 지점에 배치되었는데 우리 은행과 거래가 없는 기업과 새롭게 거래를 하고자 할 때 어떤 방법이 있는지 제시하시오.

③ 우리은행의 지속적 발전 방향을 제시하시오.

④ 성공적인 인적네트워크를 만드는 방법을 제시하시오.

⑤ 신입사원의 이직 비율을 낮추는 방안을 제시하시오.

⑥ 은행과 카드의 시너지 효과 방안을 제시하시오.

⑦ 40대 남성의 포트폴리오 전략을 제시하시오.

4 하나은행

(1) 면접

① 하나은행을 어떻게 생각하나요? 입행한다면 목표가 무엇인가요?

② 이전에 다른 경력이 있는데 언제부터 은행에 입사하려고 했나요?

③ 졸업 후에 공백이 있는데 무엇을 했나요?

④ 은행에서 가장 필요한 자질이 무엇입니까?

⑤ 타 전공인데 왜 은행에 지원했나요?

⑥ 까다로운 고객에게 어떻게 대처할 것입니까?

⑦ 입행 후 최종 목표가 무엇입니까?

⑧ 하나은행에 대한 이미지 하면 떠오르는 것 10초간 말씀해보세요.

⑨ 은행원이 주식을 하는 것에 대한 생각을 말씀해보세요.

⑩ MMF/서브프라임모기지/방카슈랑스/더블딥/BIS에 대해서 설명해보세요.

(2) PT면접

① 기업이미지 제고 방안과 효과에 대해 설명하시오.

② 트위터 열풍에 대한 견해와 우리사회에 미칠 영향을 설명하시오.

③ 10억을 준다면 자산구성을 해보시오.

④ 부동산 문제와 향후 대책을 제시하시오.

⑤ 은행 신규 고객 유치 방안을 제시하시오.

⑥ 하나은행의 새로운 수익 창출 방안을 제시하시오.

⑦ A, B, C은행이라는 가상의 은행에 대한 현재 상황을 제시하고 주고객층, 매출, 주요판매 상품, 위치, 실적 등 이 정보들을 활용하여 문제점 파악 및 프로모션 전략에 대해 설명하시오.

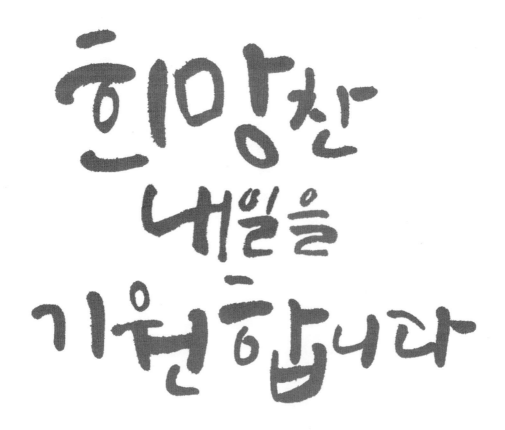

수험서 전문출판사 서원각

목표를 위해 나아가는 수험생 여러분을 성심껏 돕기 위해서 서원각에서는 최고의 수험서 개발에 심혈을 기울이고 있습 니다. 희망찬 미래를 위해서 노력하는 모든 수험생 여러분을 응원합니다.

공무원 대비서   취업 대비서   군 관련 시리즈   자격증 시리즈   동영상 강의

수험서 BEST SELLER

공무원

9급 공무원 파워특강 시리즈
국어, 영어, 한국사, 행정법총론, 행정학개론,
교육학개론, 사회복지학개론, 국제법개론

5, 6개년 기출문제
영어, 한국사, 행정법총론, 행정학개론, 회계학
교육학개론, 사회복지학개론, 사회, 수학, 과학

10개년 기출문제
국어, 영어, 한국사, 행정법총론, 행정학개론,
교육학개론, 사회복지학개론, 사회

소방공무원
필수과목, 소방학개론, 소방관계법규,
인·적성검사, 생활영어 등

자격증

사회조사분석사 2급 1차 필기

생활정보탐정사

청소년상담사 3급(자격증 한 번에 따기)

임상심리사 2급 기출문제

NCS기본서

공공기관 통합채용